U0946983

文化自觉与中国特色文化话语体系创新研究

韩美群　等 著

人民出版社

目 录

导 论 1

第一章 概念与内涵：文化话语体系的语义分析 4

一、话语的多维解读 4

（一）词源研究 4

（二）语言学意义上的话语研究 5

（三）哲学视域中的话语研究 7

二、话语权的立体审视 10

（一）话语与权力 10

（二）西方视域下的话语权 12

（三）马克思主义视域下的话语权 17

三、中国文化话语体系的具象分析 20

（一）中国文化话语体系的本质特征 20

（二）中国文化话语体系的社会功能 25

第二章 关联与互动：文化自觉与话语体系的辩证关系 33

一、文化自觉是话语体系的精神内核 33

（一）文化自觉的本质内涵 34

（二）文化自觉对文化话语体系的导向作用 43
二、话语体系是文化自觉的表现形式 46
（一）表现在建立独立的民族文化话语体系上 46
（二）表现在实行开放的文化话语体系上 48
（三）表现在发展从形式到内容创新的文化话语体系上 50
三、文化自觉与话语体系的双向互动 53
（一）文化自觉对文化话语体系的决定作用 53
（二）文化话语体系对文化自觉的能动反作用 57

第三章　角力与融合：中国传统文化话语的转型 61
一、鸦片战争的文化冲击与中西文化的关系之争 62
（一）鸦片战争下的文化冲击 62
（二）中西文化角力与融合的过程 66
（三）中国传统儒家文化的转型视角 71
二、中国传统文化的理性反思 74
（一）中国传统儒家文化的特点 75
（二）文化冲突下的中国传统文化反思 80
（三）比较视野下的中国传统文化反思 86
三、马克思主义对中国传统文化的指引 89
（一）马克思主义在中国的传播 89
（二）马克思主义对中国传统文化的影响 91
（三）中国传统文化话语转型的展望 94

第四章　变迁与发展：中国特色文化话语体系的演变 99
一、革命文化话语体系的转变与重建 99
（一）革命文化话语的转变过程 100
（二）革命语境下的文化话语 105

二、社会主义新文化话语体系的转型与曲折发展 108
（一）社会主义新文化话语体系的确立 109
（二）社会主义新文化话语体系的曲折发展 112
三、中国特色社会主义文化话语体系的确立与发展 114
（一）以经济建设为中心语境下的文化话语体系 115
（二）以人为中心语境下的文化话语体系 121
（三）中国特色社会主义文化话语体系的总特征 126
四、中国特色文化话语体系变迁的历史回望与反思 129
（一）文化话语体系变迁的经验启示 129
（二）文化话语体系变迁的历史规律 133
（三）文化话语体系建构的时代任务 135

第五章 经验与启示：西方文化话语体系的现代镜鉴 138
一、西方文化话语体系的形成 139
（一）西方文化话语体系形成的背景 140
（二）西方文化话语体系形成的阶段 142
（三）西方文化话语体系的主要特征 146
二、西方文化话语体系构建的关键和目标 153
（一）文化软实力 153
（二）文化霸权 163
三、西方文化话语体系构建的经验及现代镜鉴 170
（一）西方文化话语体系构建的经验 170
（二）西方文化话语体系构建的现代镜鉴 173

第六章 现状与问题：中国特色文化话语体系建构的现实境遇 180
一、现代化进程中传统文化与现代文化的交织与碰撞 180
（一）传统文化与现代文化的一般规定 181

（二）现代化进程中传统文化与现代文化交织碰撞的现实表征 184
（三）推动传统文化与现代文化交织碰撞的内在机制 191
二、社会转型时期多元文化的冲突与融合 193
（一）关于多元文化的一般规定 194
（二）社会转型期多元文化冲突、融合的现实表征 196
（三）社会转型期多元文化冲突、融合的内在机制 200
三、全球化背景下民族文化与外来文化的冲击与竞争 201
（一）民族文化、外来文化的一般规定 202
（二）全球化背景下中华民族文化与外来文化冲突、竞争的现实表征 204
（三）引发中华民族文化与西方文化冲突、竞争的内在机制 207
四、当代文化建设滞后与文化话语缺失 208
（一）突出的问题 209
（二）问题的根源 212

第七章　路径与创新：中国特色文化话语体系建构的道路探索 214
一、挖掘中国特色文化是根本基础 214
（一）弘扬优秀的传统文化 214
（二）总结近代以来马克思主义中国化的话语经验 217
（三）大力培育和践行社会主义核心价值观 223
二、增强中国特色社会主义话语体系的吸引力是核心内容 225
（一）不断提升中国特色社会主义话语体系的科学化水平 225
（二）不断提升中国特色社会主义话语体系的大众化水平 226
（三）不断提升中国特色社会主义话语体系的国际化水平 227
三、着力发展自主创新型文化产业是重要支撑 229
（一）大力实施“创意计划” 230
（二）建设区域性特色文化产业群 231

（三）培育一批有实力、有竞争力的骨干文化企业……232
（四）加快科技创新以提升文化产业的话语权……233
四、深化文化体制改革是动力之源……234
（一）政府角色由管理者转变为服务者……235
（二）加强文化法律制度建设……236
（三）加强公益性文化事业机制改革……238
（四）深化文化事业单位人事改革……239
五、提高文化传播能力是有力保障……240
（一）传播内容既要弘扬主旋律，又要提倡多样化……241
（二）加强重要媒体的建设，建立立体化传播模式……241
（三）积极参与重大国际活动的策划与跟进报道……243
（四）对外文化传播要讲究艺术……245

主要参考文献……247
后 记……257

导　论

文化话语体系不是一个简单的语言表述问题，它关乎理论的实质、价值的导向和文化的领导权，因而成为当今世界综合国力竞争的重要领域。而构建具有中国特色的文化话语体系又与增强文化自觉密切相关，因此，针对当前我国文化话语体系建设相对滞后的局面，探讨如何通过提升文化自觉以建构具有中国特色、中国气派、中国风格的文化话语体系，是一个十分重大的理论和现实课题。

国外学者关于文化自觉的相关研究起始于19世纪后期，西方文化人类学家、文化社会学家如泰勒、摩尔根、本尼迪克特、马林诺夫斯基、摩尔根、巴霍芬，文化史学家斯宾格勒、汤因比，存在主义哲学家雅斯贝尔斯，政治学家亨廷顿，西方马克思主义如卢卡奇、葛兰西等以及法兰克福学派代表如霍克海默、阿多尔诺、马尔库塞、弗洛姆、哈贝马斯等和后现代主义德里达、福柯等分别对文化发展趋势、文化危机、文化冲突、文化权力等进行了广泛研究。这些研究在本质上就是对于西方文化的一种自我认识和自我反思，因而在一定的意义上也是对于文化自觉的一种诠释。20世纪中叶，西方建立了话语分析学科形态，并着重从权力的角度解读、叙述现代文明乃至整个文化形态，“话语即权力”（福柯，1970）、文化是“软实力”（约瑟夫·奈，1990）重要组成部分等成为广泛共识。另外，近年来国外学者如 Jeanette Keith，Michael E. Birdwell，W.Calvin Dickinson，Mark D.Groover，Peggy F.Barlett，Joseph S.Nye 等对中国传统文化变迁、当代文化建设、中国文化范式、软实力等方面进行了较多的研究，尽管受价值观念、意识形态、评价标准、理论范式的限制，一些研究难免有失偏颇，但也为我们提供了新的视角。

国内学者关于文化自觉及文化话语的相关研究起步较晚，但也取得了一定的成绩。其一，文化自觉相关研究。20 世纪 80 年代，学界就提出了“中华民族的文化自觉”（许苏民，1986）概念，但至 20 世纪 90 年代末，在费孝通先生的推动下，“文化自觉”（费孝通，1997）方才形成一种理论观念引起人们的广泛关注。特别是党的十七届六中全会和十八大明确提出以高度的文化自觉和文化自信建设文化强国的宏伟目标之后，理论界掀起了关于“文化自觉”的研究热潮。总体来看，学界主要从两个方面对其展开研讨：一是理论层面的探讨，包括对文化自觉的理论前提分析、哲学思考与价值观的反思等（乐黛云、许苏民、冯天瑜、张立文、成中英、李泽厚、张岱年、方克立、邹广文、郭湛、韩永进等）；二是实践层面的探讨，包括从近代中西文化碰撞及引起的文化论争中寻找中华民族文化自觉的源头、经济全球化对中华文化生存状态的冲击、转型时期中国特色社会主义文化自觉的道路等（如云杉、黄楠森、李君如、田心铭、李忠杰、罗国杰、王炳林、俞思念、司马云杰、田丰等）。

其二，文化话语相关研究。21 世纪初，国内学界开始从话语的角度研究文化问题，大体从三个方面展开：一是从语言学的角度分析文化话语（如余盛明、周福如、李泉等）；二是从文化权力的角度，主要对西方话语权理论进行批判吸收，研究中国话语权问题(如张一兵、施旭、侯惠勤、骆郁廷、黄力之、杨生平、陶秀璈等)；三是中国话语体系建构研究。2012 年 6 月，李长春在马克思主义理论研究和建设工程工作会议上提出，打造具有中国特色、中国风格、中国气派的哲学社会科学学术话语体系，是理论界和学术界面临的重大而紧迫的时代课题。2013 年，习近平总书记在全国宣传思想工作会议以及十八届三中全会上都强调，要加强话语体系建设，增强在国际上的话语权，推动中华文化走向世界。近年来，关于中国文化话语体系建设已成为理论界（如郑杭生、韩震、张晓平、李慎明、骆郁廷、沈壮海等）研究的一个热点。

其三，文化自觉与文化话语体系结合研究。由于国内在这两方面的研究起步较晚，因而专门从文化自觉与文化体系建构相结合这一视角进行研究的尚不多见。张曙光从文化哲学的视角对文化自觉及话语权关系等问题进行了深层反思和解读；施旭（当代中国话语研究中心主任）对西方“话语分析”进行了批判，力图建构当代中国话语研究范式，并尝试性地对我国文化话语和文化自觉进行了解析；张伟民则认为，在中国话语体系的建构中，首先要解决的是文化自觉和理论自觉。

然而，目前的研究仍存在诸多薄弱点：其一，研究的深度亟待加强。主要表现在不少论著的观点大同小异，甚至雷同，造成重复性劳动；有些论著只是简单诠释中央文件，缺乏新意。其二，研究的系统性有待提高。从某一侧面研究的多，全面系统论述的少，缺少哲学视域的前提追问与反思，较少关注文化自觉和文化话语的人本内涵、实践生成、历史发展等内在深层方面。其三，研究的针对性需要深化。对文化自觉的历史演变、生成机制、现实境遇等开掘不透；对中国特色文化话语体系建构的“特色”及实践研究透析不深；对当今中国文化自觉和话语体系建设所面临的种种问题及其成因揭示不够等。

基于以上思考，我们将立足当今时代的发展，从当代中国文化的现实问题和矛盾出发，总结和反思自近代以来我国文化发展的曲折历程，积极借鉴西方文化自觉和文化话语体系建设的有益经验，在深入分析我国的现实境遇和文化发展规律的基础上，提出了增强文化自觉和打造中国特色文化话语体系的对策和措施。

第一章
概念与内涵：文化话语体系的语义分析

话语、话语权、话语体系自古有之，但它作为一个重要的时代问题凸显出来却是现代化发展到一定阶段的产物。20世纪以来，文化话语研究逐渐成为一种学术思潮、文化运动和研究体系，并渗透到各个学科和众多领域。

一、话语的多维解读

话语从日常生活上讲所关注的是社会生活中的语言现象和言语问题，但在学术领域，特别是在当代文化研究中，话语却不是简单的语言活动和文化现象，它是与价值、权力、身份认同、意识形态等密切相关的一个重要概念。

（一）词源研究

话语研究起源于西方，因而"话语"一词是舶来品，由"discourse"译来。现代英语中，discourse来自拉丁语的discursus，由拉丁词缀dis（意思是穿越、分离、对称）和词根coursus（意思是线路、行走）两部分组成，引申为"对事物的演绎、推理、叙说的过程"。《牛津词典》对discourse的解释是：

1）[countable，uncountable]（formal）a long and serious treatment or discussion of a subject in speech or writing .

2）[uncountable]（linguistics）the use of language in speech and writing in order to produce meaning; language that is studied，usually in order to see how the different parts of a text are connected.

即话语一方面是指口头或书面上对一定主题的正式探讨或处理，另一方面在语言学上，话语是指为建构语言意思在口头或书面上对语言的运用，以及为了厘清文本而对语言所进行的研究。

而在现代汉语中，《现代汉语大词典》对“话语”的解释是：1. 说的话；言语。2. 语言学术语，指运用中的语言，其构造单位相当于句子或大于句子的言语作品。

很显然，词源及词典中对话语的解释远远不能概括其内涵。为了进一步弄清“话语”内蕴，我们需要从学术研究的视角对其进行整理和归纳。

（二）语言学意义上的话语研究

在语言学上，语言与话语两个概念极其相似却有所不同。所谓语言（Language），作为人类的社会交际工具之一，是人们用以沟通交流的声音符号（语音）与意义符号（语义）相结合的表达符号系统。语言是人类文化的主要载体，也是人们进行思维和传递信息的重要工具，因而它与社会是密切相关的。社会语言学家乔姆斯基（N. Chomsky）、苏姗·罗曼（Romaine）都认为语言与思维是社会不可分割的组成部分，并随着社会的变化而不断发展。归纳来看，语言的社会性主要表现在：“（1）语言的存在离不开社会；（2）社会的构成需要语言；（3）语言行为同时也是社会行为；（4）语言通讯的问题和对语言的态度的问题都是可能产生严重社会后果的问题。”①

① 徐大明、陶红印、谢天蔚：《当代社会语言学》，中国社会科学出版社 1997 年版，第 21 页。

从语言学的视角看，话语不同于语言，话语是“句子或分句之上的语言”[①]，是由句子或段落组成的用来对语言进行定量分析的有形的交流形式，它可以是非文字的口语状态，如对话、讲话、独白等，也可是文字的形态，如小说、诗歌、散文、研究报告等，在语用和语义上，话语主要用来表达某种意义，从而实现一定的交际目的。（Discourse is a tangible form of communication act that is semantically and pragmatically coherent，and can be rendered in either written form or spoken form and is used to achieve a certain communicative goal.[②]）

话语虽然也包括语形、语义和语用等方面，但与语言不同的是，话语的意义在不同的语境中是具体的和不同的，它和一定的社会交往密切相关，因而具有更为丰富的内涵。所以，“话语由语言单位组成，但话语的意思不是语言单位的简单相加，它要受言语环境的制约，并受言语规律的支配”[③]。诚然，“话语是由符号组成的，但它们所做的要比这些符号所指来得更多，正是这个更多使我们不能把话语归结为语言和言语，而我们正是要揭示和描写这个‘更多’”[④]。这即是说，话语不是简单的语言符号相加，而需要放到一定的社会实践中，或者需要置于一定的社会团体中。“话语意味着一个社会团体依据某些成规将其意义传播于社会之中，以此确立其社会地位，并为其他团体所认识的过程。”[⑤] 因此，话语与语言的另一个不同点即是，话语是具有社会性和阶级性的一个概念，而语言一般认为是没有阶级性的。总之，话语是具有特定价值的文化意识系统，是价值化、功能化的具有一定社会指向和意识形态的思想载体。

美国语言学家哈里斯（Zellig Harris）1952 年在“LANGUAGE”杂志上

---

① N. Coupland，The Discoure Reader. Routledge，1999:1.

② 李悦娥、范宏雅编：《话语分析》，上海外语教育出版社 2002 年版，第 163 页。

③ 王德春：《多角度研究语言》，清华大学出版社 2002 年版，第 21 页。

④ 王治河：《福柯》，湖南教育出版社 1999 年版，第 160 页。

⑤ 王治河：《福柯》，湖南教育出版社 1999 年版，第 159 页。

首次提出"discourse analysis"（话语分析）的概念，到20世纪60年代，关于话语分析的研究在西方逐渐活跃起来。20世纪60年代产生于美国的社会语言学（Sociolinguistics）主要从社会视角研究语言行为，探索语言与社会主体及诸领域之间的关系，其着重关注的是话语、语境与社会文本。①20世纪70年代批判语言学（Critical Linguistics）着重从话语的运用上来认识和批判话语行为，并分析话语使用者的社会地位、经济状况等，话语则进入了意识形态领域和经验社会层面。②从20世纪80年代开始，话语分析转向多个领域，如国际关系学、历史学、文化史学、文学、新闻传播学等，并呈现出欣欣向荣之势。不同领域的学者多将话语研究与自身学科结合，进行交叉研究，取得了丰硕的成果。③

（三）哲学视域中的话语研究

语言是思想的工具，哲学必须借助语言来反思世界，因而对语言（在西方哲学中，语言、言语、话语等概念是同一的，其内涵与本著的"话语"概念内涵基本一致）的关注成为了现代西方哲学的共同特征。正如保罗·科利（Paul Collier）所说，"对语言的兴趣，是今日哲学最主要的特征之一"④。如果说西方哲学的发展经历过两次转型的话，那么第一次转型即为本体论向认

---

① 这一时期的代表人物包括 Zellig Harris，Michael Stubbs 等。

② 这一时期的代表人物包括 Norman Fairclough，Roger Fowler 等。

③ 这一时期的专著主要包括：Discourse Analysis（Gillian Brown & George Yule，1983），Introduction to Discourse Analysis（Malcolm coulthard，1985），Discourse（Teun A. Van Dijk，1985），Discourse Analysis for Language Teacher，（McCarthy，1991），Critical Discourse Analysis（Norman Fairclough，1995），An Introduction to Discourse Analysis: Theory and Method（James Paul Gee，1999），Methods for Critical Discourse Analysis（Ruth Wodak & Michael Meyer，2002），Analysing Discourse: Textual Analysis for Social Research（Norman Fairclough，2003），Discourse and Power in a Multilingual World（Blackledge Adria，2005），Discourse Analysis（Barbara Johnstone，2007）.

④ [英]保罗·科利：《哲学主要趋向》，李幼蒸等译，商务印书馆 1988 年版，第 337 页。

识论的转型，而第二次转型则为认识论转向语言研究，第二次转型标志着西方哲学从近代走向现代。

向语言研究转型的一个重要特征，就是将“话语”概念广泛用于学术实践中，如现象学、释义学、语言哲学、分析哲学、结构主义、后结构主义等都不约而同地重视对话语的研究。在他们看来，话语并不局限于语言学范畴，单从语义学和语用学意义上理解它是远远不够的，话语是一个重要的哲学概念。

存在主义哲学的创始人马丁·海德格尔（Martin Heidegger）认为，语言并不仅仅是交流思想的工具，而且也是存在的寓所，是人的历史的此在的基础。语言建立在作为逻各斯的存在的基础上，就成为了真正的“话语”。在海德格尔的理论里，话语被用来指涉逻各斯的原意，“存在、真理”等哲学概念都可以通过“现象学还原”的方法找到源头。所以，话语在海德格尔这里是作为本体存在的，是思的语言。路德维希·维特根斯坦（Ludwig Wittgenstein）作为语言哲学的奠基者，认为只有用语言才能准确了解这个世界。维特根斯坦早期致力于理想语言的建构，但随着研究的深入，他发现了新的问题：“说在哲学中我们考察一种与日常语言相反的理想语言，这种说法是错误的。因为这使得看起来好像我们认为我们可以对日常语言加以改造。但日常语言是完全正确的。”[①] 于是也开始转向日常语言的研究，并提出了“语言游戏说”理论。“语言游戏说”的核心是，语言的含义不在于对象而在于它的使用。这样的语言游戏在本质上即是话语，其本身就构成了一种活生生的“生活”。

“话语”除了具有本体论的意义外，同时也是一个具有特定社会实践功能的哲学概念。福柯（M Foucault）认为，人与世界的关系本质上是一种话语实践关系。“话语是间断的、偶然的和有形的特殊事件系列。话语作为一种具有

① ［美］M.K. 穆尼茨：《当代分析哲学》，张汝伦、黄勇等译，复旦大学出版社 1986 年版，第 332 页。

自身的连贯和前后相继形式的实证性实践，既不同于线性的言语或书写，也不同于流变的意识。而话语事件的前后连贯和相继出现就意味着认可间断、断裂、散布、界限和转换等的存在，否定了事件的一成不变的线性连续性。”① 米哈伊尔·巴赫金（Miakhail Bakhtin）则认为话语是包含语言又高于语言的概念，阐释了话语的对话性本质，他指出：“言语交际是多方面积极的‘思想交流’的过程，所交流的思想彼此间不是漠不关心的，每一个思想也不是独立自主的，……他人表述都以语言交际领域的共同点而与其他表述相互联系，并充满对该言语交际领域中其他表述的种种应答性反映。”② 在巴赫金看来，任何话语都处在一定社会和历史实践中，同时也构成新社会和历史实践。一方面，“它或反驳此前的话语，或肯定它，或补充它，或依靠它，或以它们为已知的前提，或以某种方式考虑它”③；另一方面它又“希望被人聆听、让人理解、得到应答”④。所以话语本质上又是一种实实在在的社会实践。

“话语”直接体现人的社会意识并具有主体的价值倾向和意识形态。话语总体上是属于具体的现实的人的，因而具有一定的价值属性，体现是非、美丑、善恶等伦理立场。巴赫金指出：“我们所清楚的话语的所有特点——就是它的纯符号性、意识形态的普遍适应性、生活交际的参与性、成为内部话语的功能性，以及最终作为任何一种意识形态行为的伴随现象的必然现存性——所有这一切使得话语成为意识形态科学的基本研究客体。”⑤ 按照巴赫金的观点，话语应体现一定的意识形态和社会伦理价值，否则就失去了其

① ［法］米歇尔·福柯：《知识考古学》，谢强、马月译，生活·读书·新知三联书店2003年版，第129页。

② 《巴赫金全集——文本、对话与人文》，钱中文等编译，河北教育出版社1998年版，第177页。

③ 《巴赫金全集——文本、对话与人文》，钱中文等编译，河北教育出版社1998年版，第177页。

④ ［俄］孔金、孔金娜：《巴赫金传》，张杰、万海松译，东方出版中心2000年版，第12页。

⑤ ［俄］巴赫金：《周边集》，李辉凡等译，河北教育出版社1998年版，第357页。

存在的意义。同时，话语由于属人的特性，因而具有创造性。诺曼·费尔克拉夫（Norman Fairclough）提出了类似的观点，他认为："经过长期累积所确定的个体创造行为对话语秩序（orders of discourse）有重构作用。"① 也就是说，人在运用话语时是具有创造性的。正如詹姆斯·麦吉尔弗雷（James McGilvray）所说："我们心智中有一些天赋观念，它们不需要通过学习获得；这些观念可以以无限种方式结合，生成句子意思；这些观念可以随时被生成；它们以灵活的方式与其他系统联系在一起，使创造性成为可能。这种形式的自由赋予我们只属于人的那种满足感。"②

总体来看，哲学视域的话语研究深化了"话语"概念的内涵，又赋予了这个概念一些新的含义，即话语不仅是本体存在的基础，更是一种现实的社会实践，且具有主体的意识形态性、创造性和价值立场。

二、话语权的立体审视

正如福柯所说，话语不是一个简单交流工具，而是一种历史的实践，社会的各种经济、政治和法律制度的创建都与此有关。特别在全球化高度发展的今天，话语权俨然成为国际竞争中的一种重要软实力。

（一）话语与权力

话语权源于话语与"权"的交叉研究。而关于"权"，学界一般有两种解读：一是权利（right）；二是权力（power）。权利是一个法律概念，是指在一定社会中法律或规章等赋予人们的权益和资格，价值付出和价值回报是其

① Norman Fairclough, *Language and Power. Longman*, 1989, 172.

② James McGilvray, *The Cambridge Companion to Chomsky*. Cambridge University Press, 2005, 220.

核心内容。而权力是一个政治概念，指有权支配他人的能力和力量。对“权”的不同理解，显然就会对话语权就有不同的认识。从“权利”视角来看，话语权关注的是话语所带来的权益和价值，强调的是话语权的外化作用；而从“权力”视角来看，话语权关注的则是话语本身的力量和能力，强调的是话语权的内核与属性。所以从内在本质上讲，话语权是通过文化话语现象来解构社会权力关系，从而实现一定的外在权利，即“‘话语权’指的是一种‘权力’（Power），而非‘权利’（Right）。换言之，话语权不是指有没有说话的权利，而是指话语背后体现着的权力关系”①。

有学者认为，Discourse Power（话语权）从语言学的角度来看又称 Discower（语力）②。Discower（语力）是 Discourse（话语）与 power（权力）两个单词的合写，同时在构词法上又是前缀 dis（否定）与 coward（怯懦者）的合写，隐意为话语本身就是权力，拥有话语权绝不怯懦。正如福柯所指出的，人类的一切思想和认识都由话语表达，“话语意味着一个社会团体依据某些成规将其意义传播于社会中，以此确立其社会地位，并为其他社会团体认识的过程。话语不仅仅是翻译各种支配的斗争或系统的东西，它本身就是这样的东西：斗争因为它且借助于它而存在，话语就是要被夺取的权力”③。在此意义上，话语即权力。

话语权主要由三个核心要素构成：“语言、知识和表达途径”④。其一，语言作为交流的重要符号系统和工具，是话语权形成的基础。在一定的社会、文化和历史境遇中，语言不仅仅是一种说话方式，它更是传递了话语实践主体的思维方式和行为方式，话语主体的意志、精神、情感乃至权威、能力等都可以通过语言得以表达和反映。因而语言能力与话语权直接相关，而人类的语言能力一般说来都是后天获得的，主要包括潜移默化地无意识形成和通

① 张志洲：《话语质量：提升国际话语权的关键》，载《红旗文稿》2010 年第 14 期。
② 陈开举：《话语权的文化学研究》，中山大学出版社 2012 年版，第 172 页。
③ 王治河：《福柯》，湖南教育出版社 1999 年版，第 159 页。
④ 陈开举：《话语权的文化学研究》，中山大学出版社 2012 年版，第 172 页。

过较为系统的教育、正式的学习与训练获得。所以，要提升话语权就必须自觉提升语言能力。

其二，知识是语言表达的储水库和话语意义的主要依托。知识，广义上来说是指人们认识世界的理论的或实践的成果，是人类智慧的最根本的因素。英国哲学家弗朗西斯·培根认为，人的知识本身就是一种巨大的力量，即“知识就是力量”。而力量与权威、权力是一个极其相关的概念，因而美国当代学者阿尔文·托夫勒在《权力的转移》中精辟阐释了知识经济的作用，并提出了“知识就是权力”的命题，得到了人们的普遍认可。在当代社会，知识权力主要是通过话语权来外化的，因而知识水平的提升本质上就为话语权的提升奠定了基础。同时，“权力制造知识（而且，不仅仅因为知识为权力服务，权力才鼓励知识，也不仅仅是因为知识有用，权力才使用知识）；权力和知识是直接相互连带的；不相应地建构一种知识领域就不可能有权力关系，不同时预设和建构权力关系就不会有任何知识”①。所以，知识和权力之间存在着相互建构的关系。

其三，表达途径是话语权实现的渠道和中介。如果没有合适的表达途径的话，语言能力与知识水平都无法兑现。犹如雪藏的宝物其价值无法体现一样，若缺少通畅的表达途径，话语权也就无法实现。在当今信息社会，传统媒介、新媒介此起彼伏，表达途径似乎并不缺少，但如何根据不同的受众、不同的信息内容和不同的境况选择合适的渠道，却是一个复杂的问题，话语权的实现与此直接相关。

（二）西方视域下的话语权

20 世纪以来，话语权问题成为了西方众多学者和思想家关注的焦点。

① ［法］米歇尔·福柯：《规训与惩罚》，刘北成、杨远婴译，生活·读书·新知三联书店 2003 年版，第 29 页。

西方马克思主义学者安东尼奥·葛兰西（Antonio Gramsci）较早从文化领导权（Cultural Hegemony，又称文化霸权）、意识形态斗争的角度阐释了话语权问题，他指出："社会集团的领导作用表现在两种形式中——在统治的形式中和'精神和道德领导'的形式中。"[①] 而精神和道德的领导形式，就是通过意识形态的渗透和文化潜移默化发生作用，这是一种更为隐藏的和牢固的控制方式。因而，无产阶级要获得领导权，必须夺取资产阶级在"市民社会"[②] 的文化领导权，建立起自己的知识分子阶层，主动掌握意识形态和文化的领导权。葛兰西的文化领导权蕴含了文化话语的控制力和文化被接受与认同的含义，这为话语权分析奠定了坚实的理论基础。

法兰克福学派尤尔根·哈贝马斯（Jürgen Habermas）进一步推动了话语权理论的研究。在社会理论领域，哈贝马斯认为话语权首先是通过话语沟通所实现的一种社会权力，"社会权力这个概念，是作为衡量一个行动者在种种社会关系中维护自己的利益——哪怕是抵抗对他的压制的可能性的尺度"[③]。而要实现这种社会权力，话语离不开"真理性、真诚性、正确性"三个有效宣称。依据哈贝马斯的观点，这三个有效宣称是话语社会性沟通的必要因子。"（1）真理宣称，语言所表明的东西即为外在世界的事实，并将这一事实传递给他人，这实际是要求我们话语内容与现实相吻合；（2）真诚宣称，我们使用的句子确保他人相信我们的语言行动所表达的主体经验是真实可靠的。这要求在话语主体之间寻求一种尽可能的共识；（3）正确宣称，即语言使用者与他人沟通之时遵循相关规范，从而正确且恰当的，这要求我们采用适当的方式去言说。"[④] 因此，在这种意义上，话语的沟通功能的实现，实际上就是其社会权力的表现方式。

---

① ［意］葛兰西：《狱中札记》，葆煦译，人民出版社 1983 年版，第 316 页。

② ［意］葛兰西：《狱中札记》，葆煦译，人民出版社 1983 年版，第 71 页。

③ ［德］尤尔根·哈贝马斯：《在事实与规范之间》，童世骏译，生活·读书·新知三联书店 2003 年版，第 213—214 页。

④ ［德］尤尔根·哈贝马斯：《交往行为理论》第 1 卷，曹卫东译，上海人民出版社 2004 年版，第 140—143 页。

在政治理论领域，哈贝马斯以交往行为理论为基础提出了话语权问题。哈贝马斯认为，话语是一种正式的交往行为（communicative active）。从交往行为的角度来看，话语权也就是话语民主，与公民的民主权利、政治参与及发表言论等息息相关，其特征可以概括为：以公民自由为前提，以公共领域为背景，以扩大民主参与为手段，以政治合法性为目的。所以，话语权在本质上就是话语在公共领域交往行为中的自由权利。所谓公共领域，就是对公共权力和私人领域之间进行调节的领域，它“首先可以理解为一个由私人集合而成的公众的领域；但私人随即就要求这一受上层控制的公共领域反对公共权力机关自身，以便就基本上已经属于私人，把仍然具有公共性质的商品交换和社会劳动领域中的一般交换规则等问题同公共权力机关展开讨论”①。公民在公共领域的权力多是通过话语形式形成公共舆论而表现出来，因而这种权力的影响是极其有限的。话语产生的交往权力“并不取代管理权力，只是对其施加影响。影响局限于创造和取缔合法性”②。由此可以看出，哈贝马斯的话语权主旨是通过话语将公共领域和权力联系起来，“话语理论所期待的合理结论的基础是，建制化的政治意愿形成与畅通无阻的自发交往潮流紧密相连。后者的目的并不在于达成结论，而在于发现和解决问题”③。这就建立了哈贝马斯所谓的“话语政治模式”。

首次提出“话语权”这一独立概念的是后现代主义哲学家米歇尔·福柯（Michel Foucault）。福柯认为，人的思想、理念等都是通过话语来表达的，历史、社会实践也是通过话语所建构的。因此，社会实践的主体对话语的选择、建构或解构本质上就是一种权力，即话语权。“在所有说话个体的总体中，谁有充分理由使用这种类型的语言？谁是这种语言的拥有者？谁从

① ［德］尤尔根·哈贝马斯：《公共领域的结构转型》，曹卫东等译，学林出版社 1999 年版，第 32 页。

② ［德］尤尔根·哈贝马斯：《公共领域的结构转型》，曹卫东等译，学林出版社 1999 年版，第 32 页。

③ ［德］尤尔根·哈贝马斯：《公共领域的结构转型》，曹卫东等译，学林出版社 1999 年版，第 32 页。

这个拥有者那里接受他的特殊性及其特权地位？”[①] 谁就拥有了权力。这就是说，有话语的地方就有权力，权力是话语的产物，权力总是通过一定的话语来实现的。但同时，福柯认为，话语也是权力的产物，争夺权力最终又表现出对话语的占有。福柯曾经指出：“话语既可以是权力的工具，也可以是权力的结果，但也可以是阻碍、绊脚石、阻力点，也可以是相反的战略的出发点。话语传递着、产生着权力；它强化了权力，但也削弱了其基础并暴露了它，使它变得脆弱并有可能遭受挫折。”[②]

话语权不同于政治权力或国家权力，它不是强制性的高高在上的权力，而是渗透在日常生活中的无所不在的权力，犹如人体的毛细血管，“权力无法被获得和分享，也不能被控制和放弃。权力通过难以计数的点而获得，通过不匀称和流动的相互作用而实现”[③]。话语权的这种无所不在的特征与其形成过程是一致的。福柯认为，话语权的形成过程本身就是一种细微的不知不觉的渗透过程。“各种各样的作品，各处流传的书籍，所有这类属于相同的话语形成的文本——许多作者，他们彼此认识或不认识，相互批评、贬低、抄袭，而又在不知不觉中相互聚首，他们固执地将他们各自独特的话语交叉在不属于他们的，连他们自己也看不清它的整体并且难以测量它的广度的网络中——所有这些形态和这些各不相同的个体性在传递时不仅仅通过他们提出的命题的逻辑的连贯，主题的循环，某一被转让、被遗忘、被重新发现的意义的固执性；它们通过话语的实证性的形式进行传递”[④]。个人总是无意识地操纵着话语权又被话语权所操纵。

---

① ［法］米歇尔·福柯：《知识考古学》，谢强、马月译，生活·读书·新知三联书店2003年版，第54页。

② ［法］米歇尔·福柯：《性史》，张廷琛等译，上海科学技术文献出版社1989年版，第98—99页。

③ Michel Foucault.*The Will to Knowledge:The History of Sexuality*. Penguin Books，1990，94.

④ ［法］米歇尔·福柯：《知识考古学》，谢强、马月译，生活·读书·新知三联书店2003年版，第141页。

福柯认为，话语权是依托于知识的一种存在形式。权力既生产实践又生产知识，权力最重要的生产物之一就是“知识”，即话语。福柯在知识考古学与权力系谱学的研究中，着重关注了知识与权力的关系。他认为，“权力和知识是直接相互隐含的，不相应地建构一种知识领域就不可能有权力，而不同时预设和建构权力关系也就不会有任何知识”①。对知识的分析也就是对话语的分析，福柯认为，话语有其特定的形成机制，“为什么这个话语不可能成为另一个话语，它究竟在什么方面排斥其他话语，以及在其他话语之中同其他话语相比，它是怎样占据任何其他一种话语都无法占据的位置”②。其原因就在于话语本身的权力特质，即“权力——知识，贯穿于权力——知识和构成权力——知识的发展变化和矛盾斗争”，决定了话语表达中“知识的形式及其可能的领域”③。这就是，一种话语的产生源于权力、又必然通过权力牺牲或剥夺其他知识话语资格为代价。因此，“权力制造知识……权力和知识彼此包含……如果没有知识领域的相关建构，权力关系就不存在，如果不同时预设和构成权力关系，知识也就不存在了”④。另外，话语权一旦形成就具有相对稳定性，会演变成习惯、知识或制度，从而影响和重塑社会关系。正如当代文化研究之父斯图亚特·霍尔对话语权的描述：“第一，它用自己的语言界定可能产生各种意义的精神世界以及社会或文化中种种关系的完整层面；第二，它带有合法的印记——它与关于社会秩序是自然的、不可避免的，应当如此的说法相联系。”⑤

---

① ［法］米歇尔·福柯：《规训与惩罚》，刘北成、杨远婴译，生活·读书·新知三联书店 2003 年版，第 29 页。

② ［法］米歇尔·福柯：《知识考古学》，谢强、马月译，生活·读书·新知三联书店 2003 年版，第 33 页。

③ ［法］米歇尔·福柯：《权力的眼睛》，严锋译，上海人民出版社 1997 年版，第 220 页。

④ Michel Foucault, *Discipline and Punish: The Birth of the Prison*, English translation by Alan Sheridan, Vintage Books, 1995, 27.

⑤ ［英］斯图亚特·霍尔：《编码，解码》，王广洲译，载罗钢、刘象愚主编：《文化研究读本》，中国社会科学出版社 1999 年版，第 357 页。

（三）马克思主义视域下的话语权

马克思、恩格斯虽然没有直接提“话语权”概念，但作为实践唯物主义者，他们对语言和话语有非常深刻的认识。

马克思、恩格斯曾经指出：“‘精神’从一开始就很倒霉，受到物质的‘纠缠’，物质在这里表现为振动着的空气层、声音，简言之，即语言。语言和意识具有同样长久的历史；语言是一种实践的、既为别人存在因而也为我自身而存在的、现实的意识。”① 这里直接提出语言既是思想的现实存在，又是与社会实践和人类思维不可分的意识，也就是说，“思想、观念、意识的生产最初是直接与人们的物质活动，与人们的物质交往，与现实生活的语言交织在一起的”②。由此可以看出，马克思、恩格斯关于“语言”(马克思、恩格斯没有区分语言与话语的区别，两者内涵基本一致）的界定是以实践唯物主义为方法论基础的，离开社会实践，离开意识形态，离开人与人的关系，也就没有“话语”可言。

正因为话语与思想、观念和意识等天然纠结在一起，话语的阶级性也是毋庸置疑的。正如马克思、恩格斯所指出的：“统治阶级的思想在每一时代都是占统治地位的思想。” ③“一个阶级是社会上占统治地位的物质力量，同时也是社会上占统治地位的精神力量。支配着物质生产资料的阶级，同时也支配着精神生产资料，因此，那些没有精神生产资料的人的思想，一般地是隶属于这个阶级的。”④ 这里又折射出“权力”问题。即只有统治阶级的思想、精神和意识形态才可以转换为具有一定影响力和支配力的话语。而话语的决定权在于一定阶级的经济和政治地位。“作为思想的生产者进行统治，他们调节着自己时代的思想的生产和分配；而这就意味着他们的思想是一个时代

① 《马克思恩格斯选集》第 1 卷，人民出版社 1995 年版，第 81 页。
② 《马克思恩格斯选集》第 1 卷，人民出版社 1995 年版，第 72 页。
③ 《马克思恩格斯文集》第 1 卷，人民出版社 2009 年版，第 550 页。
④ 《马克思恩格斯文集》第 1 卷，人民出版社 2009 年版，第 550 页。

的占统治地位的思想。”[①] 这种思想总是通过一定的话语为媒介，从而在整个思想文化领域占据统治地位。通过马克思、恩格斯的论述我们可以看出，统治阶级的话语权的获得，首先是支配和掌握整个社会的物质生产资料，其次通过经济基础地位获取占统治地位的政治权力，最后实现自己的文化和意识形态话语权。

那么，无产阶级如何获得自己的话语权呢？马克思为我们指明了两条路径。第一条路径便是物质的手段。既然统治阶级掌握话语权是通过物质力量，那么无产阶级夺取话语权也要运用物质的力量。“批判的武器当然不能代替武器的批判，物质力量只能用物质力量来摧毁”[②]。面对全副武装的统治阶级，无产阶级没有理由放弃武器，暴力革命是无产阶级获取权力的根本途径。但是对于无产阶级而言，暴力革命却不是他们所愿意和主动选择的。因而马克思同时提出了第二条路径：理论的手段。马克思认为，理论是一种巨大的精神力量，同时也是一种物质力量。他指出：“理论一经掌握群众，也会变成物质力量。”[③] 所谓理论掌握群众，就是指广大人民群众真正认可和接受理论。“理论只要说服人［ad hominem］，就能掌握群众；而理论只要彻底，就能说服人［ad hominem］。所谓彻底，就是抓住事物的根本。”[④] 而抓住事物根本的彻底的理论，一定是符合无产阶级根本利益的理论，一定是与社会发展方向一致的理论，也即是科学社会主义理论。无产阶级要实现自己的解放，就必须掌握科学社会主义理论，“必须以高度的热情把由此获得的日益明确的意识传布到工人群众中去”[⑤]。当人民群众真正掌握了科学的理论后，也便真正拥有文化和意识形态话语权。

列宁在领导俄国革命的社会实践中，高度重视话语权问题。他认为，

---

① 《马克思恩格斯文集》第 1 卷，人民出版社 2009 年版，第 551 页。

② 《马克思恩格斯文集》第 1 卷，人民出版社 2009 年版，第 11 页。

③ 《马克思恩格斯文集》第 1 卷，人民出版社 2009 年版，第 11 页。

④ 《马克思恩格斯文集》第 1 卷，人民出版社 2009 年版，第 11 页。

⑤ 《马克思恩格斯选集》第 2 卷，人民出版社 1995 年版，第 636 页。

无产阶级必须拥有自己的声音和话语，这是角逐政治权力的重要工具，同时也是改变阶级力量的先驱力量。列宁指出："社会主义者的任务是要做无产阶级的思想领导者，领导无产阶级进行现实斗争，去反对横在一定社会经济发展的现实道路上的现实的真正敌人"①，"不做上述理论工作，便不能当思想领导者；不根据事业的需要进行这项工作，不在工人中间宣传这个理论的成果并帮助他们组织起来，也不能当思想领导者"②。那么如何掌握话语权和充当思想领导者呢？列宁认为，无产阶级决不可能自发的掌握和充当，而必须通过系统教育、宣传和外部灌输的方式获取。"我们应当既以理论家的身分，又以宣传员的身分，既以鼓动员的身分，又以组织者的身分'到居民的一切阶级中去'。社会民主党人的理论工作应当研究各个阶级的社会地位和政治地位的一切特点，这是谁也不怀疑的。"③只有通过宣传、教育和灌输，无产阶级才能建立起科学和系统的阶级意识、思想觉悟，并拥有强大的理论武器和自己的话语权力，这对于无产阶级最终夺取政权是至关重要的。

根据马克思主义经典作家的论述，我们不难看出，马克思主义视域下话语权具有两大特征：阶级性和实践性。所谓阶级性，又即意识形态性。马克思主义的话语权不是一个空洞的和抽象的概念，而是以现实的人为基础的实实在在的权力。在阶级社会里，话语权是统治阶级的意志和思想的体现，因而所表达的是统治阶级的话语体系和话语平台，其维护的只能是统治阶级的政治、经济权利。对于无产阶级而言，其使命就是要夺取话语权，建构以无产阶级为基础的、与人民利益一致并代表人类发展方向的话语体系；话语权的实践性是相对于西方部分学者的"假象说"理论而言的。英国哲学家培根、法国哲学家特拉西等认为，话语权是意识形态的一部分，是一种哲学范畴，所表达的是一种观念科学。而马克思认为，无产阶级的话语权决定于社会的

① 《列宁选集》第 1 卷，人民出版社 1995 年版，第 78 页。

② 《列宁选集》第 1 卷，人民出版社 1995 年版，第 79 页。

③ 《列宁选集》第 1 卷，人民出版社 1995 年版，第 366 页。

生产关系，“不是意识决定生活，而是生活决定意识”[①]。列宁根据俄国革命实践的需要，将话语权与无产阶级革命和人的解放相联系，进一步凸显了话语的实践特征。而实践总是发展和变化的，所以话语及话语体系也必须不断发展和与时俱进，这又为话语体系的开放性奠定了理论基础。

基于以上分析，我们认为，话语是一个民族经过长期的社会实践而形成和发展起来的社会交往工具和文化传承载体，它是社会意识形态、价值观念、交往行为以及内在权力的外在表现。

三、中国文化话语体系的具象分析

一般而言，话语是一个整体系统，即话语体系。就一个社会来看，话语体系又是一个复杂的概念，按照不同的标准，话语体系可以划分为不同的类型，如按主体不同，可以分为个体话语体系、民族话语体系和国家话语体系；按场合划分，可以分为民间话语体系、学术话语体系和政府话语体系。按属性不同，可以为分政治话语体系，经济话语体系、文化话语体系等。尽管以上划分并不是绝对和截然分开的，但却为我们的相关研究提供了线索。

本著主要研究的是文化话语体系，侧重于国家、政府层面，但也不排除个体、民间话语体系对文化话语体系的影响。

（一）中国文化话语体系的本质特征

中国文化话语体系是中华民族经过长期文化实践积淀而成的，具有中国特色、中国气派、中国风格的文化概念、文化范畴、文化范式、文化原理、文化论断等的集合体。“同任何新的学说一样，它必须首先从已有的思

① 《马克思恩格斯选集》第1卷，人民出版社1995年版，第73页。

想材料出发”[①]，中国文化话语体系承继我国传统优秀文化精髓，彰显其独特智慧，折射其本质特征，充分显示了其现代价值。

1. 强调和谐辩证的思维特色

思维方式是文化话语体系的核心内容，决定人们的致思取向和行为模式。与西方二元辩证思维方式相比，中国更强调和谐辩证思维，具有典型的民族特色。

由于生产和生活实践是人类历史发展的共同的基础和前提，而人类的生产和生活实践又必须遵循客观存在的辩证法，尽管各个民族文明的起源及其发展程度和水平不尽相同，但是，它们最终都将走向辩证思维即忠实地符合事物的本来面目而不附加任何主观臆想的思维，则是人类思维发展的必然趋向。因而辩证思维作为科学的思维方式或思维方法，是人类共同的思想财富，反映了人类思维的合乎客观规律的本质属性。然而，亦由于各个民族所处的地理环境不同，受这种地理环境制约而产生的生产和生活方式不同，特别是在此基础上所形成的政治和文化制度的不同，使得进入人类辩证思维的致思途径、方式、方法及其取向不完全相同，因而使不同民族的辩证思维呈现出不同的智慧特征。

中华和谐辩证思维是在东亚大陆这块相对隔绝而又具有广阔回旋空间的大地上孕育和成长起来的。这种地理条件保证了它在一个相对独立的环境中存在和发展而不受外来文明的侵扰，也决定了它在几千年的文明发展中始终坚持以农立国的既定国策而不曾动摇。长期的以家庭为单位的自给自足的小农生产方式，使宗法血缘关系在社会生活中具有了支配一切的地位，家国一体成为中国传统社会的基本的政治范型和政治理念。正是在这种地理环境并受这种环境所制约的社会人文环境的基础上，产生了重“和谐”的辩证思维。

“和谐”作为反映事物内部“对立面的统一”的哲学范畴，同样蕴含了

① 《马克思恩格斯选集》第3卷，人民出版社1995年版，第719页。

对立性和同一性两重属性。所谓对立性的属性，是指和谐体内部两个对立面或诸多要素之间相互对峙、相互排斥、相互离异、相互冲突的性质和倾向，例如，阴与阳、一与两、一与多、分与合、可与否、善与恶、美与丑、寒与暑、夜与昼、屈与伸等等，它们之间都存在着这种相互对立的性质和倾向。所谓同一性的属性，是指和谐体内部两个对立面之间或诸多要素之间同时又存在着相互依存、相互渗透、相互转化、相互交感、相互吸引、相互需求、相互补充的性质和倾向，例如，上述对立面之间同样存在着这种同一、统一和一致的性质和倾向。

中华和谐辩证思维不同于西方矛盾思维的特点在于，在“对立面的统一”的问题上，它不是从其矛盾对立的视角出发，而是从对立和谐的视角切入，着重探讨了对立面的协调性、平衡性和互补性在事物发展的作用，以崇尚和谐、追求和谐、维护和谐、发展和谐作为最高的价值目标，把和谐作为分析问题和解决矛盾的根本方法。

中华和谐辩证思维的这种特点影响到中国文化话语体系的方方面面，使中国文化话语体系呈现出典型的和谐特征。

2. 本质上属于德性之知

中国文化话语体系的形成和发展是一个从古至今的长期历史过程，中华文化的本质特征一直影响着中国文化话语体系的建构。

如果把西方文化视为“智性文化”，那么中华文化则是“德性文化”。智性文化以科学理性为基础，而德性文化则更关注人伦道德。张载认为：“见闻之知，乃物交而知，非德性所知；德性所知，不萌于见闻。”《正蒙·大心篇》也就是说，“德性之知”是不同于“见闻之知”的，见闻之知属于感性认知，而德性之知却是主观自生的，但又不是理性认识，它不依赖于人的感官，只要通过内心修养而不凭一般“智力”便可得到，“乃德盛仁熟所致，非智力能强也”（《正蒙·神化》）。

伦理道德文化在中华文化中处于中心地位。在中华文化中，人因为有道德而不同于禽兽，孟子说："饱食暖衣，逸居而无教，则近于禽兽。圣人忧之，使契为司徒，教以人伦。"（《孟子·滕文公上》）事实上，在上古神话中我们便发现三条伦理精神，即崇德不崇力、惩恶扬善、重天命而轻命运。这成为了中国伦理思想的原初模式。之后，孔子提出了以"仁"、"义"、"礼"、"中庸"为核心的伦理道德思想，并制定了恭、宽、信、敏、惠、刚、毅、木、讷、勇、敬、俭等一系列道德规范，初步建构起了中华文化中的道德规范体系。仁是中国古代最高的道德规范。何谓"仁"？"樊迟问仁。子曰：'爱人'"（《论语·颜渊》），即仁是以爱人为道德根基的，从而推己及人、由内到外、由人到物，己立立人，己达达人，为仁由己，克己修身，便成仁人。以此为基础，中国古代对男子的主要道德规范"三纲八目"（即明明德、新民、止于至善；格物、致知、正心、诚意、修身、齐家、治国、平天下《大学》），对女子的规范"三从四德"（即"妇人有三从之义，无专用之道。故未嫁从父，既嫁从夫，夫死从子。"《仪礼·丧服·子夏传》）"九嫔掌妇学之法，以九教御：妇德、妇言、妇容、妇功。"（《周礼·天官·九嫔》），以及对君主的"五常"（即仁、义、礼、智、信《论语·为政》）等，共同支起了中国传统伦理文化的架构。

中国文化话语体系充分显现了道德化的实践理性特色。在价值取向上，中国文化话语体系强调真、善、美统一，以善为核心。例如，在审美观上，文以载道、美善合一是中国文化审美性格的特征；在科技观上，"正德、利用、厚生、惟和。"（《书·大禹谟》）是我国传统科技的价值观，而"正德"这一德性目标也是排第一位。正如《论语》所言："君子谋道不谋食，君子忧道不忧贫"（《论语·卫灵公》），道德至上已成为中国文化话语体系的重要文化精神和特色。

3.人本主义的主体精神

人本主义思想在中华文化中根深蒂固，亦是中国文化话语体系的一大特色。人本主义，就是肯定在天地人之间，以人为中心；在人与神之间，以人为中心。中国传统文化中，关于人本主义的论述随处可见。如“人事为本，天道为末”（《全后汉文》），“民之所欲，天必从之”（《尚书·泰誓》），“天视自我民视，天听自我民听”（《尚书·泰誓》），“民，神之主也”（《左传·桓公六年》），“夫霸王之所也，以人为本，本理则国固，本乱则国危”（《管子》）等等，充分体现了以人为本的文化精神。中华文化中的人本主义主要是通过道德来实现的。人与神、人与自然、人与人、人与社会等关系的协调，无不需要道德实践。譬如，儒家的三纲八目、道家的修道积德等都是以道德修养来达到人本主义。通过道德实践，人是万物之灵，就成为了中国传统文化的基调。

坚持以人为本的人本主义立场，首先就是要反对以神为本的神本主义立场。与西方传统神学相比，中华文化显示了它的理性的一面。孔子曾告诫弟子：“务民之义，敬鬼神而远之，可谓知矣。”（《论语·雍也》）“未能事人，焉知事鬼?”（《论语·先进》）孔子重点关注的是现实社会及人生问题，他的这种以人为中心的人本主义思想，得到许多无神论者的认可与发展，进而形成了中华文化的无神论的文化传统。人本主义思想的确立，有利于人们合理理解和对待人与神的关系，增强人的主体意识，抵制宗教神学，消弭宗教神学对人的精神的腐蚀作用，因而在中国历史上，没有出现像欧洲中世纪基督教神学占领思想统治地位的“黑暗时代”。但是，这并不意味着中国古代没有宗教。早在上古时期，人们对伏羲氏、神农氏、黄帝的崇拜，后来人们对城隍土地、太上老君、妈祖等的信仰，以及佛教传入中国后人们对释迦牟尼、观音菩萨等的敬仰等等，中国传统的这些民间宗教信仰与西方的宗教信仰有很大不同，它们不是依赖于神，而是依赖于人的精神，依赖于探索（道法自然），表现了独特的东方智慧。

中国文化话语体系的人本主义思想，反映在人与自然的关系上，表现为天人合一，并强调人伦高于自然。所谓天人合一，就是人与自然的和谐统一。庄子曾说：“天地与我并生，而万物与我为一”（《庄子·齐物论》）道明了天人合一的精神境界。《易传》提出：“与天地合其德，与日月合其明，与四时合其序。”（《易传·文言》）指出人应与自然界相互协调，并遵循自然规律。此外，孔子曾主张尊重自然客观规律：“君赐生，必畜之。”（《论语·乡党》）孟子也主张爱物，提出“数罟不入洿池，鱼鳖不可胜食也，斧斤以时入山林，材木不可胜用也。”（《孟子·梁惠王上》）以保护自然。张载则认为，人类应兼爱万物，他说：“性者万物之一源，非我之得私也。”（《正蒙·诚明》），意思是天地万物有一致的本性，因而人应顺应万物的本性，对待自然要宽厚仁爱。

中国文化话语体系中的天人合一的思想，在肯定人与自然协调统一、道德理性与自然理性一致方面是非常有价值的。但是，这种文化特征在追求人与自然和谐的同时，又表现出了鲜明的重人文、重人伦和轻自然的特色[①]。荀子指出：“凡可知，人之性也，可以知，物之理也。以可知人之性，求可以知物之理，而无所疑止之，则没世穷年不能遍也。”（《荀子·儒效》）在中国古代，主体的伦常和情感往往灌注于天道，并将其人格化，使其成为主体意识的对象化和外在表现，“天”往往又成了理性和道德的化身。显然，这将忽视对自然界本身的认识和改造，不利于科学技术的发展。这也是中国文化话语体系的巨大缺陷。

（二）中国文化话语体系的社会功能

中国文化话语体系承载着中华文化思想价值观念，是我国文化软实力的重要组成部分。黑格尔曾说：“只有当一个民族用自己的语言掌握了一门科

---

① 这种思想与西方文化中“主客二分”、“天人分立”正相对应。在西方，“人生于自然之外并且公平地行使一种对自然界统治权的思想就成了统治西方文明伦理意识的学说的一个突出特征。对于控制自然的思想来说，没有比这更为重要的根源了。”（［加］威廉·莱斯：《自然的控制》，岳长龄、李建华译，重庆出版社 1993 年版，第 28 页）西方的这种思想单纯从人的生命意义、价值与尊严出发，仅仅承认自然界的工具价值，而否认或忽视自然界的生存与内在价值，容易走向人类中心主义，破坏自然也成为了必然。但是，这种思想却有力地促进和加大了人类改造自然的步伐，西方科学理性精神得以发扬，西方科学技术水平得以提高。

学的时候，我们才能说这门科学属于这个民族。”[①] 同理，只有当中华民族善于用自己的语言讲解中国故事，传播文化正能量，弘扬中华民族真精神，凝聚强大中国力量时，我们才拥有了坚不可摧的属于自己的文化话语体系。中国文化话语体系通过一系列的新表述、新概念、新范畴和新观念构建出自己的民族根基、灵魂、气派和风格，是中国价值、中国思维的外在表现，也是中国理解中国、世界了解中国的重要载体。

其一，中国文化话语体系是中国特色社会主义理论体系的必要形式，打造中国特色文化话语体系是建设中国特色社会主义的内在要求。黑格尔曾经指出，一个事物的形式可以区分为内在的形式和外在的形式。所谓内在的形式，就是由一定的概念、范畴、范式和方法所构建的特定理论体系。任何理论体系的内容都不是虚幻的，都要通过一定的形式表现出来。这种形式就是由与其内容相符的概念、范畴等话语体系所构成。在这里，内容和形式是内在统一的。在一定意义上，形式就是内容，内容就是形式。正如脱离形式的内容是不存在的一样，脱离内容的形式也是不存在的。除此之外，一个事物还有其外在的形式。例如，一本书装帧的色彩、开本的大小。这种形式与事物的内容没有必然的联系，但对于表现其本质的内涵却是必要的。中国文化话语体系从形式上讲，它是内在形式和外在形式的有机统一。

中国文化话语体系是内在地包含了中华优秀传统文化于自身之内的具有中国特色的社会主义文化。这种文化话语体系既体现了源远流长和博大精深的中国传统文化的深厚底蕴，又彰显了当代中国社会主义文化的独有特色。正如习近平总书记所指出的，中国传统文化是建设中国特色社会主义的思想根基，当代中国的马克思主义则是建设中国特色社会主义的理论基础。在当代中国，要建设中国特色社会主义，实现中华民族的伟大复兴，不能没有科学的理论指导，而科学的理论又是通过一定的文化话语体系表现出来的。

---

① ［德］黑格尔:《哲学史讲演录》第 4 卷，贺麟、王太庆译，商务印书馆 1983 年版，第 187 页。

考察中国数千年的文明发展史，可以看出，中华民族的兴衰荣辱总是与一定的文化话语体系相联系的。与世界上其他文明古国一样，中国在公元前8世纪至2世纪的人类文明轴心时代，就创建了独具东方智慧特色的文化话语体系。与西方文化话语体系相比，中国文化话语体系重人伦道德、和谐智慧和阴阳之道。正是在这种独特的文化话语体系的引领之下，中华文明不仅延绵不绝、一体贯通，而且达于鼎盛以至长期雄踞世界之首。然而，自18世纪下半叶以降，由于中国封建统治者傲慢自大、故步自封，拒绝向其他先进文化实行开放，结果使自身日趋僵化，终于掉队落伍。鸦片战争强行打开了古老中国封闭的大门，西方文化伴随着侵略者的坚船利炮蜂拥而至，使先进的中国人第一次睁眼看到了一个不同于自身的世界，也接触到了各种不同的文化话语体系。那时候中国的仁人志士都认为，中国的传统文化已经变得腐朽和落后，只有西方先进文化才能帮助我们救国救民。但是当我们应用这些文化体系来解决中国问题时，却发现它们却是如此软弱无力，上阵打几个回合就偃旗息鼓了。终于在十月革命的炮声中，中国人民找到了马克思列宁主义这种崭新的文化话语体系。正是在这种文化话语体系的指引下，中国获得了民族独立和人民解放。

然而，由于教条主义的影响，马克思列宁主义这一科学的话语体系曾经遭到严重禁锢而陷于僵化的状况，使我国的社会主义建设遭受重大挫折。可以说，我国的改革开放正是从变革话语体系开始的。1978年底所开展的关于真理标准的讨论是一次重大的思想解放运动，其实质是要打破那种传统的僵化保守的话语体系，通过革新创建一种建立在实践基础上的新的话语体系，从而重新焕发马克思列宁主义的活力。改革40多年的实践已充分证明，文化话语体系上的变革是我们这场正在进行的社会主义改革和现代化建设的思想先导，没有文化话语体系上的变革，就没有改革和建设新时代的开启，就没有中国特色社会主义建设所取得的辉煌成就。当前中国的改革正处于深水区和攻坚期，要推动中国特色社会主义建设的深入发展，顺利渡过深水区和攻坚期，就必须继续深化文化话语体系的变革，这是由历史反复证明了的一条客观规律。

其二，中国文化话语体系是文化软实力的重要构成，打造中国特色文化话语体系是提升我国综合国力的根本尺度。文化软实力是一个历史范畴，在不同的历史时代有不同的表现。任何社会形态都是政治、经济和文化的有机统一体，文化作为一个社会的上层建筑，它的作用是无可替代的。即使在古代，文化作为一种软实力其作用也充分显示出来了。例如在春秋战国时期，诸侯国之间所进行的争斗，不仅是经济和军事的硬实力的比拼，也存在着激烈的文化软实力的较量。当时由于各个诸侯国国君所奉行的政治主张不一样，所以它们在思想文化上就表现出不同的倾向。如有的崇尚法家思想，有的则喜好道家或墨家学说，这是造成百家争鸣局面的重要原因。无疑，百家争鸣的出现不完全是一种理论的现象，而是各个诸侯国之间所进行的文化软实力竞争的结果。秦国作为一个地处西部边陲的落后国家，能够后来居上，最终完成统一六国的大业，其根本原因就在于它们奉行法家思想。尽管法家主张严刑峻法、少仁寡义，但它以法为治，敢于触及大户豪强的利益，这在当时历史条件下，是一种非常先进的政治文化和政治制度。然而，遗憾的是，在秦皇建立了大一统的君主专制政权后，未能及时革新文化话语体系，继续用法家思想来进行统治并将其推到极端，这也是造成秦朝速亡的深层原因。

但是，长期以来，由于我们片面理解马克思主义唯物史观关于经济基础决定上层建筑的原理，对文化话语在国家发展中的作用估计不足，总是自觉不自觉地把它放在次要的地位予以考虑。实际上，这种观点是偏颇的，本身也是违背马克思主义唯物史观精神实质的。从社会有机系统的观点来看，经济基础与上层建筑在社会发展的过程中无所谓孰重孰轻的问题。如果从上层建筑产生的根源来看，经济基础决定上层建筑的话，那么，从上层建筑对经济基础的规范和引领来看，上层建筑则对经济基础具有决定作用。正如恩格斯在晚年关于历史唯物主义的书信中所指出的，事物间的相互作用是辩证法的一个普遍规律。我们应该用这样辩证的观点来重新评价和估量文化话语在社会发展中的作用。

历史发展到现代之后，文化软实力在社会发展中的作用愈益凸显。这是因为随着经济全球化的发展，整个世界日益融为一体，这一方面大大促进了各国政治经济和文化的交流，另一方面也加剧了国与国之间所开展的综合国力的竞争。这种竞争不仅表现在经济和科技之上，而且表现在以文化价值观为核心的文化软实力之上。特别是当世界的经济发展水平达到一定程度之后，人们对文化价值观的追求就显得更加重要，因而对一个国家文化软实力的评价就更加受到关注。而且从长远来看，只有文化软实力强大的国家才具有巨大的凝聚力和感召力，因而才更有发展的后劲和活力。

我国通过 40 多年的改革，经济上取得了辉煌的成就。但实事求是地说，我国的综合国力仍然处在相对落后的状态，特别是文化软实力更显落后。正如习近平总书记在十八届三中全会关于全面深化改革决定的说明中所指出的，我们虽然是一个经济大国，但却是一个文化弱国，在文化领域西强我弱的状态并没有得到根本的改变。我们认为，文化领域的落后主要表现在文化软实力落后的基础之上。例如，我们的法治建设还很不健全，道德出现了大面积的滑坡现象，经济和文化的发展还很不平衡，这些都制约了我国文化软实力的提升。从改革的实践中，我们深深体会到，文化软实力并不软弱，它不仅是衡量一个国家综合国力的重要尺度，而且是促进经济和社会发展的内在动力。因此打造中国特色文化话语体系，大力增强文化软实力，是改革和现代化建设的重要任务。

其三，中国文化话语体系是增强国家凝聚力的文化载体，打造中国特色文化话语体系是促进民族认同和文化自觉的根本保障。民族的团结，国家的凝聚，历来是一个国家发展的重要前提。中华五千年文明之所以能一以贯之而不坠而地，乃是因为中华文化话语具有强大的民族凝聚力。但是，中国的改革和现代化建设不可能照搬中国的传统文化，而必须在继承和弘扬中国传统文化的基础上打造具有中国特色的社会主义文化话语体系。这种话语体系必须具有如下三个特征：

一是民族性的特征。这就是必须立足中国的传统文化和中国的具体国情，使这种文化具有浓郁的中国气派、中国作风和中国特色。只有这样的文化才能扎根中华民族的沃土之中，才能根深蒂固、枝繁叶茂。

二是世界性的特征。这就是必须放眼于当今经济全球化的大势，使之具有宽广的世界眼光和全球视野。在当今世界上，那种孤芳自赏、保守自大必然会被淘汰出局，只有那种具有强烈创造性和主动开放性的文化才能独树一帜，充满活力。

三是现实性的特征。任何文化都具有理想性的要素，都会提出终极的奋斗目标，如孔子的“大同世界”、柏拉图的“理想国”、欧文的“协作社会”和马克思、恩格斯的共产主义。那么，我们应该如何来认识和对待每一种文化之中的终极奋斗目标呢？又如何来认识和处理终极奋斗目标和每一个历史阶段的客观现实之间的关系呢？这是我们必须面对的一个文化悖论。在这个问题上，我们常常容易犯的一个错误是，把终极的理想当作现实的内容运用到当下的实际之中去，结果造成理论和实际的严重脱节。正如江泽民在2001年的“七一”讲话中所指出的，我们过去在社会主义建设中所犯的一个严重错误，就是把遥远未来能办的事搬到现在去做，结果犯了空想的错误。因此，强调文化思想上的现实性的特征，就是要求我们始终坚持从客观实际出发的原则，把思想文化牢牢建立在社会发展规律的现实基础之上。

反观当今中国的文化话语体系，应该肯定与改革开放之前相比，已经通过自身的不断创新而提升到了一个新的境界。但是与实践发展的要求相比，我们的文化话语体系无论在民族性、世界性还是在现实性的维度上，都存在着诸多不适应的问题。例如在民族性的问题上，虽然这些年来，我们党和政府十分重视中国传统文化的继承和弘扬，民间也掀起了国学热的浪潮，但是由于长期以来对中国传统文化教育的缺失，特别是对中国传统文化的盲目批判和简单否定，已经造成了中国传统文化的严重断裂，短时期要改变这种状况是不可能的。在世界性的问题上，由于受教条主义潜移默化的影响，在社会中仍然自觉不自觉地存在着拒斥西方文化的恐惧情结。在现实性的问题上，在我们思想的深处，仍然残存着将终极理想凌驾于客观现实之上的主观空想因素。这些都严重制约了对当今中国文化话语体系的凝聚力的发挥以及文化自觉和文化认同的形成。一个民族的文化自觉和文化认同是建立在对这种文化的认知和崇敬之上的，这种认知和崇敬是发自内心的，是心悦诚服的，而不是建立在某种外在的强制之上的。因此，欲提高我国民族文化的文化认同和文化自觉，增强民族文化的凝聚力，就必须在坚持民族性、世界性和现实性原则的基础上，打造具有强烈吸引力和感染力的具有中国特色的文化话语体系。

其四，中国文化话语体系是中国文化走向世界的基本要素，打造中国特色文化话语体系是提升中国文化国际影响力的关键因素。当今世界文化的交流日益活跃和密切，在这种日益频繁的交流中，世界文化呈现出多样性和统一性辩证联系的特征。一方面，各个民族的文化在经济全球化的大潮中，为了应对西方强势文化的挑战，都把弘扬本民族的文化提上了重要的议事日程，因而使各个民族的文化特色反而得到了进一步的彰显。另一方面，随着文化交流的日益深化，各个民族间的文化共识也在逐渐形成，在文化多样性发展的同时，文化的统一性也在日益增强。因此，世界文化发展的未来趋势是循着多样性和统一性辩证关系的轨道而向前演进的，在多样性中增强统一性，在统一性中促进多样性，从而形成一个和而不同的文化发展格局。

中国的文化要走向世界，在国际的舞台上扮演重要的角色，就必须大力打造具有中国特色的文化话语体系。越是民族的，就越是世界的。一个没有自身特色的文化话语，是不可能在世界文化体系中占有一席之地的。在这方面，我们要做的工作是，必须加强对中国传统文化的传承和创新，使中国传统文化在注入现代化的因素之后能焕发出新的活力，从而在国际舞台上彰显其独有的东方智慧特色。

然而，一个民族的文化特色不能脱离世界文化统一性的品格。任何文化都是个性和共性的统一，共性存在于个性之中，个性蕴含着共性。正如不存在着离开个性的共性一样，世界上也不存在着离开共性的个性。若共性脱离个性，就会压制个性的发展。若个性脱离共性，就会堕入荒谬的泥坑。因此，在我们提倡构建中国特色文化话语体系时，也不能把它推向极端，把它变成一个脱离基本价值共识的东西。任何时候我们都应该把文化的多样性和统一性辩证地结合起来，如此，才能促进中国文化话语体系的健康发展，从而跻身于世界的文化民族之林。

第二章
关联与互动：文化自觉与话语体系的辩证关系

一个民族能否保持自己特有的文化认同以实现其民族认同和国家认同，其先决条件是实现本民族的文化自觉，其外在表现为构建自我文化话语体系。文化自觉是文化话语体系建构的灵魂和内核，而中国的特色、中国的气派和中国的风格的文化话语体系是文化自觉的外在表现和对象化。

一、文化自觉是话语体系的精神内核

所谓文化自觉，是指“生活在一定文化中的人对其文化有‘自知之明’，明白它的来历、形成过程、所具有的特色和它发展的趋向，不带任何‘文化回归’的意思，不是要复旧，同时也不主张‘全盘西化’或‘坚守传统’。自知之明是为了增强对文化转型的自主能力，取得为适应新环境、新时代而进行文化选择时的自主地位”①。人们对自己文化的自知之明，本质上属于文化认同问题。所谓文化认同，简单地讲就是人们对自己所属文化的认可和赞同而表现出的一种文化归属意识和文化心理。这种文化心理来源于人们对自我文化的理性认识和自知之明，是一种潜在的、巨大的文化黏合力量，决定着文化群体的基本价值，是关系一个族群安身立命的根本，而

① 《费孝通全集》第16卷，内蒙古人民出版社2009年版，第454页。

文化话语体系在这其中成为区别自我与他人、身份认同和文化认同的重要方式。

文化自觉是一个长期的发展过程，在不同的历史时期，既一脉相承，又与时俱进。文化自觉的过程起始于人们对自身文化的自知，经由文化价值的反思，最终达至文化意识的觉醒和文化自觉。文化自觉一方面彰显文化认同的目标，另一方面又是一切外显文化包括文化话语体系的精神实质，是文化话语体系建构的灵魂和内核。

（一）文化自觉的本质内涵

文化自觉作为一种内在的精神力量，本质上是主体的人在文化方面的理性意识和理性把握。所谓理性，简单地讲是指人们自觉地运用自己的智慧、情感、意志等来认识事物的本质和发展规律的能力。黑格尔曾经指出，“理性构成世界的内在的、固有的、深邃的本性，或者说，理性是世界的共性”[①]。按黑格尔的观点，理性居于世界中，是辩证的又是超越的，是人类认识的最高阶段。理性认识不是对感觉、知觉和表象等直观认识，也不是运用概念、范畴等通过经验和习惯进行简单的判断、分析和推理，而是综合利用人类的整个精神空间，包括知识、理智、意志、情感等对实证知识以及超出经验之外的自在之物的全面把握。

但是人们的认识，特别是理性认识却不是一蹴而就的。“认识是思维对客体的永远的、无止境的接近。自然界在人的思想中的反映，要理解为不是‘僵死的’，不是‘抽象的’，不是没有运动的，不是没有矛盾的，而是处在运动的永恒过程中，处在矛盾的发生和解决的永恒过程中。”[②] 人们在文化方面的理性认识也是一个复杂的过程，包括多个层面的内涵：

---

① ［德］黑格尔：《小逻辑》，贺麟译，商务印书馆 1980 年版，第 80 页。

② 《列宁全集》第 55 卷，人民出版社 1990 年版，第 165 页。

1. 文化的自知性

文化自觉是一个艰难的过程，对自身文化的“自知之明”是文化自觉的第一步。“自知之明”即自知性，就是对自我的了解和认识。人们在文化方面的自知性既包括文化外在表现形式如语言、风格等的自知性，又包括内在规定性如价值、理念等的自知性。知其然并知其所以然，才能真正做到自知之明。

具体地说，文化的自知性表现在如下三个方面。

首先，文化的自知性体现在对自身历史发展的过去、现在和未来的把握。这是文化自知的一个前提条件。任何一种文化形态，特别是那些历史悠久的文化形态都经历了一个漫长的生存和演变的过程，有自己幽深的文化历史。以我们的民族文化形态为例，作为历史上最古老的历史文化形态之一，它经历了数千年的文化发展过程，有它的起源期、发展期、变革期、新生期等，每一个时期又经历了若干阶段。与此同时，中华文化又是一个宏大的文化体系，它内在地包含了儒、释、道三家文化于自身之内，形成一个和而不同、三教合一的文化格局。其中每一种文化又有其自身的产生、发展和变革的过程，而三者之间又经历了一个相互冲突而又相互渗透，最终走向融合与会通的过程。欲了解中华文化，就必须对它的过去、现在乃至未来的发展走向有一个全面而深刻的把握。这也是符合马克思主义认识论的一般规律的。对于任何事物本质的认识，首先必须考察这个事物，分析它的变化和发展的过程，在此基础上，才能透过其丰富的外在表象来把握其内在规律。对一种文化的认识也是如此。如果对一种文化发展的源头、过程都一无所知，又如何能对它进行自我认识而达到理性的自觉呢？因此，认识一种文化，首先在于了解这种文化，熟悉这种文化，并深入研究这种文化，在此基础上，你才有可能对它的本质进行认识。

其次，文化的自知性表现在对自身文化与外来文化比较认识上。有比较才有鉴别，人们对事物本质的认识不是封闭的，而是开放的。这种开放性就表现在对不同事物的比较中，去把握事物的本质特征。黑格尔在谈到对于事物本质的认识时曾经提到比较的重要性，在《小逻辑》中，他指出，人们对一个事物的认识第一步是把握它的差异。世界上没有两片相同的树叶，万物莫不相异。当我们确立一个认识对象时，必须从杂多的世界中把它分离出来，这就需要把握它与其他事物的差异性。但这种认识还是十分初步的和表面的。认识的第二步就是要在比较中把握事物之间的同中之异和异中之同。例如对中西文化的比较，这种认识就开始接近对于事物本质的把握。因为当我们把握了两个事物之间的两个或多个事物之间的同中之异和异中之同的时候，那就说明我们已经超越了感性的差异性认识，进入到对于事物本质特征的把握了。没有这种比较，孤立地对一个事物进行静观是很难把握这一事物区别于其他事物的质的规定性的。实际上，事物质的规定性不是一种感性的存在，而是一种内在的本质的存在，只有通过思想的抽象才能加以把握。而抽象的过程，离开比较是无从进行的。例如，当我们今天来概括中华文化的本质特点时，实际上它是相对西方文化本质特点而言的。离开与西方文化的比较，中华文化的本质特点就立即消灭不见。当然，人们对于事物本质的把握不会停留在比较之上，还要通过比较进而深入到事物的本质内部，对其内在的矛盾性展开认识。例如对于中华文化的认识，在通过与西方文化的比较把握了它的内在本质之后，还要进而对其内在的本质矛盾进行运动和深入的分析。如此，才能阐明这种本质特征赖以存在的深层根源及其发展的本质规律。但是，即使是对于事物内在矛盾性把握，也离不开比较，因为矛盾的两个方面的对立统一关系也是在相互比较、相互区别而又相互渗透和相互依存的基础上形成的。正如老子所说："天下皆知，美之为美，斯恶矣；天下皆知，善之为善，斯不善矣。故有无相生，难易相成，长短相形，高下相倾，前后相随。"（老子《道德经》）这深刻地说明了任何矛盾关系都是相比较而存在、相斗争而发展的。由此可见，对于一种文化的自我认识，从感性阶段到知性阶段，再到理性阶段，都离不开比较。

最后，文化的自知性还表现在对自身文化优缺点的全面把握上。这是文化自知性的最深刻性的表现，也是文化自知性的最终目的。无论是对于一种文化的历史发展过程的考察，还是对其本质特征的比较认知，其最终的目的都是为了达到对这种文化的优缺点的全面而清醒的把握上。文化的自知性是相对于不自知而言的。文化的不自知，除了对自身的历史、现在和未来缺乏了解外，除了对于与外来文化的比较缺乏一般的认识外，其主要的表现就是对自身文化的优点和缺点、长处和短处盲目无知。由于中华文化历史悠久、源远流长，且长期凌驾于世界文化之上，因而在相当长的一个时期内，这种文化缺乏对自身的一种客观的和清醒的认识，反而滋长一种华夏至上、唯我独尊的盲目自大的思想，直到近代，当西方文化后来居上，率先进入工业文明社会之后，我们还沉迷在古老的中华独大的幻觉之中，对先进的工业文明采取闭关抗拒的政策。直到西方用坚船利炮轰开了古老中国闭锁的大门之后，我们才被迫认识到了自身文化的落后性，先进的中国人第一次睁眼看世界，对自己的文化进行自我反思。在这一过程中，一些知识分子又从一个极端滑到另一个极端，认为中华文化百无一是、处处不如人，必须予以彻底抛弃，因而他们提出全盘西化的观点。这种全盘西化论也是文化缺乏自知的另一种表现。由此可见，文化的自知不仅表现在对自身缺点的正确认识，而且表现在对自身优点的正确认识。实际上，任何一种文化都有其自身的优点和缺点，没有缺点的文化和没有优点的文化都是不存在的，而且往往优点本身从另外一个角度看就是缺点。而且，一种文化的优缺点也是在不断变化的，昨天的缺点也许变成今天的优点，反之亦然。因此，对自身文化优缺点的认识不是一次完成的，不是通过一次觉醒就大功告成的，而是一个随着文化自身的发展而不断进行自我认识的过程。

2. 文化的反思性

如果说文化的自知性是属于人们的直接认识的话，那么文化的反思性便属于不同于直接认识的间接认识。在哲学视域下，反思主要指人们的内省认识活动，“是思维对存在的一种特殊关系，……就是思维把‘思维和存在的关系'作为'问题'(对象)来思考"[①]。展开来说,就是"以人类把握世界的诸种方式(如常识、神话、宗教、艺术、伦理和科学)及其全部成果(知识形态的常识、神话、宗教、艺术、伦理和科学)作为'反思'的对象,去追问'思维和存在'统一的根据,去考察断定'思维与存在'相统一的标准,去揭示'思维与存在'之间的更深层次的矛盾,从而实现人类思想在逻辑层次上的跃迁"[②]。过去,人们简单地认为反思就是对原有认识的重新解释和阐述,事实上,反思是一个极其复杂的思维过程,它根植于人类的存在方式——实践本性——之中,力图在最深刻的层次上把握人及其思维与世界的内在统一性,并以这种统一性去解释人类经验中的一切事物和规范人类的全部行为。

文化的反思性,简单地讲就是以文化自身为对象反过来进行思考,也即是通过反思而对文化内在本质的把握,是人类文化自觉意识被唤醒的必经阶段。在人类文明早期,文明主要由经验、习惯等自在的文化因素自发地驱动,这一时期的文明主要表现为一种非反思的自然发展过程。但随着现代化进程的加快以及人类理性的凸现,人们开始有意识地自主地对人类文化现象进行理性反思,自觉的文化开始成为人类社会运行的内在机理和图式。

人类对于文化的反思活动,主要包括两个方面的内容。

一是关于人的存在方式的反思。对文化的反思,最根本的就是对人的存在方式的反思。人总是生活在一定的文化之中的,正如哲学人类学家蓝德曼所指出的,"文化创造比我们迄今为止所相信的有更加广阔和更加深刻的内涵。人类生活的基础不是自然的安排,而是文化形成的形式和习惯"[③]。在此意义上,文化是人的存在方式,是人的内在本质外在化的结果。这是对文化的一种本体性的把握。对于人而言,文化是最深层的东西,作为稳定的存在方式的文化一旦形成,不仅对人类个体的生存方式具有决定作用,而且对于

① 孙正聿:《哲学通论》,辽宁人民出版社 1998 年版,第 146 页。

② 孙正聿:《哲学通论》,辽宁人民出版社 1998 年版,第 147—148 页。

③ [德] 蓝德曼:《哲学人类学》,彭富春译,工人出版社 1988 年版,第 260—261 页。

整个社会的运行也具有根本的制约作用。对文化的反思，本质上就是对人自身的反思，从而确证人自身的意义本质的存在，这是对各种文化范畴的本体性的理解。在外在表现上，文化的反思则是把文化作为人类生存的基本方式，对人的生存样式和状态进行深刻的解释。因而，对文化关于人的存在方式的反思一方面是具有超验性的，它不是关于经验对象（如具体文化现象）的思考，而是关于经验对象之思想的思考；另一方面，这种反思又不是脱离经验内容的玄思，与此相反，其所依据的根据恰好来源于人们的日常文化生活。所以，从总体上讲，关于人的存在方式的反思就是一种哲学反思，黑格尔曾经指出，“哲学的特点，就在于研究一般人平时所自以为很熟悉的东西。一般人在日常生活中，不知不觉间曾经运用并应用来帮助他生活的东西，恰好就是他所不真知的，如果他没有哲学的修养的话”①。因而，对文化的哲学反思即存在于经验内容之中，又超越于经验内容之上。

文化作为人与生俱来的本质性的存在方式，无处不在，无时不有。对人的存在方式的反思，就是对存在这种自明性进行追问和思考。存在主义哲学家海德格尔曾对这种自明性进行了多方面的追问：“我们应当在哪种存在者身上破解存在的意义？我们应当把哪种存在者作为出发点，好让存在开展出来？……”② 按照海德格尔的观点，对人的存在方式的反思，主要在于寻求存在者，破解存在的意义，这也即是对文化存在方式反思的意义之所在。

二是关于文化价值的反思。对文化价值的反思，简单地讲就是对文化之“善”的哲学追问，即以某种价值尺度或价值标准为依据，对各种文化现象进行分析、评判，得出结论并做适当的文化选择，它为文化走向自觉奠定坚实的价值基础。

过去，人们在理解价值问题时有两种倾向：其一是强调价值的客观性，

① ［德］黑格尔：《哲学史讲演录》第1卷，贺麟等译，商务印书馆1959年版，第25页。

② ［德］海德格尔：《存在与时间》，陈嘉映、王庆节译，生活·读书·新知三联书店1987年版，第9页。

从客体自身的功用来考察价值；其二是强调价值的主观性，从主体需要方面来考察价值。显而易见，以上非此即彼的价值立场是我们必须摒弃的。严格地讲，价值特别是文化价值，其本身并不是给定的“实体”，并不是“实体”性存在，而是属于主体间性或主体与客体间的关系性范畴，是一种“关系”性存在。离开这种关系，文化价值便不具有价值意义。在此意义上，李凯尔德指出：“在一切文化现象中都体现出某种为人所承认的价值，由于这个缘故，文化现象或者是被生产出来，或者是即使早已形成但被故意地保存着的。”① 因而，对文化价值的反思，必须又返回到人的存在及需要的问题上，“文化实际上就是人的需要和满足需要的方式相互交织、不断升华的价值创造过程和不断丰富的价值体系”②。由于人的需要是多元的，因而文化价值也便具有了多元性，这种多元性随着人的需要的不断增加而不断更新和丰富。但是，社会生活中每个人的价值目标或价值取向千差万别与千变万化所造就的个体价值差别，抑或是群体价值差别，都会对文化价值的有效性产生较大的冲击。以上文化价值悖论正是文化反思的重要内容，它一方面推动了文化价值的多样性，另一方面又促进了一些共同的文化价值（如社会价值、“普世价值”、全球伦理等）的形成。

3. 文化的创新性

文化自觉不仅仅是一种主体意识问题，更是一种社会实践问题。它不是一蹴而就的，也不是一劳永逸的，而是人们自在地理解自身的文化式样，破解文化实践中的矛盾，进而实现文化创新和文化发展的实践过程。

首先，文化的创新性源于文化的内在超越性。文化，在某种意义上就是“人化”。人是现实的存在，又是超越现实的主体性存在，因而超越性也便成了文化的内在本性，即本质上具有某种超越现实的理想性去引导文化的现实

① ［德］李凯尔特：《文化科学和自然科学》，涂纪亮译，商务印书馆 1986 年版，第 21 页。

② 衣俊卿：《文化哲学》，云南人民出版社 2005 年版，第 57 页。

性，最终实现文化在价值取向、审美情趣乃至整个实践取向的变革。所以，文化不是给定的不变的符号，而是一个不断超越的开放体系。但是，文化的超越性一般隐藏在文化的惰性或自在性之中。所谓惰性，是指文化一旦形成便具有相对的稳定性、给定性或强制性，生活在这一文化场域中的人们都会自觉或不自觉地接受和遵循。一般来说，文化越古老，惰性也就越大。但这种惰性并非是坚不可摧的，相反却是蕴含生机和活力的。对于一些古老文化或传统文化来说，从其外在表现来看尽管其历经多年而未褪色，不是因为其足够完备而一劳永逸，恰恰相反，原因在于它是一个开放的体系，永远处于“未完成时”，随着时代的变迁，时刻保持着自我更新。这种自我更新根植于人的存在或文化存在的本性之中，马克思曾指出，“动物只是按照它所属的那个种的尺度和需要来建造，而人却懂得按照任何一个种的尺度来进行生产，并且懂得怎样处处都把内在的尺度运用到对象上去”①。这也就是说，人能按主客体相统一的尺度创新文化，并实现文化自觉，它不仅能反映和表达一定的时代精神，而且更为重要的是能塑造和引导时代精神。当然，我们提文化的内在超越性并不是要彻底否定文化的惰性，正是因为文化的超越性和惰性之间的矛盾运动，才蕴生了文化的创新性。但是我们也不能片面夸大文化的惰性，认为文化的创新性就是对原有文化的彻底否定，是一种无根之作。

其次，文化的创新性本质上就是文化的批判性。黑格尔认为，批判是一种系统的审问，且能探询教条、指示等边界。批判是人类特有的活动方式，一般来说，批判包括观念形态的精神批判活动和物质形态的实践批判活动两大方式。而对文化的批判，既是一种精神批判活动，也是一种实践批判活动。在人类文化进程中，否定现存的文化现象而把其变为人所希望的文化形态，是文化实践批判的重要形式。它构成了文化精神批判活动的现实基础和基本前提。但是，从文化的创新性的本质维度来审视，文化的批判性根本在于观念形态的精神批判。马克思曾指出：“批判的武器当然不能代替武器

① 《马克思恩格斯全集》第 42 卷，人民出版社 1979 年版，第 97 页。

的批判，物质力量只能用物质力量来摧毁；但是理论一经掌握群众，也会变成物质力量。理论只要说服人，就能掌握群众；而理论只要彻底，就能说服人。"[①] 马克思"批判的武器"就是一种观念形态的精神批判，但其征服力却是巨大的。所以，文化精神批判所能实现的，将是对整个社会思想文化逻辑的提升，从而实现人类价值观念、思维方式、审美取向等的巨大变革。需要指出的是，文化批判不是对原有文化的彻底否定，而是创造性的建构活动，它一方面对文化已有的保守性、落后性和狭隘性等进行反思，另一方面又从新的视角对文化的进步性、发展性及生命力进行扬弃，揭示其新的发展可能，并与时俱进创造性地推进文化的革新。

最后，文化的创新性外在表现为自在的文化与自觉的文化之间的互动。"所谓自在的文化是指以传统、习俗、经验、常识、天然情感等自在的因素构成的人的自在的存在方式或活动图式；而所谓自觉的文化则是指集中体现在科学、艺术、哲学等精神生产领域中以自觉的知识或自觉的思维方式为背景的人的自觉的存在方式或活动图式。"[②] 自在的文化主要以一种"不自觉"或"无意识"的自在方式深入到人们的实践活动，而自觉的文化却是人类主动的、有意识的创造性的活动。马克思把人的这种活动看成是人区别于动物的本质特征，马克思指出，"一个种的全部特性、种的类特性就在于生命活动的性质，而人的类特性恰恰就是自由的自觉的活动"[③]。但是，自在的文化和自觉的文化却不是截然分开的。一些自在的文化，如经验常识、风俗习惯等，往往会在外来文化的冲击下变成非自在形态，促使人们进行自觉和理性反思，从而变成自觉的文化；而一些自觉的文化，如科学、艺术等，经过长期的演变和积淀，也会逐渐变得约定俗成，而成为自在的文化。所以，尽管自在的文化和自觉的文化存在较大的差别，并通过不同的方式影响人类的活动和社会的运行，但从文化发展历程来考察，它们之间决不是彼此隔离、毫

① 《马克思恩格斯选集》第1卷，人民出版社1995年版，第9页。

② 衣俊卿：《文化哲学》，云南人民出版社2005年版，第137页。

③ 《马克思恩格斯全集》第42卷，人民出版社1979年版，第96页。

无关联的，而是相互联系、相互影响甚至相互转化的。文化的创新，外在表现为自在的文化与自觉的文化之间的矛盾运动。人类历史上每一次文化创新或变革，都表现为人们对原有的习以为常的自在的文化的批判和革命，是自觉的理性文化对自在的经验文化的超越和改造。

文化的自知性、反思性和创新性是文化自觉历程的基本要求和核心内容，只有做到了文化的自知之明，文化反思才有了根基；而文化反思不是唯反思的纯理论抽象，而是文化创新的前提；文化的创新既推动文化走向自觉，又是文化自觉的必然结果。因此，文化自觉作为一种内在的精神力量和广泛的社会实践运动，贵是自知、自省和自新，“是文明进步的强烈向往和不懈追求，是推动文化繁荣发展的思想基础和先决条件”[①]。

（二）文化自觉对文化话语体系的导向作用

文化自觉是决定文化未来发展方向的动力源泉，也是文化话语体系建构的灵魂所在。一般来说，文化话语体系的建构过程，即是以“话语”为基本对象和基本内容对人的存在方式和社会运行方式进行分析、阐释和推进的过程。这一过程通常与文化的自觉过程是一体的，换句话说，文化自觉的实现程度，直接影响和决定文化话语体系的完备程度。

20 世纪西方哲学的语言学转向是西方哲学发展的必然趋势，一位西方学者总结说：“首先，哲学家们思考这个世界，接着，他们反思认识这个世界的方式，最后，他们转向注意表达这种认识的媒介。这似乎就是哲学从形而上学，经过认识论，到语言哲学的自然进程。”[②] 西方哲学的语言转向让人们对语言或话语有了更深刻的理解。人们逐渐认识到，语言或话语并不仅仅是一种简单的表达符号，而是联系主体与客体、本体论领域与认识论领域

① 云杉：《文化自觉　文化自信　文化自强》（上），载《红旗文稿》2010 年第 15 期。
② ［美］斯鲁格：《弗雷格》，江怡译，中国社会科学出版社 1989 年版，第 10 页。

的重要实体。“人创造了语言，但人却从属于语言；人创造的不是一种用具，而是人自己的存在方式。”[①] 当人们把语言从工具理性中解放出来，变成人自身的存在方式的时候，语言（或话语）本身就成了文化或者人化。因此，话语体系的建构问题，本身又是一个文化自觉问题，它是对人的文化性、社会性和历史性的存在的反思，是从话语出发对人的实践的存在方式和发展方式的反思。

人的存在方式是一个不断发展的过程，在这一过程中，人类自觉不自觉地创造自己的文化，文化话语体系随着文化的自觉也逐渐完备。人的存在方式的发展表现在方方面面，如人的物质生活条件的不断改善，人的精神生活的不断丰富，人的交往活动的不断扩大等等。人的生存方式的这些最深刻的转变，就是文化自觉历程所体现的人的转变，其必然推进文化话语体系的根本转变。马克思将人的发展分为三大形态和三个阶段：“人的依赖关系（起初完全是自然发生的），是最初的社会形态，在这种形态下，人的生产能力只是在狭窄的范围内和孤立的地点上发展着。以物的依赖性为基础的人的独立性，是第二大形态，在这种形态下，才形成普遍的社会物质变换，全面的关系，多方面的需求以及全面的能力的体系。建立在个人全面发展和他们共同的社会生产能力成为他们的社会财富这一基础上的自由个性，是第三个阶段。”[②] 马克思所描述的第一种社会形态属于传统农业文明，人类个体本位的主体性尚未完全建立，这一时期的自然主义和经验主义的文化模式占主导，因而人类文化从总体来看是缺乏创造性和超越性的。马克思所描述的第二种社会形态属于工业文明，这一时期，人的独立个体本位的主体性逐渐形成，理性主义文化模式逐渐取代经验主义文化模式。但是，当人类理性无限扩张，物的依赖性逐渐增强，人的存在又呈现出异化或物化特征，这又成了人类文明道路上的障碍。马克思所描述的第三种社会形态是人类高度文明的设

① 殷鼎：《理解的命运》，生活·读书·新知三联书店 1998 年版，第 268 页。

② 《马克思恩格斯全集》第 46 卷上，人民出版社 1979 年版，第 104 页。

想，在第三阶段，人的自由全面发展代替了人的异化和物化，人具有完全的主体性，“自由人联合体”是未来社会高度文明的一种文化模式。由此可以看出，人的生存的每一次巨大的转变，都代表着人类文明的一次深刻转型和进步。随着人的发展和阶段转变，人类文明形态也不断转变，由一种文明形态步入更高一层文明形态，从而人的生存又进入一个新的发展阶段，人获得更大的自由和发展，最终人类文明不断进步，文化不断自觉，话语体系的内容也不断丰富。

但是，文化自觉过程并不是一个消极的被动过程，相反它是一个积极的主动过程，文化自觉对文化变革和话语创新起着先导和桥梁作用。具体地说，文化话语体系的创新与文化的转型和变革是一致的，他们都是以文化自觉为基点，具体表现在两个方面：一方面，文化自觉本身意蕴着一种新的文化模式冲出藩篱，取代传统的文化模式。这种新的文化模式所具有的文化精神所内含的超越性和革新性，内在地解放原有的桎梏的文化因素，并会以一种新的文化话语体系所呈现出来；另一方面，文化自觉的过程还表现在从根本上改革不合理的文化旧体制，建立一种新的合理的文化运行机制和体制。这种新的体制的产生从根本上变革原有的文化模式，并从根本上改变文化话语体系的内核。在人类历史上，无论是文化精神的革新还是文化话语体系的变革，甚至社会的变革，归根到底都源于文化的自觉。例如，文艺复兴时期，但丁的《神曲》、薄伽丘的《十日谈》、拉伯雷的《巨人传》、彼特拉克的《歌集》等所讴歌的人文主义精神，绝不是古希腊、罗马文化的重生，而是人的价值的宣扬、民族意识的觉醒和文化的自觉运动，是对文化、精神和知识的一次空前解放，是新兴资产阶级在思想文化上的创新。文艺复兴反对“神性”旧文化、主张“人性”新文化的文化自觉运动，在人类文明发展史上是一个伟大的转折。这个伟大的转折在文化话语体系方面对西方的改变主要表现在“人”的发现上。这里的“人”是大写的人，人的自由、尊严、价值和创造力被重新提出，并成为了尔后的资产阶级文化话语体系的主导性精神，直接推动了欧洲思想的繁荣和文化的进步。

二、话语体系是文化自觉的表现形式

文化自觉要求首先认识孕育自己思想的文化，实现自己文化的自主性。而实现文化自主性的前提乃是建构自己的文化话语体系，进行文化对话和文化交流。在此意义上，文化话语体系是文化自觉的重要表现形式，是文化自省和文化反思的扩大和发展，其具体表现如下：

（一）表现在建立独立的民族文化话语体系上

文化话语是人类创造的最伟大的成就之一，人的思想、经验、观念等无不通过话语体系反映出来。在此意义上，文化话语体系是特定文化形成的重要载体和根基。

文化话语体系既是一个主体范畴，也是一个客体范畴。文化话语体系存在于主体之中，只有人，才能有意识地创造自己的语言形式、概念体系、思想观念、艺术形象、神话符号、宗教意识等有效的话语体系，并凭借这些话语体系进行文化交流和社会实践。文化话语体系同样存在于客体之中，无论哪种形式的文化话语体系，归根结底都是对客体的认识和反映，是对客观世界形式化、概念化、理论化和工具化的理解和把握。从认识论的角度来看，文化话语体系存在于主客之间的交互关系之中，单纯的主体与单纯的客体都无法自生文化话语体系，只有当两者相互作用，主体力量对象化于客体之中，客观对主体的力量加以反映，文化话语体系才在这一过程中变成现实。

文化话语体系的复杂性质和关系，使得其具有相对的独立性。不同主体、不同民族、不同的认识客体和认识对象等因素都会产生不同的文化话语体系。例如，在西方社会，独特的地理和生存环境、生产和生活方式等促成了西方民族的独特文化话语体系。如果将西方文化的源泉追溯到爱琴海文明的话，爱琴海所赐予西方的便是博大、强悍、开放和富于挑战的民族性格，这种民族性格从总体上决定了西方文化精神，西方文化精神则从根本上促进了西方文化话语体系的建构。一般来说，文化话语体系一旦建构，便具有相对的稳定性和独立性，并随着人的延续不断地纵向传承和发展。因而我们可以说，文化话语体系一旦形成，就会自发地将人类文化的发展向特定的方向引导。例如，中华文化话语体系在建构的过程中，走了一条不同于西方的道路，黄土或大地对中华民族的影响远远重于大海的影响，安土重迁、内敛包容、保守封闭等民族性格虽经千年磨砺而未褪色，中华民族以自己特有的民族品性、语言风格、思维方式、文化精神等构建出了具有民族特色的文化话语体系，其基本模式在上千年甚至数千年都没有发生根本的变化，并引导着中华文化的未来发展方向。

在当今全球化大视野下，一些人主张应该向西方学习，认为不能仅仅局限于科学技术等器物形态的学习，而应该包括价值观、思维方式、政治理念、生活方式、语言文字等方方面面。这种观点的实质是放弃自己民族特有的文化话语体系，最终结果不是民族的复兴而是民族的衰亡。在全球化趋势日益增强的今天，文化的交流和融合的确是必不可少的。强调文化话语体系的独立性也并不排斥文化交流，相反，独立形态的民族文化话语体系需要与外来文化话语体系互动和融通，以增加其生命力和活力，若不如此，其就如一潭死水，毫无生机而自生自灭。但是，文化交流应以文化安全为前提。文化安全主要指文化价值、文化特性、文字语言等不受威胁，保留自己的本色，这种本色恰恰正是一种文化话语体系区别于其他文化话语体系的核心。

文化话语体系对于一个民族而言至关重要，它是一个国家和民族生命力的重要体现，是国家建立内部凝聚力和传承文明的主要渠道，它潜移默化地塑造着国民的文化心理，是文化认同和民族认同的重要基础。没有独立文化话语体系的民族，不是真正独立的民族。建立独立的文化话语体系，是民族独立和文化自觉的重要体现。捍卫文化话语体系的独特性，是每一个人的责任。

（二）表现在实行开放的文化话语体系上

文化话语体系不是僵死的自我封闭的体系，而是开放的和充满生机的系统。文化话语体系的开放性表现在两个维度：一是向内的纵向开放；二是向外的横向开放。

所谓向内的纵向开放，是指文化话语体系本身建立在对历史话语或原有话语体系继承的基础上，又与时俱进地与时代方向一致不断发展和演变。这就是说，文化话语体系既向整个文明史开放，使自己熟谙和通晓历史；又向文化发展的未来开放，建构新的文化话语内容和形式。

文化话语体系是对实践、常识、科学、艺术等的深度加工和认识，是人们思维、价值观、理念等的集中反映。所以，与文化的本质一样，文化话语体系本身也具有反思性。一种相对稳定的文化话语体系一旦形成，人们会不断地批判、反思蕴含在文化话语体系之中的思维方式、价值观念和审美情趣等。这种自我反思活动，构成文化话语体系开放性的内在机制。以我国文化话语体系的“和谐”精神为例，从商周时期的甲骨文和金文的“龢”①，主要指声音之和、和羹之和等；到传统文化中的“和”，即“和合”，延伸到天人之和、政事之和、人事之和等；再到今天的和谐理念、和谐文化、和谐社会与和谐世界，其内涵既一脉相承，又不断发展和丰富。如果不是文化话语自身的开放性，这种一脉相承的话语体系是难以实现的。

文化话语体系的对内开放机制，还与其所蕴含的理想性相关。如前所述，文化话语体系是人的实践的外在反映，而人的实践活动又具有无限的指向性，即人总是不满足于现实的存在，永远追求更加理想的现实，这种永无止境的理想性追求，使得文化话语体系永远只能在“途中”而没有终结，这即是文化话语体系的无限开放性。因此，在人类社会实践中，尽管人们会历

① 从龠，禾声。“龠，乐之竹管，三孔以和从声也。”详见徐中舒主编：《甲骨文字典》，四川辞书出版社1988年版，第199页。

史地建构起自己独有的文化话语体系，但在新的自我反思中，这种文化话语体系会不断自我超越而博大精深。

所谓向外的横向开放，简单讲就是各种不同的文化话语体系之间相互碰撞、冲突和融合的过程。前面我们提文化话语体系的独立性，并不排斥与其他文化话语体系的交流和开放。随着全球化趋势的增强，世界多元文化之间既相互冲突又相互融合，任何国家和民族都不可能完全封闭和置身于文化大势之外。全球化的时代大背景要求我们必须奉行开放的文化话语体系。

奉行开放的文化话语体系，绝不意味着本土文化话语的消亡和实现无地域差别和民族差别的世界文化话语体系，也不意味着所有民族文化话语的趋同化，而是指要实行一种跨文化的对话和交流的机制。即在全球化背景下，民族的、本土的文化话语体系通过跨文化交流，扬弃自身落后、保守的一面，同时又吸收其他文化话语体系中的优秀成分而获得发展和进步。不同文化话语体系间之所以能顺畅交流和对话，不在于其是否拥有相同的语言，而在于其拥有人类共同的基本价值观念。正如后现代主义学者杜威·佛克曾说的："在所有文化中，在所有文化成规系统中，我们至少可以假设一种一切文化都共有的成规。也许这一可为所有文化都接受的成规便是，自己文化的基本宗旨是可以得到讨论、解释、辩护、重新思考甚至批评和补充的。如果这样的辩论和批评全然不可行的话，那么同样在一个范围狭窄的层面上，相关的文化仅仅包含受到机械地考察的一套规则。这种文化实际上是僵死的。"① 需要注意的是，我们提共同的价值观念，并不是"西方化"观念的渗透和传播。文化话语体系对话和交流的结果，不是"西化"的文化话语体系一统天下，而是多种文化话语体系的百花齐放。面对西方国家自觉和不自觉的文化霸权与文化侵蚀行为，文化话语体系的自我封闭和隔绝不可能解决问题，真正要做的是，建立新的文化格局，推动多元文化话语体系的平等对话

① ［荷］杜威·佛克：《走向新世界主义》，载《全球化与后殖民批评》，中央编译出版社 1998 版，第 252 页。

和交流。

只有开放的文化话语体系，才是有生命力的系统。在当今文化多样化态势下，建构中国特色文化话语体系，根本在于以中华文化为根，吸收世界各民族文化精髓，适应时代发展要求，充分展现中华民族的文化特色和文化生命力。这既是对中华文明的弘扬，也是对世界文明的贡献。在当今世界，衡量一种文化对世界的贡献，不是只看它独立展现了什么，更要看它与世界其他文化的差异性。世界文明是由多种不同的文化话语体系共同组成的，每种文化都应该保持它的本来面目。但是，当前有些国家却以“优等文化”自居，推行“文化霸权主义”，这既是对其他民族文化的不尊重，也有损于世界文化的多样化和谐发展。印度民族解放运动领袖甘地有一句著名的名言：我不愿墙壁挡住四路，我不愿杂物堵住窗户，我愿那微风送来世界各地的文化，但我不愿被风带走。这正是我们对待世界多样文化的态度，即我们愿意拥抱多元文化，并成为其中一员，但我们不愿丧失独立，失去自我。

（三）表现在发展从形式到内容创新的文化话语体系上

文化话语体系的开放性特征决定了其在演进过程中从形式到内容的不断创新，这也是文化话语体系自身生命力的重要表现。文化话语体系的创新，从根本上说，就是从新的视角、以新的方式和用新的内容展现人类新的存在和发展，以揭示人类新的思想、观念、价值、理想等。文化话语体系的创新是一个渐进的过程，这一过程与人的总体认识和发展水平一致，顺应时代发展潮流和世界文化发展总趋势，是文化不同发展阶段自觉化程度的集中反映和表现。

首先，从人的认识角度看，文化话语体系的创新源于人类认识世界广度和深度的不断拓展。一般来说，人们认识和把握世界的方式是多样的，例如，以科学的方式去探索世界之真，以伦理的方式去反思世界之善，以艺术的方式去发现世界之美，以宗教的方式去体悟世界之永恒等等。人类认识和把握世界最终都要通过文化话语体系来表达和反映，这种表达和反映不是一次完成的，而是一个渐进和不断推进的过程，这一过程正好与人类认识世界的渐进过程是一致的。具体地说，人类对真、善、美的追求是一个无穷无尽的过程，不仅在于“天人合一”之真、“知行合一”之善、“情景合一”之美本身是永无止境的，而且在于真、善、美三者的辩证统一是一个无限接近的过程，并不断为人类的思想和行为提供支撑。正因如此，文化话语体系创新的动力和源泉也是不竭的。

其次，从时代发展潮流来看，文化话语体系的创新存在于人类历史的纵向演绎之中。文化话语体系作为人的本质性的生存模式，既是不同时代的直接反映，又推动着时代的不断进步。具体来说，随着时代的变化，文化话语体系也在变化，这种变化不只是渐进的量变，也包括脱胎换骨式的巨变。如西方文艺复兴后的西方文化话语体系以及中国五四新文化运动后的中国文化话语体系的变化，在最深刻的意义上代表了时代的巨大转型、人类社会的巨大发展和人自身的巨大进步。正因为时代变化是一个不断生成、发展和丰富的过程，探讨文化话语体系的变化和创新就成为了透视人类社会和人类历史演进的不可或缺的维度。例如，文化人类学家泰勒、斯宾格勒、汤因比等人曾在这方面做了诸多有益的尝试。从文化话语体系的视角透视时代发展和人类历史演进，并不是要推翻马克思主义的以经济决定论为中心的历史分析大厦，也不是在政治、经济之外提出一种外在的文化决定论立场，而是对时代发展和人类社会历史的一种深层反思。因为文化话语体系不是独立于政治、经济之外的事物，而是内在于政治、经济和人的一切活动领域之中的内在的活动图式。因此，这种维度正好是马克思主义历史唯物主义的重要补充，是透视人类社会发展和时代演进的不可或缺的维度。正是基于以上维度，我们认为，一方面，人类文明或文化话语体系的演进是一个统一的和具有一定内在规律性的进程；另一方面，各个不同的文明国家都有其自身独特的价值和文化话语体系，这与不同文明国家文化自觉程度是大体一致的。

最后，从世界文化发展趋向看，文化话语体系创新的过程就是与世界多样文化之间进行能量、信息交换、融通和整合的过程，也是人类文化自觉的过程。“在当代世界，由于文化的交流与传播，全世界已联系成一个整体，不同文化形态的运动、发展与变化呈现出一种整体的相关性和一致性。也就是说，任何个别群体（民族的、地域的或国家的）文化实践行为都离不开所处历史时代的文化整体的价值，受整个时代文化价值力量的统辖与制约。这种情形预示着人类文化发展将面临着一次空前的文化整合。”① 全球化时代的文化交流和文化整合是一个不争的事实。面对这种境况，有学者持积极的肯定态度，强调文化交流和文化整合对于国际经济、政治及人类社会发展的不可或缺的意义，也有学者持强烈的否定态度，强调文化交流的不平等性，经济强势国家的文化霸权对于其他国家是一种不公平的压制。这些争论不无道理，但都不能阻挡文化交流和文化整合的总体趋势。因此，我们一方面要警惕文化霸权主义的文化侵蚀，另一方面要充分利用多元文化话语体系融通的机会，为本民族文化话语体系特色化创新发展争取更多的机遇。对于文化话语体系来讲，越是民族的，就越是世界的。当世界不同民族的文化话语体系百花齐放和争奇斗艳时，人类社会才真正步入文化自觉的轨道。

文化话语体系的三重属性决定了文化话语体系的内在发展规律。文化话语体系创新的关键，并不是外在的语言表达方式或“体系”的重新建构，而是文化话语体系内在理论本身，如精神、价值、理念、思维方式等的变革和创新。如果仅仅将文化话语体系理解成一种外在的形式，而不是内在的深刻的文化理论，是对文化话语体系的极端片面化的理解。在文化话语体系建构的过程中，任何唯体系而体系，唯话语而话语，丢弃文化理论自身深刻内涵，偏离文化自觉的内在导向的建构模式，都不是真正的话语建构，是我们必须坚决批判和反对的。建构健康的文化话语体系，决不是堆积木式地建构“体系”，而是要反映人类文化自觉，注重文化话语体系内在理论的变革和创新。在当代中国，中国特色、中国气派和中国风格的文化话语体系创新，是

① 邹广文：《人类文化的流变与整合》，吉林人民出版社 1998 年版，第 287 页。

中国文化自觉的客观表现和对象化。

三、文化自觉与话语体系的双向互动

文化自觉作为一种文化形态的内核和灵魂，决定话语体系的表现形式，二者之间存在着一种决定和被决定的关系。但话语体系作为表现形式，也不是消极被动的，它会反过来对文化自觉起一种能动的反作用。过去，我们对于“反作用”有一种机械的和简单化的理解，好像这种作用仅仅是一种外在的附加在上面的作用，因而只是起“加速”或“延缓”效果。但实际上，哲学上所讲的作用和反作用，只是借用了力学的概念，决不能从这种意义上去理解它们之间的关系。哲学上所讲决定作用和反作用，不是一种外在的机械力的关系，而是一种内在的本质关系。这种本质主要表现为双方共处于一个统一体之中，因而它们之间的关系是一种内在的相互作用和双向建构的关系。从一个方面看是此方决定彼方，从另一个方面看则是彼方决定此方。文化自觉与话语体系之间就是这样一种相互作用和双向建构的辩证关系。

（一）文化自觉对文化话语体系的决定作用

从文化自觉的维度看，它对话语体系的决定和建构作用主要表现在如下三个方面：

1. 文化自觉决定一种文化话语体系的根本性质

一种文化是先进的还是保守的，是新生的还是腐朽的，关键就取决于这种文化对自身的自觉认知的程度。文化不是从天上掉下来的，而是由文化主体进行创造性的产物。文化的发展与自然界的发展大不一样，自然界的发展可以离开人而独立，并且呈现出一种在盲目的和在无穷无尽的偶然性中为自己开辟道路的自发的过程。文化的发展与其不一样，它不仅不能脱离人而独立存在，而且它的根本性质及其发展走向都离不开人的主观能动的作用。诚然，文化的发展也有其自身的规律，这种规律也是不以人的主观意志为转移的，因而文化的发展也有其自然性和自发性的一面，企图从文化的发展中彻底克服其自然性和自发性的一面，达到完全的自为和自觉的程度，是不可能的。但是，文化的发展又是人的主观建构和能动创造的结果，是人的本质活动的对象化，因而在它的自发性之中，又涌现出人的自觉性，从而使文化的自觉性并通过这种自觉性转化为自我认知。文化的发展不仅是自发性和自觉性相统一的过程，也是自发性向自觉性不断转化的过程，这种转化是永恒的和无限的。实际上，从文化的自发性和自觉性二者的辩证关系来看，一种文化的性质主要是由文化由自发性向自觉性转化的程度来决定的。大凡一种文化在其新生进步的阶段，都是富有内在活力的和充满创造精神的，其表现就是文化的自发性向自觉性转化的渠道十分畅通，且能动作用十分强大，这样的文化必然表现为一种蓬勃向上的充满热情的精神状态，而且能够在社会发展中发挥其积极的推动作用。大凡一种文化处在衰落乃至腐朽的阶段，其文化的自发性向自觉性转向的渠道必须受到阻塞，文化创造的主体因其自满自足和顽固保守的态度而使创造性的精神遭到窒息，这种的文化必然成为阻塞文化以及社会发展的惰性力量。

以中华文化的发展为例，文化自觉的程度决定文化话语体系的性质在其历史的进程中曾经得到鲜明的表现。先秦阶段，由于实行分封制度，加之诸侯国之间连绵的战争，使中央集权得到削弱，这反而造成了一种文化思想得以自由探讨的社会条件，这就是百家争鸣得以产生的时代背景。正是在这种比较自由宽松的环境条件下，文化的自觉性得到了极大的激发，因而使整个社会文化话语体系呈现出欣欣向荣和积极向上的性状。无疑，这样一种积极开放的文化话语体系对于社会的发展和国家的统一起到了积极的推进作用。先秦之后，中央集权政府的建立，需要一种与之相适应的文化话语体系。经过汉初历次实践和反复比较，统治阶级最终选择将儒家思想作为凝聚和引导社会的主导话语体系，这就是汉武帝时实行“罢黜百家，独尊儒术”政策的根本原因。这种政策的实施，在当时对于巩固国家的统一和君主集权制起到了积极的进步作用。但是，自 16 世纪之后，当西方文明驶入了工业化的快车道之后，中华文化却固步自封，仍然停留在原来的发展状态而止步不前。特别是当先进的西方文化通过不同的渠道涌入中华古老的帝国时，一些守旧派仍然执迷不悟，对西方文化采取全面拒斥的态度，这就使中华文化与西方文化的差距越拉越大。于是中华文化的自觉精神遭到扼杀，中华文化话语体系变得僵化和保守。自五四运动之后，在激烈的文化批判中文化的自觉性得以大大弘扬。尽管这种文化批判也存在着某些激进和偏颇之处，但总的主流是积极的和合理的。没有这种文化自觉精神的重新弘扬，文化话语体系的自我更新也是不可能的。

2. 文化自觉决定一种文化话语体系的基本特征

在任何时候，文化自觉都是一个相对的概念，所谓绝对的文化自觉是不存在的。一种文化总处在文化自觉的一定发展的阶段和程度上。而且，文化的自觉性的提升不是直线的，而是一个辩证的自我否定的过程。这就是说，文化的自觉性和自发性是相互转化的，当其自觉性演进到一定的阶段之后，它就会因其时代条件的变迁而重新陷入无所适从的自发性中。同时，文化的发展也遵循“矛盾律”，当其进化到一定高度后，它就会滋长傲慢自大的思想，将自身包含的相对真理夸大为绝对真理。这种状况只有当其遭遇到了强劲的挑战之后，才会开始自我反省，从而重新进入新的发展的时期。因此，一种文化的自觉状况，不仅决定了其本质属性，也决定了其基本特征。当其处在自我反省、自我反思的阶段时，这种文化就呈现出自由的、开放的、多元的、多样的特征。当其处在自满自足的所谓“鼎盛”时期时，这种文化就会呈现出封闭的、僵化的、教条的、单元的特征。当一种文化处在常规进化的阶段时，就会呈现出平和的、渐进的、中庸的、守常的特征。

文化的自觉还和一定的社会环境有关。在相对宽松的社会环境条件下，人们的自由自觉的本质就会得到较为充分的彰显，人们的创造精神就会得到较为积极的弘扬。但在绝对禁锢的专制集权的体制下，人们的自由自觉的本质就会受到束缚，人们的创造精神就会被压抑。这两种不同的社会环境，对一种文化的自觉所产生的影响是截然不同的，因而也就决定了文化话语体系的基本特征。这在现当代的文化发展中，表现得尤为鲜明。

3. 文化自觉决定一种文化话语体系的发展趋向

一种文化发展前景如何，它将向何处去？这是关系文化自身命运的一个重大问题。决定这个问题能否得到正确解决的，乃是这种文化对自己的一种清醒的自觉的自我认知。实际上，任何一种文化的发展都是一个不断自我选择的过程。在文化发展长途的每一个步骤中，我们可能都面临多种选择。例如，自 1840 年鸦片战争之后，在救亡图存的民族运动中，我们的民族文化向何处去，就是当时摆在全体中国人面前的一个重大的时代问题。是向西方文化学习、走资产阶级的民主共和之路呢？还是向日本文化学习、走君主立宪之路呢？还是向俄国文化学习，走十月革命之路呢？在经过了长期的苦闷彷徨和艰难的求索之后，中华民族才终于有了一个比较自觉的文化的自我认知，这就是结合中国的具体国情，向俄国人学习，走新民主主义和社会主义之路。在这一过程中，中国人的文化自觉也还在不断地发展和进步。在对待中国传统文化的态度上，我们也经历了一个曲折的过程。由于照搬苏联模式，我们曾经在一个很长的时期内对中国传统文化采取基本否定的立场，“文化大革命”将其推到极端，把整个中国传统文化当作封建的糟粕予以全盘否定，结果造成了对传统文化的大浩劫。改革开放以来，通过对中国传统文化的重新认识，我们的文化自觉又得到了新的提升。我们终于认识到，中国传统文化是我们突出的民族优势，是滋养中华民族发展壮大的强大精神力量，在建设中国特色社会主义伟大实践中，我们不仅不能抛弃这种文化，反而要以此作为其发展的思想根基和理论渊源。应该说，这是我们在经历了一个半多世纪的艰难曲折的求索之后所达到的一种高度的文化自觉，也是在这种文化自觉的引领下所找到的文化发展的唯一正确的道路。这条道路就是在马克思主义理论的指导下，以中华文化为思想基础，同时借鉴西方的先进文化，发展面向现代化、面向世界、面向未来的，民族的、科学的、大众的社会主义文化。这就是我们今天所需要的具有中国特色的社会主义的文化话语体系。

（二）文化话语体系对文化自觉的能动反作用

从文化话语体系的维度看，它对文化自觉的能动的反作用主要表现在如下三个方面。

1. 文化话语体系对文化的自我认知发挥积极的能动作用

一种文化话语体系是由一定的概念、范畴、范式、命题、观点、原理等构建起来的理论体系，它一旦形成之后，就具有相对的独立性和稳定性。尽管在一般的意义上，文化自觉和文化精神决定文化话语体系，有什么样的文化自觉和文化精神，就有什么样的话语体系。但是，文化话语体系也绝不是一种消极被动的存在，它可以反过来对文化自觉和文化精神产生积极的能动作用。这乃是因为，人们在进行思想认知和文化建构的时候，一定要借助于特定的概念、范畴和范式以及观点和原理等，并在人们的头脑中形成一定的认知图式。人们的认识活动总是在一定的认知图式的牵引下进行的，这是不以人的意志为转移的一种认知的前见。这种认知的前见，实际上就是一定文化话语体系作用的结果。从它对认识的影响来看，既可以对认识起积极的推动作用，也可以起消极的阻碍作用，它对一种文化的自我认知也是如此。例如，当一种文化话语体系的基本范式是自由的、开放的和自我批判的时候，它必然会对文化的自我认知产生正向的积极作用，从而促使这种文化不断加深对自己的自我认知，使之保持一种清醒和觉悟状态。反之，当一种文化话语体系的基本范式是专制的、封闭的和自我僵化的时候，它必然对文化的自我认知产生负向的消极作用，从而束缚这种文化对自身的自我认知，使之陷入一种自我迷失的状态。然而，一种文化话语体系的这种作用往往是双向的或双重的，它既有正向的作用，又有负向的作用；既产生促进的作用，又产生阻碍的作用；单向和单义的文化是不存在的。对此，我们的正确态度应该是，对其进行辩证的分析，充分发挥其正向的积极作用，防止和克服其负向的消极作用，从而使之更好地为文化的发展服务。

2. 文化话语体系对文化的自我反思具有积极的促进作用

文化的自我反思和自我认知是既相互联系又相互区别的一对范畴。在一定的意义上，文化的自我认知就是自我反思，同样，文化自我反思也就是自我认知。所谓反思，就是反身而思，也就是对思想的再思，因而是一种自我认知，这是它们的相通点。但是，仔细分析，二者在意义上又是有区别的。自我反思是比自我认知更加深刻、更加具体的一个范畴，因为自我认知不是凭空进行的，它要通过自我反思来达到对自我的认知，离开自我反思，就无所谓自我认知。同时，自我反思主要是一个本质的范畴。对此，黑格尔多次强调，反思作为一种间接的认识，是对事物本质关系的一种把握。而自我认知既包括感性的方面，也包括理性的方面，是感性认知和理性认知的统一，但这种自我认知首先是从感性经验开始的。然而自我反思却仅仅指向事物的本质，因而从逻辑上讲，自我反思比自我认知更为深刻和具体。

在一定的意义上，一种文化话语体系本身是文化反思的产物。但是，当一种文化话语体系成形之后，它就把这种文化反思定格化和定型化了。而这种定格化和定型化的文化话语体系反过来就会对文化反思活动产生能动的影响，这种影响或者有利于促进文化的反思活动，或者不利于促进文化的反思活动。例如，当一种文化话语体系以教条的和唯我独尊的姿态出现时，它无疑会扼杀文化的自我反思；反之，当一种文化话语体系以反教条的和自由探讨的姿态出现时，它无疑会促进文化的自我反思。考察我国文化的发展，文化话语体系对文化的自我反思的作用在不同的历史时期就呈现出不同的状况。在春秋战国时期，由于百家争鸣的文化格局，决定了任何一种文化派别都不可能凌驾于其他文化派别之上，以唯我独尊的姿态出现。这种多元多样的文化话语体系反过来又促进了百家争鸣的发展。试想，假如当时的周朝天子独尊某一流派，而对其他流派采取打压的态度，思想家们的文化研究和文化反思就会受到压抑和束缚，文化上百家争鸣的局面就不可能形成。后来，至汉代实行“罢黜百家，独尊儒术”的政策之后，文化上百家争鸣的局面就随之终止了。这充分说明，文化话语体系本身的格局、机制和表现形式，对文化自身的发展，包括对文化自觉的提升都具有巨大的能动作用。

3. 文化话语体系对文化的自我创新具有积极的推动作用

所谓文化创新，是指突破原有的文化观念体系，提出新的观点和新的思想的一种文化实践活动。文化的自我创新是文化实践活动的一种基本特征。文化活动作为一种精神生产，它具有不可复制的特点，从根本上讲，只有具有原创性的文化活动才是有价值和意义的。

文化的自我创新是一个复杂的过程，是多种要素交互作用的结果，其中主体性的要素是决定性的。一般来说，一个具有高度创造精神的人，才有可能打破常规，勇于创造，想人之所未想，发人之所未发。一个被教条主义的思想所禁锢的人，是不可能在文化上有所创造和革新的。但是，客体性的要素在文化的创新中也扮演着重要的角色，发挥着重要的影响。客体性的要素包括制度要素、环境要素等等，除此之外，文化话语体系本身也是一个重要的客体性要素。文化话语体系一旦形成之后，它对文化主体的创造也必然产生这样或那样的影响。一个开放的自由的和具有自我批判精神的话语体系，无疑会促进文化本身的自我创新；而封闭的僵化的教条主义的文化话语体系，则会束缚文化本身的自我创新。

从文化自觉与文化话语体系的双向互动中，我们可以看出，它们二者之间相互影响、相互推进，共同统一于人类文化发展和社会进步的历史进程之中。在当代中国，打造中国特色文化话语体系与增强中华文化自觉，是统一于中国特色社会主义文化建设实践中的两个重要任务。这就要求我们不断破除“左”的教条主义的危害，解放思想，增强文化自觉，构建一个积极的开放的具有中国特色、中国风格和中国气派的文化话语体系。中国特色文化话语体系的构建，绝不仅仅是一个外在的形式，而是关系到文化的内在创造精神。因此，从思想上高度认识构建文化话语体系的重要性和必要性，并把它与中华文化自觉有机结合起来，是建设中国特色社会主义文化的必由之路。

第三章

角力与融合：中国传统文化话语的转型

任何文化都依赖于一定的经济基础，体现了所在地区人们的生活面貌，并在这一地区随着历史的变迁而具有传承性和变化性。在人类历史中，任何时期、任何地区的文化都在伴随经济基础变迁的过程中，不断传承过往文化的精髓部分，批判其中的糟粕，并在当世的历史背景下继承、延续、发展、转化及更新这一文化。其传承的部分使得人类文化的特色得以延续，而变化更新的部分推动了当世历史生活的车轮。

鸦片战争以来，中国传统文化不断经受西方文化的冲击。伴随着中国逐渐沦为半殖民地半封建社会，一些先进知识分子凸显出救亡图存的文化自觉意识。在他们开眼看世界的过程中，对中国传统文化进行了反思，对西方文化高度重视并积极汲取。但这些都没有将中华民族从危难中解救出来。直到五四新文化运动之后，马克思主义成为了中国文化的自觉选择。面临这一选择，中国传统文化必将进行话语的转型和调整。

本章旨在分析鸦片战争以来，中国的天朝大国地位受到西方文化冲击之后中西文化所展开的角力与融合，以及在这一过程下中国传统文化所进行的话语转型问题。可以说，反思传统文化的最好视角，就是站在他者的角度上。这不仅是一种比较的方法，更是借助于距离感，全面分析自我文化特征的视野，并使其能够在不断转型中具有新的历史生命力。但中国传统文化博大精深，纷繁复杂，要掌握其脉搏并非易事，更遑论历史反思。因此，以中国传统的儒家文化为主要代表来进行分析例证，是个妥帖的选择。儒家文化在数千年的中国思想史中长期占据着绝对权威的地位，最能够代表中国传统文化的特点与精要。把握中国传统儒家文化的话语转型，是文化自觉的必由之路。

一、鸦片战争的文化冲击与中西文化的关系之争

在鸦片战争之前，中国一直是以天朝大国的身份俯视周遭的邻邦。这种高人一筹的心态不仅仅体现在与各国的外交、经贸领域交往的过程中，更是体现在其文化的传播与影响之中。在这一过程中，传播和影响的形式并非呈现出双向度的互动，而是以中原文化的输出为主的单向度过程。这个特点持续的时间长，稳定性高，从秦汉时期开始一直延续到鸦片战争之前。然而，在鸦片战争之后，中国的大门被打开，随之而来的西方文化的劲风急吹，使得中西文化在此之后产生了巨大的文化碰撞与冲击，由此形成了中西文化的角力与融合。

（一）鸦片战争下的文化冲击

对于中国传统文化的历史命运而言，鸦片战争绝对是个重要的转折点。这场战争使得当时的中国不得不反思自己的传统文化，并被迫接受了来自西方文化的洗礼。有趣的是，对于在 1839 年至 1840 年间发生的中国与英国之间的战争，中西方学者有着不同的称谓。这反映了各自文化认为此次战争具有不同的目的。中国学者一般将此次战争称为“鸦片战争”，认为是反对走私的正义护国战争，而一些西方的学者，则认为是为了打破贸易不公的局面，将其称为商业战争。这种称谓的差异，实际上显现出当时中西方国家的视野差异，表达了中西方文化的不同。

这种不同文化之间的冲击可以从两个方面感受到，其一是战争的缘由，

其二是战争后果。

从战争的缘由来看，鸦片战争爆发的表面原因是清政府的禁烟行为，但深层次的缘由却要从鸦片战争之前的中英两国状况来探寻。

从 18 世纪中期开始，清政府逐渐关闭了江苏、浙江和福建的海关，禁止了对外通商的行为。此时，只剩下广州作为唯一的通商口岸。不但如此，清政府在广州这个通商口岸还设置了诸多条例，对他国来华贸易进行了严格限制。在两广总督提出的《防范外夷规条》中，禁止他国商人交易重要商品如武器、金属、粮食等等，并对中国独有的瓷器和绸缎等相关产品规定了交易的数量。不仅如此，清政府还设立了“公行”作为中外贸易的中介机构，并明令禁止外国商人同公行之外的中国官员往来接触。其间，虽然有英国商人通过直隶总督请求清廷开放其他通商口岸，却反遭驱逐出境的待遇。当时清政府闭关锁国政策之顽固，可见一斑。

而此时的英国业已完成了工业革命，其与日俱增的生产力水平急需一个广阔的市场作为倾销地，但英国的商品在中国却缺少合理合法的销售渠道，这使得英国贸易逆差严重。同时在两国已有的贸易中，由于两国所用的法定货币各不相同，英国的利润受到不少损失。而当英王派遣使团访问中国，其全面通商的提议却以天朝大国物产丰盛无需通商为由，直接被清政府冷言拒绝。

此后，清末时期英国在中国广东海域大量走私和贩卖鸦片，时间前后持续了 20 多年。至道光年间，走私鸦片的数量已经超过四万多箱，不但造成白银迅速外流，同时使得中国人的精神和身体都备受摧残，社会生产力及社会秩序受到严重损害。因此，在 1838 年道光帝派遣林则徐为钦差大臣，令其至广州禁烟。林则徐到任后，协同广东官员积极整顿军务，严惩烟贩，限期勒令外国烟贩上交所有鸦片，并令其承诺不再贩卖鸦片。最后，他查缴鸦片 2 万余箱，并于虎门海口全部销毁。由于走私贩卖的鸦片数量惊人，销毁鸦片竟然用时 20 多天。这一著名的虎门销烟最终成为英国发泄不满的突破口，引发了历史上著名的鸦片战争，并以中国在 1842 年接受签订不平等的《南京条约》为停战代价。虽然在第一次鸦片战争中，将帅官兵们和地方民众都英勇抵抗，但是清政府的乞和态度起了决定性的作用，导致了战争的失败。

回首这场战争始末，由于英国商人的鸦片都是通过走私渠道进入中国，清政府禁烟名正言顺。但从英国政府方面来看，他们是“为保护鸦片贸易而发动和进行的战争”①。无论是中国还是英国，都认为自己是正义的一方。而这种以保护贸易为名的战争实质上源于中西文化的差异和冲突。正如同历史学家费正清在《伟大的中国革命》中提到的，鸦片战争的爆发缘由是因为中国没有以平等的状态参与到国际交往中，而英国却以武力打破了这一现状。

一方面，在战争爆发之前，英国曾经派遣使团来到中国，以期达到通商的目的，但不料却以失败告终。那是在 1793 年，英王派遣其表兄乔治·马戛尔尼来到北京觐见乾隆皇帝，乾隆皇帝拒绝了马戛尔尼有关开商埠减课税的要求。这一拒绝的理由是天朝物产丰盛，没有与他国通商的需要。事实上，这一理由充分反映了中国以天朝上国自居，蔑视他邦文化的心理。同样，乾隆之后的继任者，嘉庆皇帝亦是如此，也拒绝了英国屡次改善对华通商的请求。不难看出，英国此时是完成了工业革命的资本主义国家，而中国仍然留在封建社会不发达的经济状态中。在这样差异巨大的社会经济基础上所生长出的文化，必然产生巨大的冲突。

另一方面，英国屡次派遣使团来华的过程中，都在觐见皇帝之时发生冲突。屡次冲突都因为中国的三跪九叩之礼而发生的。如在英王使团代表马戛尔尼来华时，两国对于觐见礼仪经历过激烈争辩，马戛尔尼最终行使的是单膝跪地之礼。这一礼节使得乾隆皇帝极为不悦。访华的使团受到了驱逐，更没有达到通商的任何目的。同样，嘉庆皇帝也因为外交上的觐见叩拜之礼而驱逐英国使者。

从上述两个方面可以看到，鸦片战争的缘由不应简单地归结为禁销鸦

① 《马克思恩格斯文集》第 2 卷，人民出版社 2009 年版，第 635 页。

片，而是由于中英两国中西文化的差异及其带来的冲击。中国传统文化使得当时的朝廷没有在外交和贸易上与他国保持平等精神。

从战争的后果来看，鸦片战争的确反映出中西文化的冲突。当中国战败后，签订了不平等条约，使得朝廷中一部分有识之士开始觉醒。他们重新开始认识世界，无论是从认识的主体、目的以及内容上看，这一现象是当时中西文化冲突的表现。

从认识世界的主体及目的来看。在鸦片战争之前，林则徐、龚自珍、谢清高、萧令裕等人都对英国进行过关注。他们认为英国人具有急功近利、贪婪滋事的性格，并且提出应该对英国保有警惕之心。可以看出，这个时候中国的知识分子中认识世界、关注世界的人数尚且比较少，且清政府中上层人士关注西方世界的人更少。这些为数不多的人关注西方的目的非常简单，即维护闭关锁国的秩序和大清帝国的安全。可以说，“反入侵”是当时世人关注世界的目的，这种入侵不仅仅是军事的，也是经济的、精神的。

然而，在鸦片战争之后，关注世界，关心西方文化的主体和目的都有所变化。鸦片战争的结果是签订不平等条约，这促使上至帝国皇帝，下至低等级官员都为之震动。从主体上看，关注西方文化的人无论从社会地位、官阶等级还是数量上都有极大改观；而从目的上看，关注中西文化的差异不再仅仅局限在被动地反侵略，而是主动地向西方学习，达到“师夷长技以制夷”的目的。

从认识的具体文化内容上看，西方文化在更广阔的科学领域影响了当时的中国传统文化。在鸦片战争爆发之前，中西方文化保持了相当长时期的隔离的状态，仅在明末清初因为政权更迭而形成过短暂的实学思潮。这一实学思潮亦是当时西学东渐的结果，却很快淹没在清初的文化运动中。中西文化的交流过程里，中国汲取异域文化的情形较少，更多的是中国传统儒家文化传播到欧洲及邻近邦国，如日本、韩国、越南等。在鸦片战争之后，中西方文化则有了不同的关系。这个时候，以西方文化为主导的中西文化冲突显现出来，有识之士更多地开始了解、接受西方文化。中国了解西方文化的内容也开始转变，更全面地关注到西方国家的政治制度、地理历史、经济贸易、风土人情、风俗习惯，如姚莹的《康輶纪行》、魏源的《海国图志》、萧令裕的《记英吉利》等等。

可以看到，无论是战争的缘由还是战争的后果，足以显现出清末鸦片战争里中西文化的冲突。这一冲突的结果是西方文化逐步传入中国，为中国知识分子阶层的士大夫所接受、关注。这一变化，对中国传统文化造成了一定的冲击力，并使得中国传统文化开始具有转型的趋势。然而，在这一战争之前，中西文化仍然有过角力的过程。回顾这一过程，并将它同鸦片战争中的中西文化冲突进行比较，对中国传统文化的话语转型具有一定的借鉴作用。

（二）中西文化角力与融合的过程

纵观中国传统文化思想史，鸦片战争可谓是一个重大的转折点。此时中国发生了巨变，不但生发在政治领域，同时也显现在传统文化方面。中国的传统文化受到西方文化的冲击，开始受到质疑和反思。这种变化是中西文化角力的结果，但它并非发生在一夜之间，而是在清初时期便有了端倪。回顾明末清初时期中西文化的角力过程，能够帮助对比地分析研究鸦片战争之后中西文化的冲击过程，从而更好地进行现时代中国传统文化的话语转型工作。

明末清初时期，伴随着世界地理大发现，欧洲人开辟了海上航线来到亚洲。在1516年葡萄牙人来到澳门，耶稣会传教士随之而来，开始了在中国的传教工作，西学东渐逐渐拉开序幕。其中意大利人利玛窦是西学东渐的主要人物之一，他将西方的宗教文化与科学技术展示给中国，为西学东渐架起桥梁。在这个时期，中国出现了一批具备科学技术知识素养的人才，如徐光启、李之藻、杨廷筠、宋应星、方以智、梅文鼎等人。代表作品《几何原本》、《天学初函》、《远西奇器图说录最》等都是这一时期西学东渐的成果。可以看到，明末清初时期的西学东渐不仅仅是宣传西方的宗教教义，同时也将西方的数学、天文、地理、机械等科学技术普及到了中国。不仅如此，西学东渐还受到了明朝政府的有力支持。例如1635年的《崇祯历书》，它作为一本官方的文献，介绍了当时欧洲著名的科学家如哥白尼等人的重要发现和思想。但是明朝灭亡之后，清军入关，西学东渐的历史命运有所不同。在清朝康熙、雍正、乾隆三朝皇帝在位期间，为了维护政权的稳固，清王朝开始驱逐教会信徒，仅仅将西方的科学技术用作政权维护手段。这一时期，中西方文化开始了融合。

具体而言，明末清初的西学东渐在中国最为突出的显现是当时中国实学思潮的兴起。这一思潮的兴起，与当时连年战乱及朝代更迭有着极大的关联。面对清军入关的政治动荡，明末的汉族思想家们开始质疑宋明理学的合理地位与作用。他们认为正是由于理学空疏，清谈心性，不关心实际有用的事物，从而导致了国破家亡的恶果。实际上，正如张岱年先生所说："宋代理学为当时社会等级秩序提供理论根据，是和当时现存的生产关系相适应的。当时还没有出现新的生产关系的萌芽……到明代后期，资本主义生产关系开始出现，社会中酝酿着变革的契机，于是理学就逐渐变成反动的了。"[①]

在明末清初的实学思潮中，最具有代表性的可以首推颜李学派。这一学派的代表人物颜元、李塨、王源等都是主推"经世致用"理念的实学家。颜元认为正是缘于宋明理学末流的空疏导致国家衰亡，提出"宋儒之误也；故讲说多而践履少……"[②]。而其弟子李塨在《瘳忘编》中进一步阐述了国家和学校应该重视的知识领域，分门别类地详细解说，其中包括有沟洫、漕挽、治河、防海、水战、藏冰、鹾榷、焚山、烧荒、火器、大战、冶铸、泉货、修兵、讲武等等。其内容包含了西方科技文化的成分，超越了当时理学思想家的观念。事实上，此时的中国正经历着资本主义萌芽的发展和新兴市民阶层出现的变革过程。因此，西学中的很多内容较容易为士大夫所接受。而理

① 张岱年：《中国伦理思想研究》，江苏教育出版社2005年版，第8页。

② 《颜元集》，王星贤、张芥尘、郭征点校，中华书局1987年版，第72页。

学末流所倡导“存天理、灭人欲”的理论不再具有时代根基。相反，西学中注重实务、讲求经济的理念契合了当时的时代特征。在这一时期，具有代表性的实学思想家还有罗钦顺、王廷相、黄绾、陈确、黄宗羲、顾炎武等人，也赞同将研究领域扩展到水利、兵制、钱谷、天文、法律、地理、农工、机械物理等科学实用领域。可以看到，“明清之际的经世之学作为一种支持现实政治文化的知识体系……摆脱了心学知识从观念形态的原则上构建体系的偏向”[①]，在实际的科学文化知识及务实方面颇为偏重。因此，谢国桢曾将这个时期比喻为“吾国历史上的文艺复兴时期”[②]。

再以当时颜李学派为例，来看看明末清初西学东渐对中国传统文化话语的影响力。颜李学派作为儒家学派的一员，最具有历史价值的观点之一是“正其谊以谋其利，明其道而计其功”的义利观。这一观点明确反对了汉代董仲舒“正其谊不以谋其利，明其道不计其功”的义利对立理念，批驳了宋明理学“存天理灭人欲”之禁绝利益的态度，肯定了利益的合理性与必要性，是中国传统文化话语转化的典范。中国传统文化在实学思潮中的转化，具有了发展民生经济和改变社会实务的趋势。

中西文化的角力与融合，不仅仅发生在鸦片战争之后的中国，早在16世纪业已开始。这个过程中引起的文化冲击，引导了中国传统文化话语的转型，使其呈现出不同形态。但是，仅就颜李学派的例子来看，可以折射出当时中国皇权以及知识分子面对西学介入的态度。此时西学东渐并没有从根本上惊醒中国人，而是作为一股新鲜空气改良了长期受宋明理学主导的文化氛围。因而，这一时期的西学东渐实质上是西方的具体科学文化知识导入中国的过程，而西方文化的传统及思维方式却被强大的中国传统文化所淹没。对比此时的中英两国，中国重视社会礼教秩序，而英国重视经济繁荣。这也必定为清末鸦片战争两国的中西文化之争埋下伏笔。

---

① 鱼宏亮:《知识与救世：明清之际经世之学研究》，北京大学出版社2008年版，第83页。

② 谢国桢:《明末清初的学风》，上海书店出版社2004年版，第1页。

相比较鸦片战争之前中西文化的角力与融合，在鸦片战争之后，中西文化的角力与融合呈现出不同的特质。在魏源和林则徐开眼看世界之后，中西文化的融合便不再是知识技术上的传导，而是提出了“中体西用”的观点。它反映了在西方文化冲击下，中国传统文化对于西方文化的接受程度日渐转变。“中体西用”的观点产生于19世纪后期，经历了洋务运动和戊戌变法后走向鼎盛。它不仅仅是知识分子所尊崇的文化观念，并且也受到了皇权以及官方的大力支持。

洋务运动是在鸦片战争之后清朝末年开始的一项运动。第二次鸦片战争后，1860年12月曾国藩上奏折主张洋务运动，此时的清朝统治者在战败后，秉持向西方学习从而自立自强的目的，积极开展全国范围的发展近代工业的运动。洋务运动从1861年开始直到1895年结束，在此30多年间对中国传统文化产生了不小的改变作用。

在最初时期，由于内忧外患，清朝廷分化成洋务派和保守派，其中以曾国藩、李鸿章、左宗棠、张之洞为代表的洋务派力主全面向西方学习，他们将西方的科学技术、文化制度，商业贸易方式移植到中国。这些人都是当时朝廷的重臣，在与外国势力的交往过程中，他们认识到了西方文化的力量。因此，这些有识之士希望通过学习西方文化来达到抵制侵略，巩固统治的政治目的。他们所开展的活动之所以称为洋务，指的就是学习外国、外来事物。而主张这一运动的人也被称为洋务派，并派遣专人去西方留学，购买西洋武器，开办西洋式的工厂，模仿西洋的经贸模式。其中曾国藩负责的安庆内军械所，李鸿章负责的江南制造总局、左宗棠负责的福州船政局，张之洞负责的汉阳铁厂等都是当时首屈一指的洋务运动成果。洋务派的举动发展了中国近代工商业，在一定程度上增加了当时国家的军事武备力量。甚至，以慈禧太后为首的顽固派，为了保持自身皇权的稳固，曾一度支持洋务派的活动。特别是恭亲王奕䜣，曾大力支持洋务派举办近代军事工业。不过，这次中西方文化的角力与融合，最终还是以失败告终。究其原因，洋务运动虽然是西方文化对中国传统文化的冲击，但它在不触动腐朽的封建专制的前提下进行，很难使中国走上富强的道路。正如洋务派中的王韬、郑观应等人所言，认为洋务运动仅仅从形式上引进了西方的技术，但没有学习西学文化的精髓，最后几乎没能取得预期的效果。

因此，维新派康有为、梁启超等人也明确批判了洋务运动，提出“变法维新”的政治口号。由他们所倡导的戊戌变法，经光绪皇帝领导，仅存留了103日便结束。戊戌变法也是一场中西文化角力与融合的典型。变法者学习西方的政治、经济及文化模式，废除八股，提倡西学，编练新式海陆军，加强武备建设。戊戌变法中申办的西式学堂成为了西学传播的重要媒介，而当时的政府也重视派遣学员出国留学。

“明末清初之际西欧的天主教传教士虽然给中国带来了一些知识和体系，但其传入的仍是中世纪的神学体系，其世界观实质上仍属于古代与中世纪的传统范畴，这既背离当时世界历史的近代化趋向，也与资本主义已经萌芽、个人觉醒与解放已成当务之急的中国时势之要求不相符合，对中国由中世纪转入近代无益。作者认为，真正对中国社会的近代转型起推进作用的，是深受19世纪末新教传教士影响的中国自己的学者（诸知李善兰、华蘅芳，及严复、梁启超、王国维等人）作出的努力”①。明末清初的实学思潮是中西文化的角力与融合的典型，其后的魏源、林则徐开眼看世界，洋务运动的中体西用，以及短暂的戊戌变法，更显现出中西文化的角力与融合的过程。

可以说，这场战争虽然是由鸦片而起，实质上反映了当时中国与世界的一种关系变化。当时的中国已经必然被卷入到一场世界范围的纠葛之中，并同时经历着由不同文化之间的差异所引起的猛烈冲击。在这种冲击之下，中国生发了“中体西用”的文化观。所谓的“中体西用”，指的是中学为体西学为用的思想。这种文化观是在鸦片战争之后的19世纪60年代开始出现，时间延续长达30余年。它是当时中国的知识分子反思传统文化，分析中国传统文化转型的一种视角。但是，这种视角还不是中国传统文化进行话

① 何兆武:《明末清初西学之再评价》，载《学术月刊》1999年第1期。

语转型的正确视角。找寻适合中国传统文化进行话语转型的视角，是现代学界关注的焦点。

（三）中国传统儒家文化的转型视角

在鸦片战争前后，无论是明末清初的西学东渐，还是清朝末期的洋务运动、戊戌变法，都是中西文化冲击下两者角力与融合的结果。回溯历史，中国传统文化中，儒家文化几乎一直占据着主流。因此，中国传统文化的生命力，很大程度上依赖于儒家文化所面临的话语转化之历史使命。然而，传统儒家文化在几千年的发展过程中，业已形成了固定的思维模式和话语体系，并拥有相当数量的受众人群。因此，从何种视角对传统儒家文化进行话语转化，使其更具有历史生命力，是亟待回答的首要问题。

第一，坚守传统文化的视角。从清末至新中国成立后，致力于坚守传统文化立场来研究儒家伦理的学人大致可分为两批。梁漱溟可算最具代表性，其《东西文化及其哲学》立足传统儒家文化的学说，主张将其视为人类文化的理想归宿，认为世界未来的文化就是中国文化复兴。他是第一代新儒家的代表。第一代新儒家用中西比较的方式彰显儒家伦理文化的特质与价值，对传统儒家文化思想存有敬意和文化危机意识。因此他们一边坚守中国传统文化理念，一边又通过中西比较的方式来解决中国传统文化所面临的问题。以梁漱溟、熊十力、张君劢、马一浮等为代表，他们弘扬儒学的人文价值，希望中国传统儒学文化能够在人生观方面有所作为，能够为时代发展带来改变契机。可以说，他们凭借扎实的学术功底，通过对传统儒家文化的重释和反思，深刻认识其时代价值意义及解决社会危机的作用。但由于其"中体西用"的思维，希望援引西方文化来谋求儒学的现代话语转型，因而对于中国传统文化与现代社会之间的融通欠缺深入的探讨和思考。

此外，新中国成立后对于中国传统文化的研究中涌现一批立足传统文化视角的大陆学者。他们主张坚守中国传统儒学文化的发展史实和文化特质，其研究范围从个人内心扩展至家庭、人际、社会和自然，提出了中国传统儒家文化的“双旋结构”。这种“双旋结构”一方面是为了协调人心的秩序，另一方面是为了调整社会秩序。同时，这批学者还十分注重保留中国传统儒家文化的精华，整理了这一文化的主要观念、范畴、规范等。这些研究的宗旨是坚持、弘扬中国传统文化。

第二，全球化互释的视角。它主张在全球化的多文明背景下全面客观地研究、传播中国传统儒家文化，认可其积极的体系内涵，但不否认这一体系存在的问题。第二代新儒家就是典型的代表，如唐君毅、牟宗三、徐复观等。他们站在全球多文化背景下，认为要彰显中国传统文化的生命力，就需要进行中西文化价值的对接，重视对中国传统文化的价值转承研究。唐君毅主张“返本开新”、“中西互诠”，将西方文明所带来的现代问题直接纳入中国传统文化的主体转化中，即用中国的办法解决西方的问题。牟宗三提出“曲通”的方式实现中国传统儒家文化的价值转承功能，同时徐复观特别强调不能脱离中国传统儒家文化的仁政理念。可以说，他们提出了中国传统文化价值在现代社会的转型机制，倡导了在传播过程中的中西价值的对接。

而第三代新儒家则在前辈的视野上更进一步。其代表学者多是活跃于海外的华人，如余英时、杜维明、刘述先、成中英等。他们侧重中国传统文化在“中西交流”过程中进行话语转型。他们重视中国传统文化在日常生活领域的价值，主张通过中西对话彰显中国传统文化的国际影响力。由此，他们借用中国传统文化思想为现代社会的问题提出解决之道。

秉持这一视角的学者还有如汤一介、何兆武、陈来等。他们一方面认为中国传统儒家文化仍然有缺陷，因此要在对外传播中注重与外来文明互相汲取力量。同时另一方面，反对中国儒家传统文化在传播过程中的同一性，主张祛除中国传统儒家文化不合现时代的内容，并反对由某一个民族垄断传统文化的转型和传播过程。

第三，文化的现代化视角。代表学者有周桂钿、方朝晖、唐文明等。他们关注中国传统文化的话语转型后所具有的变化。同时，认为中国传统文化可为现代人提供一个安身立命之所，如果对其进行改革，就可形成现代中华文化的文明。但是，他们也认识到在中国传统儒家文化的话语转型过程，并非一次性完成的，而是一个不间断的过程。还有一些台湾学者如傅伟勋、韦政通、林毓生、张灏、蔡仁厚主要集中于新儒家对民主与科学的态度、文化历史观以及中西文化比较方面来探讨中国传统文化的现代化问题。

第四，马克思主义的视角。国内学术代表有张岱年、张岂之、方克立、罗国杰、陈先达等。首先，强调用马克思主义理论指导中国传统文化的研究，主张辩证的方法。如方克立提出马克思主义与中国传统文化之间存在一种主导意识与支援意识的关系，认为中国传统文化应该与马克思主义的普遍真理密切结合起来。同时，对于中国传统文化的作用要有一个正确的认识，不可以将中国传统文化一成不变地作为后现代工业背景下资本主义社会的良药。只有对中国传统文化进行改造后，才能够在新的历史条件下重建其治愈现代社会的内容体系。其次，他们认为马克思主义与中国传统文化之间，虽然以前者为指导，但是两者之间有部分内容矛盾，有部分内容不矛盾，所以存在对立的立场。因此，不能够抹杀两者之间的区别。最后，在此基础上，他们重新整理了中国传统文化的概念，整理了适合社会主义原则的儒家学说的德目。他们的观点既能够将马克思主义辩证法援引入中国传统儒家文化，同时又能够注意到两者之间的区别。

另外，不仅是中国的学者对于中国传统儒家文化的话语转化有着各自不同的研究视角，国外学者有关此领域的研究也颇为深入。在国外学者当中，对于中国传统文化的话语转型的研究，可以分为欧美与东亚两个地理区域。近年，西方的研究者都力图摆脱自我文明的固有思维，以中国传统文化自身的视角来研究文化的转型问题。

在东亚地区，19 世纪末至 20 世纪初，以李沂、朴殷植等为代表的“儒教求新论”是朝鲜思想家对中国传统文化进行现代化转型的最佳代表理论。他们认为中国传统文化是辅助帝王治理国家的政治性文化，主张将这一理论的对象从帝王转向人民社会。韩国学者对中国传统文化的义理及其在现代社会中的价值等问题进行了探讨，显示了理论的现实关怀。但是也有韩国学者，如黄秉泰提出中国传统文化在传入韩国之后，并没有适应韩国的现代社会，没有从根本上解决韩国现代社会的问题。日本学术界与朝鲜、韩国的视角不同，他们注重中国传统文化与西方文化之间的互补。这可能是由于日本受到当时西方文化冲击的影响。虽然有的学者，如冈田武彦，认为中国传统文化中的实学理论可以应对现代资本主义社会中的弊端，但是也有学者如沟口雄三等人，反对这样的视角。可以说，在东亚地区，关注中国传统文化的话语转型问题炙手可热。

在欧美地区，视野不太相同。以美国和法国的情形为例。美国关注中国传统文化转型的研究者分为两大类，即华裔和非华裔，分别有代表人物余英时、成中英、杜维明等人以及狄百瑞、列文森、郝大维、安乐哲等人。他们认为中国传统文化是一种有关协调人际关系的规则，并且能够在确保人际关系的基础上保障了社会的安定秩序。因此，他们首先力主抛弃西方文化的中心主义态度，力图将中国传统文化，特别是儒家文化同西方的后现代文化相融合。与其相似，法国研究者也认为中国传统儒家文化能够确保社会的安定秩序，因此重视从纯粹儒家学说为出发点来研究中国传统儒家文化的起源和发展过程，并认为中国传统儒家文化对法国的哲学思想的形成具有重要的影响作用。

然而，上述视角亦有可深入发展的空间：对中国传统文化的话语转型过程与方式的整体性研究不够。已有的视角主要集中在特定人物和国家上，其研究常偏重于对范畴的解释，并未概括出思想转化路径的全貌。因此，全面梳理中国传统文化的特点，在文化冲击和比较视野下进行中国传统文化的反思，大有必要。

二、中国传统文化的理性反思

中国传统文化是中华民族的精神命脉，其文化的主流是中国传统儒家思想文化。因此，对中国传统文化的理性反思主要是对中国传统儒家思想文化的反思。理性反思传统儒家文化的特点，明晰其思想体系的基础、逻辑和目的，才能在文化冲突和比较的视野下辨清中国传统文化转型的出路。

（一）中国传统儒家文化的特点

中国儒家文化主要是涉及伦理道德领域，它是中国古代思想家对于自身的道德行为、道德关系和社会中的道德现象的认知。这些思想家中，最重要的人物是孔子。他是中国儒家伦理思想的建立者，其后的孟子、董仲舒、二程、朱熹、颜元等人都是儒家学派的重要代表人物。

儒家文化不仅仅局限在对于道德知识的认知，而是将所得到的认知运用在国家治理的过程中。因而，在认知道德现象，调节道德关系、治理国家的过程中，形成了固有的文化特点。这一儒家文化的思想体系以先验道德为起源，注重天人合一；在思想逻辑上，以人性论为依据，协调义利关系，提出人性修养理论，从关注个人延续到关注家族并最终落实到国家层面；在思想体系的目的上，力主建立理想的道德人格，建设理想社会。

首先，中国传统儒家文化思想体系的基础是道德来源于天。儒家认为道德来源于天，主张道德的形成是先于人类的个人经验之前，受到一种神秘力量的控制与驱使。因此，董仲舒在《举贤良对策》中提出："道之大原出于天，天不变，道亦不变。"这也就是说，儒家认为人世间的道德是由"天"决定的，上天没有变化，人间的道也随之不会变化。所以，按照这样的逻辑，中国传统儒家文化认为世间的人及其行为都应该遵循上天的运行规则，即人应该顺乎天道，而人性之善也来源于天道和天命。由此，中国传统儒家文化提出道德来源于天，而由于君权也是上天所赐，维护上天所赐的君权，就是顺乎天道的行为，就是人性之善。所以，保护以君权至上为核心的封建社会秩序成为了中国传统文化的主要目的，任何个人的行为判断标准都是以维护封建国家利益为准，力图调节个人与国家的相互关系。依托于这样的道德来源逻辑，中国传统儒家文化提出经世致用的理念，希望能够通过调节关系而为封建君王所用。总的来看，中国传统儒家文化认为道德来源于天，重视建立精神秩序，这样就要求个人成为圣贤以维护国家利益。

其次，中国传统儒家文化思想体系的逻辑是沿着人性论、义利观和修养论的先后顺序，从而形成一定的理论思路，以此涉及个人、家庭、国家的相互关系。人性论的争论一直贯穿在中国传统文化思想中，出现了诸如性恶论、性善论、性无善恶论等等。在这些人性论中，性善论是传统儒家所推崇的理论基础。这一观点的形成也由来已久。在西周建立之初，世人就认为人性天生为善。在孔子创立儒家学派之后，也论及了人性问题，认为人性天生为善，并将受到后天环境的影响呈现善恶各异的行为。儒家学派自孔子开始就很注重个人教化，提倡用后天的教育来维护人性之善。但是明确提出性善论的则是亚圣孟子。孟子认为人性本善，但由于受到外界影响所以形成了恶行，因此要不断进行人性的教化工作。虽然孟子明言性善，但是他的人性论是一种先验论。因此张岱年先生评论说孟子的性善论“显然是唯心主义先验论的，但是他对人性作了‘人之所以异于禽兽者’的规定”①，因而具有一定的合理性。虽然孟子指出人性之善有其积极意义，但是孟子认为人与动物的本性有区别，没有从社会这个层面来看待这一区别，所以他的人性论缺乏了社会属性。

除了孟子的性善论，在中国传统儒家文化中影响颇为深广的还有张载、程朱理学的人性二元论。张载开创了人性二元论的先河，提出人性由“天地之性”和“气质之性”组成。他赋予天地之性为善，气质之性为恶，认为人需要变化自己的气质，祛除气质之性，保存天地之性。他的这一思想在程朱理学中得到极致发挥，并最终形成了“存天理灭人欲”的观念。到了明末清初，实学思潮涌起，反对宋明理学的人性二元论，主张理气统一。这一观点将人性归结为“气质之性”，为肯定合理欲求铺垫基础。

① 朱贻庭主编：《中国传统伦理思想史》，华东师范大学出版社 2003 年版，第 13 页。

在中国传统儒家文化中，人性论的内容决定了义利观的标准。作为主流的性善论，也是传统儒家文化中“以义制利”观念的基础。由于人性最初为善，因此要保持人性之善，杜绝恶行的方式就是注重对世人的道德教化。并且，正因为人性本善，因此道德教化的工作才有可能性。也就是说，“以义制利”的观点正是基于人性之善而形成的。然而，要了解这一观念的演变过程，得首先明晰义利观的具体概念。

作为中国传统儒家文化中重要的部分，义利观的争辩也不可忽视。经过历史的变迁，“义”包括了一种行为的原则，同时在某些情况下也表示一个集体的整体利益。而“利”则包括了政治利益、经济利益和精神利益。这些不同的利益可以是个人的，也可以是某个集体的。由于“个人利益在任何时候都是存在的，然而个人利益在任何时候又都有正当与不正当之分……更重要的，是要区分并追求正当的个人利益，区分并排斥不正当的个人利益”[①]。所以说，对于主体而言，能够追求正当利益，排斥不正当利益才是一种“义”。下面，就义利观所涉及的内容进行追溯。

第一，孔子主张以义制利。在中国传统文化史上，儒家作为传统文化的主流，生发在礼崩乐坏的春秋时期。这个时候由于周王室力量的衰微，诸侯国之间战事连绵。因此，在这样的背景下，义利观中的“义”代表了个人行为所遵循的原则，而“利”则表示个人的私利。当然，孔子在表述其义利观的时候，并没有对个人私利的善恶性质进行界定。这一点在其关于利益的著名表述中可见。《论语》里提出“君子喻于义，小人喻于利”的观点，孔子认为不同的主体，基于不同的社会地位，秉持各自的利益标准。同时，孔子还提出由于个人私利必定存在，因此可以通过道义来加以控制。在这个层面上看，中国传统文化在此时并没有排斥利益。但孔子崇尚的境界正是《论语·述而》里所描述的：“饭疏食饮水，曲肱而枕之，乐亦在其中矣。不义而富且贵，于我如浮云。”

① 罗国杰主编：《伦理学》，人民出版社2007年版，第156页。

第二，孟子开始排斥“利”。在儒家学派中，孟子和董仲舒可算是义利之辩的转折人物。与孔子和荀子相比，他们开始排斥利益。在《孟子·梁惠王上》中记录了梁惠王和孟子的对话：“王何必曰利？亦有仁义而已矣。王曰‘何以利吾国’？大夫曰‘何以利吾家’？士庶人曰‘何以利吾身’？上下交征利而国危矣。万乘之国弑其君者，必千乘之家；千乘之国弑其君者，必百乘之家。万取千焉，千取百焉，不为不多矣。苟为后义而先利，不夺不餍。未有仁而遗其亲者也，未有义而后其君者也。王亦曰仁义而已矣，何必曰利？”很明显，孟子反对明确提出利益这个问题。他所涉及的利益，不仅仅是孔子所指的个人利益，同时还包括了团体的利益，而这个团体更有可能是以国君为代表的诸侯国。孟子这一反对利益的观点，到了汉代被董仲舒发挥开来，致使“义”与“利”两个概念开始对立。

第三，董仲舒将“义”和“利”对立。汉代之后，中国的传统文化进入了独尊儒术的阶段。董仲舒作为汉代儒家的代表人物，提出了“正其谊不谋其利，明其道不计其功”的义利思想。这一观点不仅仅是孟子观点的承袭，更是代表了“义”与“利”开始对立的标志。此后，董仲舒的观点长期占据了中国传统文化思想史，义利关系演化成个人的精神需要同物质需要的关系。在《春秋繁露·身之养重与义》中他论证道：“天之生人也，使之生义与利。利以养其体，义以养其心；心不得义不能乐，体不得利不能安。义者，心之养也；利者，体之养也，体莫贵于心，故养莫重于义，义之养生人大于利。”同样，在《春秋繁露·身之养重于义》中又说道：“夫人有义者，虽贫能自乐也；而大无义者，虽富莫能自存。吾以此实义之养生人，大于利而厚于财也。民不能知而常反之，皆忘义而殉利。去理而走邪，以贼其身而祸其家。此非其自为计不忠也，则其知之所不能明也。”这说明董仲舒认为“义”比“利”更重要，更能够体现人的本性。虽然董仲舒反对利益，但也并非崇尚禁欲。然而，他的观点发展到程朱理学时期，演变成了具有禁欲色彩的义利观。

第四、朱熹提出禁绝利益的观点。程朱理学代表人物朱熹，发挥了董仲舒的义利观。他从人性二元的基础出发，认为人之所以有善恶之分，是因为他们的气质不同。要秉持善良气质，就需要遵循天命之性。因此，“义”、“利”被对立起来，人的个人利益渐渐演变成不合理的。这种个人利益甚至包括了个人的生存权。如“存天理、灭人欲”的极端禁欲观点就是典型。

第四，颜元、李塨肯定利益合理。宋明理学在相当长时期成为了官学，但是在此期间，仍然有与之不同的义利观。其主要的代表首推颜元和李塨，他们重视个人的利益，关注当世的实际事务，肯定了人的合理物质利益，重视发展实际有用的知识。这种经世致用的思想是实学思潮的一部分。更重要的是他们提出了“正谊谋利，明道计功”的义利观。这一观点也赞同了个人利益的合理性，颠覆了董仲舒的义利对立的观点，不但肯定利益的必然性，明确利益的必要性，更突显国家利益的重要性。

从先秦直至清初，义利观的发展经历孔子的“以义制利”，孟子的“贵义贱利”，董仲舒的“义利对立”，宋明理学的禁欲观，颜李学派的肯定利益的过程。在这个过程中伴随了义利观对中国传统文化修养论影响。根据不同的利益观，中国传统儒家文化的修养论也有着不同的具体内容。大体上，传统文化根据义利观形成了相应的修养方法，希望通过个人的修养方式来控制个体获取利益的行为。

最后，中国传统儒家文化体系的目的是为了培养理想人格，建立理想社会。所谓理想人格，是指“从善和恶、高尚和卑下的分别上看待个人人格之间的差别，因而其人格概念也就是道德人格的同义语”[①]。因此，在中国传统儒家文化中，思想家们倡导过理想人格就是“君子”。君子的概念在西周开始出现，如《诗经》中就曾经出现过。在春秋战国时期，思想家们继承了西周的文化概念，也相继对君子这一理想人格概念进行阐述发展。在儒家创始人孔子的思想中，就很重视“君子”的概念。在他看来，“君子”是与“小人”相对立的概念。他提出“君子喻于义，小人喻于利”的论断。在这个论断中，君子是指有着社会地位的人，因此需要将道义放在首位；而小人则是

① 罗国杰主编：《伦理学》，人民出版社2007年版，第438页。

没有社会地位的平民百姓，所以要追寻自己的利益，保障基本的生活来源。这样，社会中各个阶层的人都能够做好各自的本分，那么社会就能够正常有序运转，才能够形成一个理想社会。可以是说，孔子的这个论断不是对个体道德水平的判断，而是对理想社会的描述。为了建立这样的一个社会，传统儒家文化力主形成理想人格。此后，对于理想人格有了进一步的发展变化。从先秦开始直至清末，传统儒家文化中的理想人格秉持了主流人性论的基本特征，能够以“仁爱”为核心，做到以义制利，达到内圣外王的境界。“内圣外王”不仅是中国传统儒家文化的一种理想人格，更是一个社会的政治理想。它不仅仅强调要注重个人的内心修养，同时要求个人的修养应该成为国家社会安定有序基础。

综上，中国传统文化关注个人修养，更重视将个人修养同国家治理相结合，是一种政治伦理文化。它不仅以先验道德为起源，注重天人合一，更以人性论为依据，协调义利关系，倡导个人修养。它从关注个人延续到关注家族并最终落实到国家层面，最终在思想体系的目的上，力主建立理想的人格，建设理想社会。可以说，中国传统儒家文化关注的是现实世界人们的道德行为，主张内得于己外得于人，并且在思想体系的方法上，主张知行合一，提升个人道德境界，建立理想社会。

（二）文化冲突下的中国传统文化反思

中国传统文化在长期的历史长河中不断地变迁发展，它有其独特的思想体系的基础、逻辑和目的。在这个过程中，中国传统文化也经历着巨大的反思变革过程，主要的反思有三个时期。第一个时期是儒家对前时代及同时代思想文化的反思。这一时期从春秋战国开始持续到西汉独尊儒术之时。此时的中国处于礼崩乐坏的变革时代，思想家们反思的是周礼文化和其他诸子百家的思想。第二个时期是儒家对于外来文化的反思和变革。这一时期从魏晋南北朝开始持续到隋唐时期。此时伴随着玄学思想的影响，宗教思想渗透到中国，特别是佛教思想日渐昌盛。思想家们倡导道统，反思外来宗教文化。第三个时期是儒家内部对于宋明理学的反思。这个时期主要集中在明末清初之时，此时处于朝代更迭、战乱频发的变革时代，思想家们反思的是宋明理学。经历过这三个时期的反思变革，在第一次鸦片战争之后，中国传统文化遭到了全面的质疑，这是历史上中国传统文化最为剧烈的反思过程。此时处于封建社会末期国破家亡的变革时代，思想家们反思的是几千年来形成的儒家传统文化。因此，梳理前三个时期的文化反思，对于分析鸦片战争之后的中国传统文化的话语转型具有参考作用。

第一，对周礼及道、法思想的反思。这一反思的结果是儒家思想主流地位的确立。在先秦时期，思想家首先对周礼进行了反思。“在总结西周原来伦理思想的基础上，孔子和墨子提出了自己的伦理思想体系，对以后伦理思想的发展有着重要的影响。”[①] 周朝时期从公元前11到公元前8世纪，是我国奴隶制的鼎盛时期。在这长达几百年的时间中，形成了一定特色的思想内容。

一方面，周朝时期中国的传统文化认为世上万物都来自天，“天”具有绝对的权威性。这里的“天”并不是一种自然的概念，而是宇宙间万物的主宰和源头。周朝时期对于天和天命非常重视，认为世间万物都是由天而生发出来，天命具有不可抗拒性。这一观念在春秋战国时期得以反思和发展。在春秋战国时期，儒家的创始人孔子所建立的儒家学说也是建立在“天”的基础上，即认为道德的来源是“天”，而人应该遵循“天道”修炼自身的道德水平。

另一方面。周朝的文化中特别重视家族关系的协调，即表现为重视孝悌友爱的观念。“依礼法很好地侍奉父母即孝，依礼法和好地善待兄弟为友……孝是亲亲的核心，它关系到一个家庭、宗族内首领的地位和权威，也关系到祖传父，父传子这种纵的宗法继承礼制。友是尊尊的核心，它关系到一个家

① 罗国杰主编：《中国伦理思想史》上卷，中国人民大学出版社2008年版，第97页。

庭、宗族内部嫡庶的分别、诸子次序的排列和稳定，即关系到同辈之间横的关系的协调，关系到家庭宗族的团结。”① 以孝悌友爱为核心的周朝文化，是中国传统文化中奴隶社会的核心文化，它随着时间发展，必然会经历历史的变革。可以说，中国传统文化在这个时期的反思，是奴隶社会文化同封建社会文化的相互冲击的结果。春秋战国时期是中国社会从奴隶社会过渡到封建社会的变革过程，在这个过程中“人们以家、族利益为至上，以孝、友为最高的道德，必然会导致不同家、族的人们的相互冲突，导致对封建君主利益和封建忠君道德的削弱”②。因此，孔子在看到春秋战国时期礼崩乐坏的局面后，对周礼进行了反思和发展。这一反思结果最重要的结论就是“仁”思想的确立。在《论语》中曾有很多地方提到过仁爱思想。如有关“乡愿”的概念，就是说仁爱的人不仅仅需要不分差别地爱他人，还应该对于恶人和恶行进行应有的斗争，这样才能够保持仁爱的原则。并且，《论语》中还说：“孝悌也者，其为仁之本与。”意思是说真正的仁爱之人，首先要做到孝悌，即对长者的孝顺和对平辈的关爱，这种仁爱的概念是对周礼中孝悌友爱文化的发展。它不仅仅是要求个体对于自己宗族内部的人饱含仁爱之情，同时也能够对宗族之外的人施以仁爱，打破了周朝文化中的某些狭隘性。更重要的是，这种狭隘性并非是无原则地被打破，而是站在一定的立场上。这个立场就是孔子将伦理道德同社会政治思想相结合的态度。在这个大变革的时代，这样的反思必定为文化的发展提供新的生命力。

在对前一时期的周礼文化进行了反思之后，此时的中国形成了百家争鸣的局面。这一局面从先秦之后直至汉代，儒家学说在此脱颖而出，中国文化呈现了罢黜百家独尊儒术的格局。这种格局正是儒家思想对同时期诸子百家思想反思的表现，尤其是对道家和法家的批判与反思。然而，这一格局的建立很大程度上也依赖于当时的历史背景。在经过了春秋战国的封建割据之

① 罗国杰主编：《中国伦理思想史》上卷，中国人民大学出版社2008年版，第51页。

② 罗国杰主编：《中国伦理思想史》上卷，中国人民大学出版社2008年版，第51页。

后，秦王朝建立了一个统一的中央集权国家。为了维护这个来之不易的王权成果，秦王朝沿用法家的思想，使用严苛的刑罚。但是法家的思想并没有维护秦王朝的统治，相反却使得这个王朝仅仅传了两世就灭亡了。然而秦始皇焚书坑儒的行为，虽然没有完全禁绝诸子百家思想的传承，但是在一定程度上也促成了法家肃清诸子各家的局面。直至秦灭之后，农民起义等战乱结束，西汉建立了新的王权。同样，为了维护王权的稳定，中国传统文化中的法家思想面临了质疑和反思。因此，在西汉时期，中国传统文化的反思主要是对法家的反思和对儒家的推崇。由于秦亡的教训，汉初对于法家的反思进行得很深入。"他们认为，秦统一中国采用了法家的学说是正确的，是由当时的形势所决定的。但是，秦始皇统一中国后，他的认识没有随着变化了的形势而变化，没有认识到儒家的仁义道德对维护已经统一的中央封建政权的作用。"① 因此在对法家进行了反思之后，儒家的主流地位渐渐形成。到了汉武帝时期，汉朝政治与经济不断发展，中央集权制度已然经成为了历史的必然趋势。由此，不仅法家的思想受到质疑和反思，就连汉初的道家思想也不例外。伴随着对同时期思想的反思，儒家思想渐渐成为维护皇权的助力，开始占据了中国传统文化的主流地位。

第二，对玄学、道教、佛教思想的反思。这一反思的结果是儒家主流地位的巩固和道统概念的确立。在汉朝末年，天下群雄争霸，战乱频发，知识分子热衷关注天相阴阳学说，清谈成为风尚。到了魏晋时期，这一趋势日盛，并且受到了政治力量的支持。玄学风气逐渐开始流行，清谈风尚最终演变成玄学，《庄子》、《老子》、《易经》等受到重视。可以说，玄学在魏晋时期产生并发展为主流思潮，也有深刻的社会与思想根源。具体而言，玄学关注论争"有无"作为世界存在的基础，力图解决名教与自然的关系，呈现强烈的思辨性质。可以说魏晋玄学在中国哲学发展史上的确有重要的位置，在关于本体论等问题上也有思维的突破。

---

① 罗国杰主编：《中国伦理思想史》上卷，中国人民大学出版社 2008 年版，第 255 页。

在玄学发展的同时，道教和佛教思想也开始兴盛。道教始于东汉末年，是中国土生土长的宗教。与佛教相比，道教更具有世俗性，容易为世人所接受。并且，其教义思想中维护封建社会体系的思想也同儒家文化颇为契合。而佛教的发展则与当时社会环境相关。由于汉末之后社会动荡，人民生活困苦，因此信奉佛教，借用佛教成为自身精神避难所是佛教迅速发展的原因之一。同时，佛教倡导因果循环，这一观念使得参与战乱的统治者们借用佛教洗脱自身罪孽，大兴土木建设佛庙，从客观上促进了佛教的兴盛。更重要的是自东汉末年开始，西方僧侣来华以及中国僧侣西行的活动都很频繁，并开始了大规模的佛经翻译工作，是佛教思想发展的强大助力。

然而，玄学、道教和佛教在发展过程中，与儒家形成了微妙的关系。这也使得对玄学、道教和佛教的反思呈现出别具一格的形态。“在魏晋南北朝时期，玄学伦理思想、道教伦理思想和佛教伦理思想的产生和发展，无疑使传统的封建伦理思想受到了极大的冲击。但是，由于经过长期积淀下来的传统的以儒家为核心的封建伦理思想早已渗透到人们生活的各个方面，同时，也由于玄学、道教和佛教伦理思想毕竟是中国封建社会的产物，所以，究其实质，不仅不能从根本上动摇传统的以儒家为核心的封建伦理思想，而且三者越来越趋于统一、一致”[①]。以佛教逐渐中国化本土化为例，“佛教本身的发展发生了巨大的变革，形成了完全中国化的佛教禅宗思想，而且也为韩愈，李翱复兴儒家伦理思想的正统地位，援佛入儒提供了新的思想资料”[②]。可以说，在魏晋南北朝之后，对于玄学、道教和佛教的反思，是在一种温吞的过程中展开的。中国传统文化在不知不觉中已经将这三种文化儒教化，并且由于封建政治制度的需要，儒释道经历对立与融合后，儒家思想再次上升成为主流。此后，这三种思想渐渐式微。

儒家主流地位的巩固，也伴随了韩愈道统观念的确立。韩愈在《原道》

① 罗国杰主编：《中国伦理思想史》上卷，中国人民大学出版社 2008 年版，第 342 页。

② 罗国杰主编：《中国伦理思想史》上卷，中国人民大学出版社 2008 年版，第 343 页。

一文中论及道统传承的过程："尧以是传之舜，舜以是传之禹，禹以是传之汤，汤以是传之文武周公，文武周公传之孔子，孔子传之孟柯，柯之死，不得其传焉。"可以说，在道统观念逐渐确立后，儒家作为中国传统文化的主流地位日益确立。

第三，对宋明理学的反思。这一反思的结果是实学思潮的涌起以及"经世"理念的再现。它体现在儒家内部对于宋明理学的反思，主要集中在明末清初之时。明末清初也是一个接连战乱的变革时代。明王朝覆灭，农民起义后清军入关，使得思想家们开始质疑宋明理学的地位。同时，伴随着思想家对宋明理学的批判，资本主义经济开始萌芽，西学不断传入，"经世"思想再次走上历史的舞台。

在这一时期之前，宋明理学作为官学，具有至高无上的地位。然而，"宋代理学为当时社会等级秩序提供理论根据，是和当时现存的生产关系相适应的。当时还没有出现新的生产关系的萌芽……到明代后期，资本主义生产关系开始出现，社会中酝酿着变革的契机，于是理学就逐渐变成反动的了"①。思想家们所反思的正是这个所谓的"反动"之处，并逐渐形成了实学思潮，站在这个实学思潮最前端的就是颜李学派。同时，具有代表性的人物还有王廷相、黄宗羲、顾炎武、徐光启、梅文鼎等人。颜李学派的创始人为颜元，他认为"宋儒之误也；故讲说多而践履少……"②，并且指出信奉理学的人们"心性外无余理，静敬外无余功，与周、孔若不相似然。即有谈经济者，亦不过空文著述"③。不难看出，这个时候，实学思潮不仅仅是因为亡国而出现，而是在极大程度上受到了当时社会经济发展的影响。从这一时期的经济发展状态看，中国已经处于资本主义的萌芽时期。而宋明理学末流倡导"存天理、灭人欲"的理论，蔑视经济利益，成为了实学思潮批驳的焦点。由此，明末清初实学思想形成了注重经世致用，关注实际事务的特征。

① 张岱年：《中国伦理思想研究》，江苏教育出版社 2005 年版，第 8 页。

② 《颜元集》，王星贤、张芥尘、郭征点校，中华书局 1987 年版，第 72 页。

③ 《颜元集》，王星贤、张芥尘、郭征点校，中华书局 1987 年版，第 702 页。

中国传统文化在经历过上述三次反思后，迎来了最具有颠覆性的经历。这一时期以第一次鸦片战争为契机，此时处于封建社会末期国破家亡的变革时代，思想家们反思的是几千年来形成的儒家传统文化，是对儒家自身的全面反思。这一反思的结果是对西学和中国传统文化的质疑与对未来的探索。因此在比较的视野下来看待这次反思，将对现代中国传统文化的话语转型起到启发作用。

（三）比较视野下的中国传统文化反思

在整个清朝的历史中，清初和清末皆发生过中西文化的冲击。清朝初期，由于西学的传入，使得当时作为官学的宋明理学受到思想界的反思。可以说，清初时期资本主义萌芽背景下中西文化的冲击是实学思潮的原因之一。但是这一次的中西文化冲击同清末时期大有不同。在清末时期，以鸦片战争为契机，中西文化的冲击再次袭来。然而，这一次的冲击更加猛烈彻底。在清末的这次中西文化冲击下，中国真正开始走向了开眼看世界的道路。从这两次中西文化冲击中，以比较的视野可以对中国传统文化有更加深刻的反思。

虽然中西文化之间有着巨大的差异，彼此的逻辑思维方式也有着不同，但是他们所探究和关注的主体对象却殊途同归。也就是说，无论是中国传统文化还是当时西方文化，都是对理想社会的关注。无论中国思想家还是西方思想家，都试图找到相应的途径或方法，来构建他们所认可的理想社会。因此，围绕这个主体，中西方文化都关注了理想社会中的人、方法、知识。从人的角度看，他们都分析了相应的人性论；从方法的角度上看，他们都论及了如何处理人性同利益之间的关系问题；从知识的角度上看，他们都将知识作为一个必不可少的角色，放置在理想社会的建设过程中。

首先，在人性方面，可以在比较视野下对中国传统文化进行反思。关于人性，中国传统文化中占据主流的观点还是人性本善，而西方文化则偏重认为人性中包含善的因素。可以看得出来，中西文化对于人性的界定有着质的区别。

回顾清初和清末这两次中西文化冲击，来进一步找寻其差异。在清初时期，正是西方，特别是鸦片战争发动者英国处于资本主义市场经济的形成时期。而此时的中国正在经历着王权的更迭。在这样的背景下，虽然西学业已传入中国，西方文化仅仅只是在具体知识内容上的交流，其文化思想的差异仍然保留着。由于少数民族入主中原，思想家们对于宋明理学展开了诘难，彻底否定了宋明理学的人性二元论。他们主张人性一元论，并且认为人性本善。这一人性论可以说是完全继承并发展了先秦孔孟的人性观点。

但此时，西方文化却对人性有着不同的见解。他们认为人性是复杂的，很难用“善”或者“恶”来进行界定，因此只好将人性归为善恶兼备。但同时，也分析了复杂人性呈现出不同的善恶属性的个体行为，形成或善或恶的个体行为。这样的观点显然同中国传统文化中的人性观存有差异。西方文化认为人性中本身有恶的因素，而中国传统文化认为人性中包含善因，而恶行却是由外界恶劣的环境导致。所以，这一思维逻辑就形成了不同的结果。西方文化为了控制人性中的恶，制定了相应完备的各类制度，以保障社会有序运转。而中国传统文化为了弘扬人性之善，则侧重进行个人的品德教化以及修养。

其次，在方法方面，可以在比较视野下对中国传统文化进行反思。正是由于中西方文化存在着不同的人性论，因此他们对不同的人性所导致的结果进行了思考。在中国传统文化的视野中，由于人性本善，因此个人应该保留人性之善，在对待义利的相互关系中应该以义制利。而在西方文化的视野中，正是由于人性中不可避免地存在恶因，因此在处理义利关系的时候，只好依赖于完备健全的各项制度。同时，他们也更加宽容地对待了个人利益这个问题。与中国传统文化不同，西方文化认为认识到人性中善恶兼备，这是一个客观的分析。那么以同样客观的态度对待义利关系问题，就可以发现利益的存在有其必然性，个人利益必须存在。甚至，西方文化还对于个人的利己行为做了客观分析。他们认为利己的行为必然存在，而且利己的行为并不一定必然导致坏的结果。可以说，某种程度上，西方文化并一味地反对利己。

反观中国传统文化，它认为在义利的选择问题上就表达了个人的道德修养水平，它没有依赖完备的法律制度来解决义利关系，转而从个人品德修养、道德教化的角度来调整。因此，宋明理学曾提出“存天理，灭人欲”的思想。虽然这一思想在清初的实学思潮中受到质疑和反思，但是从乾隆时期开始理学又再度成为了官学，地位有增无减。这一趋势也最终导致清末时期中西文化发生急剧的碰撞。实质上，这一碰撞是建立理想社会过程中中西方文化所采取了不同的方法，而之所以采取了不同的方法，是因为它们对待知识的具有不同的态度。

最后，在知识方面，可以在比较视野下对中国传统文化进行反思。从知识的具体内容来看，能够看得出中西方文化中对于知识的态度。中国传统文化，无论是清初，还是清末，都是将道德文化作为知识的主要内容。相反，在西方文化中，它的知识则开始呈现了多样性。从清初时期西学传入的过程就可以清楚地看到，当时传入中国的皆是一些科学技术知识。因此在清初批驳宋明理学的反思过程中，很多思想家、代表人物都是具有科学知识的文人。但这并没有使得科学知识在中国得到重视，相反，清王朝为了维护政权的稳定，又一次将宋明理学冠以官学的强势地位，使得当时受到西方文化影响的实学逐渐没落。在相对应的时刻，西方，特别是英国逐渐走上了以来科学技术知识发展工业革命的道路，国家实力逐渐壮大。这为清末的鸦片战争以及中国被迫打开国门的结局埋下了必然性。

纵观中国自先秦以来的历史，中国传统文化在逐步完善发展，并且在与西方文化交流的过程中不断汲取精华。那些历史中倡导开眼看世界的知识分子，以及他们所倡导的各种改革运动，都是中国传统文化在急剧变化的世界潮流中不断自我转型的代表。然而，这些转型最终都没有使得中国传统文化走出独具特色的道路，反而在清末民初时期引起了对中国传统文化的全面否定。这一迷茫的状态在马克思主义传入中国后有所改善。拨云见日，中国传统文化最终在马克思主义的指引下，开始了当代的转型过程。

三、马克思主义对中国传统文化的指引

在 19 世纪末的中国，许多先进的思想家们都开始关注马克思主义，并展开了对中国传统文化的反思和否定。在这个过程中，马克思主义对中国传统文化产生的深远的影响。同时，由于马克思主义同中国传统文化具有相通之处，在马克思主义影响下，中国传统文化实现了文化自觉，并且最终为中国传统文化的话语转型提供指引。

（一）马克思主义在中国的传播

马克思主义在中国的发展有着一定的历史背景。经过巴黎和会以及俄国十月革命之后，马克思主义于 19 世纪末传到中国。此时，众多的思想家都否定了传统的中国文化，转而开始寻觅新的思想。这个寻觅的过程就是马克思主义在中国的传播过程。

1899 年《万国公报》刊登了英国学者所写《社会进化论》的译文，在这篇译文中提及了马克思的《资本论》，这便是中国最早介绍马克思的文章了。其后，在 1902 年《新民丛报》中梁启超再次介绍了马克思，并称他为社会主义的泰斗。马克思主义的著作，如《共产党宣言》，《德意志社会革命家小传》等也在之后陆续在中国被大众所知。当时许多知名的思想家，如李大钊、陈独秀、瞿秋白、李达等都不遗余力地介绍马克思主义。在 1918 年，

李大钊先后发表了《法俄革命之比较观》、《庶民的胜利》、《布尔什维主义的胜利》以及《我的马克思主义观》等，介绍了马克思主义的基本观点，产生了重大的社会影响。

然而，在1919年胡适却以题为《多研究些问题，少谈些主义》的文章，掀起了“问题”与“主义”之争，提出要注重实用精神，反对马克思主义的传播。同年李大钊发表《再论问题与主义》一文，应战胡适。此后，李大钊还建立了一个学术组织，进一步传播和学习马克思主义。

李大钊不仅仅积极宣传马克思主义，同时也在马克思主义的立场上，批判了中国传统文化。在清末民初时期，中国传统文化中仍然是以儒家文化为主流。因而，儒家学说便成了当时思想家批判的众矢之的。李大钊在《乡愿与大盗》一文中提出乡愿与大盗是相互勾结的，他认为乡愿是圣贤的化身，而大盗则是帝王的化身。在中国两千多年的封建历史中，圣贤与帝王相依傍，因此反对帝制就要彻底地反对中国传统儒家思想。

同样，陈独秀也是批判中国传统儒家思想的领军人物。他认为儒家思想具有反动的一面。在《孔圣人又要走运了》一文中，陈独秀指出在中国历史中但凡有尊孔的运动，都是和反动的政权的兴盛相关，因此他讽刺地提出有反动政权出现的时刻就是孔圣人“走运”的时刻。他还在《三位一体的国故、孔教、帝制》中指出儒家同帝制是一体的，批判帝制就需要批判儒家思想。此外，李达等人也对中国传统文化思想进行了批判，将中国社会发展迟缓的原因归咎于中国传统儒家思想的负面影响。

至此，自鸦片战争之后直到五四新文化运动，中国的思想家们在马克思主义的影响下，展开对中国传统文化的彻底反思与批驳。虽然辛亥革命推翻了帝制，但是思想上的革命尚未结束。这次的反思同以往的几次反思都不同。它不再局限于对儒家思想中的某些理论观念进行驳斥和改进，而是着眼于从儒家思想对中国国家命运的影响出发，站在马克思主义的立场上，对中国传统儒家进行了近乎全盘的否定。由此，中国传统文化的话语转型过程中，马克思主义发挥了重要的影响力。

（二）马克思主义对中国传统文化的影响

中国传统文化与马克思主义相结合，是清末民初时期的时代趋势。时至今日，马克思主义对中国传统文化的话语转型也有着重要的影响。中国传统文化以儒家为核心，马克思主义对中国传统文化的影响最为明显的体现就是同儒家文化相结合。当然，这结合并非将两者杂糅在一起形成新思想，而是在马克思主义的指导下找寻中国传统文化的话语转型之路。因此，需要从三个方面来进行考量。

首先需要考量的问题是前提。马克思主义同中国传统文化相结合，应该有一定的前提。这一前提有二，其一是能同马克思主义相结合的必定是中国传统文化的精华部分，其二是马克思主义同中国传统文化有着一定的契合度。

就第一个前提而言，不仅是要选择儒家文化的精华部分，更要选择现代生活中适用的部分。一方面，儒家文化是中国传统文化的主流，在儒家文化中有着许多精华部分，如仁、义、礼、智、信等。这些都是在现代生活中适用的内容。另一方面，也要注意在中国传统文化中的其他思想成分，如法家、道家等等。具体而言，法家重视法制，虽然因为秦朝的过度滥用，但是法制思维也仍然是现代生活必不可少的有益成分。而道家思想中包含着对天地自然的敬畏，也是在现代生活中发展经济必要的考虑因素。所以，善于发掘中国传统文化的精华成分，不仅仅是要从传统文化中的优秀思想本身出发，更是要站在历史的长河中，借助马克思主义的发展眼光和视野，选择有益于中国现代社会发展的精华部分。

就第二个前提而言，马克思主义能够在五四运动之后广泛传播，受到了中国国人的认可，其原因很多。在一定程度上，它有赖于优秀的思想家的推崇，但也是因为它与中国人所熟悉的中国传统文化的内容相契合。这为马克思主义在中国的传播提供了良好的环境，也为用马克思主义来指引当今中国传统文化的话语转型提供支持。因此，毛泽东在《中国共产党在民族战争中的地位》中指出马克思主义者面对传统文化“不应当割断历史。从孔夫子到孙中山，我们应当给以总结，承继这一份珍贵的遗产”。

正如同这句话所指，马克思主义的确有同中国传统文化，特别是儒家文化相契合的地方。因此，考量的第二个问题是缘由。马克思主义同中国传统文化相结合的缘由，不仅仅是因为两者的结合具有历史的合理契机，同时也是由马克思主义与中国传统文化的各自理论特点决定的。

从历史背景来看待两者的结合。中国传统文化自形成以来，主要是以孔子为尊的儒家文化作为主流。因此，自先秦以来直至民初，中国传统文化在经历了几千年的外来文化冲击和内部反思、更新之后，仍然保持了儒家文化的特色。可以说，无论是先秦诸子百家中的法家文化、魏晋南北朝的佛教文化、道家文化以及西学东渐时的西洋文化，都没有能够在作用、影响力和实践方面超越儒家文化。不仅如此，每一次跨文化的冲击结果，都是中国传统文化牢不可破地继续发展，没有受到重大影响。然而，这样的局面在清末民初被彻底改观。自辛亥革命至五四运动，马克思主义传入中国后受到知识分子阶层的认可，并逐渐开始对中国传统文化产生影响。新中国成立后，马克思主义也一直成为中国人的主流文化，因此势必对中国传统文化的现代转型产生深远的影响力。

从理论特点来看待两者的结合。马克思主义和中国传统文化，在理论内容上有着相通之处。这为两者的结合提供了良好的土壤，也是马克思主义为中国人所广泛接受的原因之一。

其一，马克思主义和中国传统文化都关注人本身。马克思主义关注人类的解放和幸福。可以说，在资本主义土壤中诞生出来的马克思主义，是共产主义理论分析人，了解人，解放人的理论。而中国传统文化，特别是儒家学说在一定程度上正是有关人的学说，而并非神学。它重视关注生活在世间的个人之幸福状态，并对他们的一言一行予以规范。儒家的规范体系中，如仁、义、礼、智、信等美德规范，都是基于协调个人同自我、他人以及其他整体之间的相互关系，并以此最终获得幸福与安宁。

其二，马克思主义和中国传统文化都提倡运用合理的方式协调利益关系。马克思主义在资本主义的土壤中生长，必定关注利益问题，并能够运用哲学的视野分析社会中的难题。而中国传统文化也能够正视个人利益，肯定了个体利益的合理性和必然性。例如，儒家文化肯定个人利益，同时也倡导发展国力。自孔孟坚守以义制利后，董仲舒提出“正其谊不谋其利、明其道不计其功”的义利观。虽然宋明儒者将其推向了“义利”对立的顶峰，但陈亮、叶适的功利主义义利观与其长期交战，直至明末清初实学思潮不断反思更新，重新回到孔子重视利益的观点上。然而，它并没有停滞在个人利益上，而是将个人利益同国家利益相关联，使得清初的中国传统文化具备了经世实干的氛围。

其三，马克思主义和中国传统文化都致力于形成理想的社会状态。马克思主义理论中，包含了对资本主义社会的分析与反思，并能够立足在改变现实的基础上建立社会主义。可以说，马克思主义涉及了思想家们建立理想社会的理念。而中国传统文化思想亦是如此。可以看出，作为中国传统文化主流的儒家文化，其每一次反思都是社会大变革时代的产物。因而它重视改变国家现实，注重处理个人同国家的相互关系。在处理个人利益同国家利益的相互关系上，既能够关注合理的个人利益，同时更能够将个人命运同国家利益结合。可以说，儒家文化是一种政治学说，它从个人实际出发，最终落脚在国家层面。这对于当代中国发展经济、民族振兴都有着指导作用。伴随着国家经济的迅速发展，中国的道德缺失现象增多，个人损人利己，藐视他人利益，窃取国家利益等问题并不鲜见。因此，马克思主义和中国传统文化都能够在这个方面给予参考。

第三个考量的问题是现实状况。从中国现实状况看两者的结合。现代中国走复兴之路，在其发展过程中遇到了不少棘手的问题。这些问题中，不再仅仅是经济的问题，而是思想意识的问题，特别是年轻一代的思想意识问题。因而，探寻中国传统文化的出路，具有必然性和紧迫感。中国传统儒家学说散发经世实干的气息，具有自强不息的精神，承载重要的政治使命。在儒家学说中，历代思想家都包含了对国家的责任意识和爱国深情，不断反思当世国家、社会的当务之急。这些人物的例子并不鲜见，如先秦时期的孔子，他周游列国讲授其思想观点。同样，我国在建设社会主义核心价值体系的过程中，需要责任意识和爱国情怀。尤其是年轻人，更需要借用传统儒者的责任心与爱国心，建立健康合理的价值观。

（三）中国传统文化话语转型的展望

需要注意的是，虽然马克思主义和中国传统文化，特别是儒家思想都有着相通之处，两者仍然存在本质的区别。所以，需要关注马克思主义同中国传统文化之间的关系，即重视运用合理的处理原则。

第一个原则就是马克思主义是指导，是方向，而同时中国传统文化应该保持其基本特色。马克思主义作为当今中国的主导意识形态，在面对儒家文化为主的中国传统文化时，应该立足于指引方向的角色。也就是说，马克思主义需要为当今中国传统文化的话语转型提供方向，保证其转型道路的正确性，但是在具体的理论内容中，中国传统文化还是需要保留其特色。这就是一个度的问题了。

可以看到，在现在的理论思想界中，有人主张全面复兴儒学，甚至认为中国传统文化仍然具有主流和支配地位。因此，他们认为马克思主义传入中国，并进行中国化，是马克思主义被纳入了中国儒学思想中的过程。也就是说，有的学者将马克思主义中国化看作了中国传统文化发展中的一个支流。这种看法显而易见存有弊端。此外，还有人认为马克思主义和中国传统文化是二元并存的关系。他们提倡两者互不干扰，相辅相成。显然，这种二元观念也有弊端。可以说，当代中国马克思主义的发展，应该成为中国传统文化，特别是儒家文化发展的指导力量。用马克思主义来引领中国传统文化的话语转型，即意味着首先要真正掌握马克思主义的辩证思维方式，然后善用辩证的眼光来审视中国传统文化，这才是处理两者关系的正确原则。

第二个原则就是注意马克思主义同中国传统文化存在差异，甚至是对立矛盾的部分。马克思主义同中国传统文化虽然在不少具体内容上存在着相似之处，但是，他们的生长土壤以及出发点仍然不同。

可以说，马克思主义和中国传统文化产生在完全不同的时代背景下。马克思主义包含了对资本主义的深刻反思，是建立在对经济制度的批判基础上的综合性思想体系。而中国传统文化，特别是儒家文化则是中国封建社会的产物，关注的是借助伦理道德维护封建帝王的权威。马克思主义理论中对于中国传统文化中的专制制度带来的问题，进行过了批驳和反思。因此，在中国传统文化的话语转型过程中，不可能将两者同等看待。所以，中国传统文化的话语转型过程，既不是马克思主义的儒学化，也不是儒学的马克思主义化。没有划清两者的性质界限，没有看到两者的区别，就不可能在马克思主义的指导下，完成现代中国传统文化的转型工作。

第三个原则就是中国传统文化的话语转型要注重实践性，注重对中国发展的促进作用，顺应历史却又不切断历史。中国传统文化的话语转型，是建立在分析中国传统文化的基础上，因而不能用简单的思维方式来评判其优劣。“无论是片面夸大中国传统道德文化中的消极因素、腐败成分，还是片面夸大中国古代传统道德文化中的积极因素、合理成分，都将无助于我们对过去传统道德文化的批判继承，也将无助于我们在新的历史条件下，发挥道德的特殊作用。……唯有实践，唯有中国社会主义建设的实践，才是我们承接什么道德文化，剔除什么道德文化的真正标准。”①

不难看到，在对待中国传统文化的态度上，有过两种极端的思维。一种是认为中国传统文化失落已久，因此要全盘复古中国传统文化。这种思维将中国传统文化放在了至高无上的位置，认为其没有任何瑕疵，也无视其在现代社会的适应性问题。可以说，它没有分清中国传统文化与中国传统文化中优秀成分的概念差异。这种差异体现在现代社会中更甚，因此第一种思维显

① 罗国杰主编：《伦理学》，人民出版社 2007 年版，第 133 页。

而易见有弊端，同样另一种思维中也存在弊端。另一种思维认为中国传统文化应该为中国在近现代落后挨打负上主要责任。它认为中国传统文化存在许多不适应工业社会的内容，其倚重的道德学说也无法引领中国走向现代化。因此它主张全盘否定中国传统文化。相对于第一种思维，这种思维走向了另一个极端。所以，对待中国传统文化，我们需要在实践中进行选择。这个实践正是中国改革建设的实践。在实践中选择，在实践中批判，在实践中继承，在实践中更新，才是中国传统文化话语转型的原则。

在这些原则基础上，才有可能分析中国传统文化中值得进行话语转型的具体内容。

中国传统文化饱含古代中国人对理想社会的思考与追求，在其生发完善的过程中，逐渐厘清了理想社会中个人与自我、他人、社会、自然之间的和谐关系，是中华文明精髓的集中体现。在长达数千年的演变历史中，传统儒家伦理思想面对时代的变迁，经历符合时代特征的话语转换而弥久更新。同时，在中华文明的辐射下，它被不断传播至周边国家乃至更遥远的欧、美洲。在他国文明不同程度地引入、接纳以及转换的同时，实现了影响人类文明走向的伟大历程。近些年来，随着中国国际影响力的提升，如何把传统儒家伦理思想转换为更具时代生命力的话语体系，捋顺现代文明中各类关系，以一种可以被现代社会理解和接受的话语推广，推动中国文化的影响力成为了学界热点。

在中国传统文化中，有很多优秀的成分，他们是中国传统文化得以进行话语转型，甚至是在国际范围传播的具体内容。纵观中国传统文化几千年的发展历史，可以看出它是一种人生哲学，因此其思想内容涉及了个人、自我、他人、社会、自然等主体以及各主体之间的相互关系准则。这种道德学说体现在儒家思想中，认为“道是行为应该遵循的原则，德是实行原则而有所得，亦即道德实际体现”①；体现在道家思想中，认为“以‘道’为天地的

① 张岱年：《中国伦理思想研究》，江苏教育出版社 2005 年版，第 2 页。

本原，为万物存在的最高根据，以‘德’为天地万物所具有的本性”[①]；体现在法家思想中，则认为应该立足人性本恶的基础上，严格执行法规来保证个人遵循一定的道德规范。

上述中国传统文化中的这些理论各有特色，其中仁、义、礼、智、信这些有关处理相互关系的准则，经过历史长河的筛洗，具有现时代的生命力。以“仁爱”思想为例，儒家孔子强调仁爱，墨家主张兼爱，道家对二者进行批判。孔子提出的仁爱，不仅仅主张“仁者爱人”，同时也注意到“乡愿”的负面效应，提出“恶不仁者”。同时，他也告知了仁爱应该做到“己欲立而立人，己欲达而达人”的境界。而墨家的“仁爱”提倡兼爱之心，有积极救世的热情。然而道家却认为前面两者提出的仁爱有弊端，即一旦为恶人所用，则会生出假仁假义之事。可以看到，他们的仁爱思想中都存在着十分有益于现代社会的内容，挖掘并分析继承这些传统文化，对调节当今社会个人与他人之间的关系，有着不可或缺的指导意义。以“义”为例，中国传统文化最关注利益问题，同时重视通过个人道德修养的方式，以此密切连接个人利益同国家利益之间的关系，是新时代爱国主义教育和市场经济建设的有益参考。以“礼”为例，正如《荀子》所载：“人无礼则不生，事无礼则不成，国无礼则不宁”，礼仪是现代人际交往的润滑剂。以“智”为例，正如孟子所言：“是非之心，智也。”一个人倘若能够善于辨别善恶是非，知道哪些事情能做，哪些事情不能做，以此规范自我的行为，才算得上是真正的智慧，才能获得幸福的人生。以“信”为例，诚信是我国现代社会经济建设所遇问题的良药。诚是指人的内心状态，而信是指人的外在行为。可以说，诚信不仅是个人处理人际关系，更是国家发展经济，处理国家间关系的准则。当然，中国传统文化中的这些有益成分最终有待一个条件才能得以实现，即实践。中国传统文化是一种道德文化，而道德则具有极强的实践性。因此，批判地继承并对其进行话语转型，需要落实在行动中，并在实践中不断地检验。

---

① 张岱年：《中国伦理思想研究》，江苏教育出版社 2005 年版，第 2 页。

在历史回溯与现实把握相统一的基础上，进行中国传统文化的现代话语转换，通过传播达到安顿不同文化心灵，才能实现社会的长治。这样的过程，能够纠正以西方话语体系为模板的政治伦理话语转换的研究倾向，夯实中国传统文化思想体系，推动多学科融合。这不仅有利于传承文化传统，增强个人对国家的责任感和认同感，揭示各种错误思潮和错误观念的实质，还是提高文化软实力、综合国力竞争、应对文化安全的重要因素。因此，中国传统文化经过话语转换，能够获得了现时代生命力，但这不是追求成为超级普世理论，而是成为建立真正文明、进步的社会之指导思想。它应该整合中国传统文化体系，反对传统文化的简单现代移植，参考和借鉴历史上文化反思的过程，使得中国传统文化能够真正地进入生活、引领生活。

第四章
变迁与发展：中国特色文化话语体系的演变

具有强大生命力的马克思主义作用于中国传统文化的肥沃土地上，为中国特色文化话语体系带来了无限的生机。不经风雨，怎见彩虹。正如任何新生事物的发展都是艰难曲折的，以马克思主义为指导的中国特色文化话语体系的形成、发展和壮大也不是一蹴而就的，而是一个动态的曲折的发展过程。在中国革命和建设实践中，中国特色文化话语不断转变与发展，内涵也不断充实和完善。

一、革命文化话语体系的转变与重建

随着中国革命由旧民主主义革命阶段进入新民主主义革命阶段，中国文化话语体系也由旧的革命文化话语转变为新民主主义革命文化话语。毛泽东高度重视革命文化对于中国社会的作用，他提出："革命文化，对于人民大众，是革命的有力武器。革命文化，在革命前，是革命的思想准备；在革命中，是革命总战线中的一条必要和重要的战线。"[①]

① 《毛泽东选集》第2卷，人民出版社1991年版，第708页。

（一）革命文化话语的转变过程

在马克思主义理论的指导下，近代中国革命不断深入。在这一过程中，中国文化话语发生了转变。这种转变是渐进的和逐渐深入的过程，主要经历了以下几个阶段：

1. 文化“围剿”与左翼文化运动

南京国民政府建立后，于1927—1936年间，对工农武装进行“围剿”的同时，对进步文化也进行“围剿”。南京国民政府文化“围剿”的主要手段为：首先是剥夺进步文化的出版自由。1930年12月，国民政府颁布了《宣传审查条例》、《出版法》等法律法规，对报纸、杂志、书籍的出版控制越来越严，直到严禁出版。1929—1935年间，被查禁的社会科学、文艺书刊不下千余种。1932年11月，国民党中央宣传部又公布“宣传品审查标准”，凡是宣传共产主义、批评国民政府、要求民主和抗日的言论，一律严加禁止。1934年6月，国民党中央宣传部又颁布《图书杂志审查办法》，规定一切图书杂志在付印之前，必须将原稿送审，否则给予处分。其次是禁止进步书刊。据1931年9月统计，当时被禁止的书刊达228种，其中过半数的均是以“共产党宣传刊物”、“鼓吹阶级斗争”的理由查禁的。1934年2月，国民党中央宣传部密令查禁149种文艺书刊。第三是破坏文化团体。1929年国民党查封创造社。1933年11月派特务捣毁上海艺华影片公司。同月，特务又袭击良友图书公司，以后又捣毁神州国光社。第四是采取直接的恐怖行为，对中国共产党进步文化工作者进行人身迫害。如1930年9月，国民党当局下令取缔中国左翼作家联盟，文化“围剿”在更大范围内展开。1930年秋，中国左翼戏剧家联盟的演员宗辉在南京被杀。1931年1月左联的五位作家柔石、胡也频等被捕，随即遇害。国民党还指定一些御用文人舞文弄墨，以抵制革命文化的影响。但是，国民党进行的十年文化“围剿”并未压服中国共产党领导下的左翼文化运动，左翼文化运动战胜了国民党的文化

“围剿”，进步文化在艰苦的斗争中仍在壮大发展，国民党的文化“围剿”最终归于失败。

大革命失败后，中国共产党中的一批文化工作者聚集到上海，继续奋战在思想文化战线上。1929 年下半年起，中共中央宣传部成立了中央文化工作委员会（简称文委），中国共产党开始正式领导左翼文化运动。1930 年 3 月 2 日，中国左翼作家联盟成立。左翼文化运动的兴起与发展，担负着改造中国传统文化，创造与社会思潮发展一致的新文化的历史任务。左翼文化运动在思想战线上的战斗有：

首先，宣传传播马克思主义的思想理论，翻译出版大量马克思主义的经典著作。从 1927 年 8 月到 1937 年 6 月，左翼文化工作者翻译出版的马克思主义的经典著作达 113 种之多，这些经典著作在中国的翻译问世，使得人们能更好理解马克思主义基本原理，理解中国革命的现状和未来。

其次，同反马克思主义的思潮展开论战，从而进一步宣传真正的马克思主义。各类反马克思主义学派对于中国革命的性质、中国社会的性质和中国农村社会性质等等问题存在错误的认识，左翼文化工作者与其展开激烈的论战，号召以马克思主义为指导，正确分析中国社会性质和中国社会的历史和现状。

再次，创办大量刊物，传播进步思想。如《萌芽月刊》、《拓荒者》等几十种，反映题材广泛化，表现手法多样化，深刻表达了人民群众的内心呼声，激起了人们的爱国热忱。

左翼文化运动这些思想战线上的战斗，推动人们正确认识中国社会，改造中国社会，对于激发人民群众的抗战热情，起到了广泛宣传作用。同时，左翼文化运动还有效地展开了反对国民党文化“围剿”的运动，中国的革命文化不但没有消亡，反而逐步强盛起来。左翼文化运动的历史进程和历史经验，对于中国共产党在新的历史条件下推进中国文化建设，具有十分重要的作用。左翼文化运动是继五四新文化运动后中国共产党在思想文化上的一次新的解放，对于文化话语体系由旧的文化话语向新的文化话语转变至关重要。

2. 中央苏区民主文化运动

苏区即采用“苏维埃政权”组织形式的地区，核心在江西赣南。从1927年11月南昌起义失败后彭湃在广东陆丰县成立县苏维埃开始，苏区政权在各地蓬勃发展，第三次“反围剿”胜利后赣南、闽西两块苏区正式连成中央苏区。1931年11月7日，中华苏维埃共和国诞生，苏区建设达到全盛。但由于大革命后中共党内“左”倾错误长期得不到纠正，1934年10月红军被迫战略转移，开始二万五千里长征，苏区也变成马背上的苏区。1936年10月长征三大主力在陕北胜利会师，随即1937年七七事变抗战全面爆发，经国共两党谈判协定，1937年9月6日，中共中央将中华苏维埃共和国中央政府改名为陕甘宁边区政府，苏区正式退出历史舞台。

在整个苏区正式存在的9年又10个月中，中共主要完成了两件意义重大的事情，即农村包围城市道路的探索和中共从幼稚走向成熟。此段征程可谓多灾多难生死攸关。中共之所以能够在历经磨难之后顽强存活下来并为日后壮大积蓄力量，不能仅仅归因于苏区的政治建设和经济建设，文化建设的作用也不容小觑。

一是纠正错误思想。

大革命失败后，八七会议纠正了陈独秀“右”倾错误，但在“左”倾错误酿成恶果之前，党内各种非无产阶级思想泛滥。1929年12月，在为红军第四军第九次党代会写的决议，题为《关于纠正党内的错误思想》的文章中，毛泽东分析了当时党内存在的一些错误的思想，如极端民主化、主观主义、盲动主义残余等非无产阶级的思想，并详细分析了这些思想的来源、表现，指出了具体的纠正方法。这在一定程度上使得党内思想达到统一，在王明、博古及李德等“左”倾错误影响党的政治走向之前，对于工农武装根据地建设、土地革命展开都起到了重要作用。

二是重视文化宣传。

中共是代表无产阶级利益的政党，群众路线是长期坚持的法宝，作为一个尚未壮大成熟的政党，怎样才能有效扩大自身影响是较为关键的问题。对于广大工农同胞，用一种大家喜闻乐见的容易接受的方式来宣传革命思想显得甚为重要。

1927 年冬到 1935 年底，中共以江西革命根据地为中心兴起了现代话剧为主的革命戏剧运动，成为红色戏剧，即苏区戏剧。文艺宣传队在各地先后演出了《打土豪》、《活捉肖家璧》、《毛委员的空山计》、《收谷》、《二羊打败七溪岭》、《庐山之雪》、《破草鞋》、《我当红军去》等剧目。其中，在 1932 年 9 月，中共中央在江西瑞金成立工农剧社后常到乡间巡回演出的《庐山之雪》还由罗瑞卿、聂荣臻、罗荣桓等亲自参演，群众反响尤为热烈。

中共始终都很重视文化宣传工作，在长征后把在艰难跋涉途中战士们的传奇经历编成话剧，以艺术的形式鼓舞群众的士气，红军到达陕北后更是把“红色戏剧”带到新的革命根据地，更扩大了影响。

中央苏区的文化运动，一方面大大地改变了苏区人民的精神面貌，另一方面其关于文化教育、文化宣传、思想理论等各方面的路线、政策、方针是新的革命文化话语的重要内容，为新民主主义文化的形成奠定了坚实的基础。

3. 抗日战争时期的文化运动

1931 年九一八事变后，日本帝国主义对中国的侵略日渐深入，中华民族与日本帝国主义的民族矛盾上升为中国社会的主要矛盾。1935 年的瓦窑堡会议确立了抗日民族统一战线的方针。在这一方针指导下，建立了包括军事、政治、经济、文化等方面的统一战线，共同抵御日本帝国主义的侵略。1936 年 11 月，中国文艺协会在陕北保安成立，推动了文化艺术对于人民及军队的凝聚作用。毛泽东曾指出：“我们要战胜敌人，首先要依靠手里拿枪的军队。但是仅仅有这种军队是不够的，我们还要有文化的军队，这是团结自己、战胜敌人必不可少的一支军队。”① 抗日战争中，抗日文化队伍的形

① 《毛泽东选集》第 3 卷，人民出版社 1991 年版，第 847 页。

成和扩大对抗日战争的胜利起到了重要的作用。毛泽东曾指出，抗日文化队伍要以抗日民族统一战线精神来组建，除了中共领导的各根据地，国统区的抗日文化队伍也要组建，“要注意收集一切不反共的知识分子与半知识分子，使他们参加在我们领导下的广大的革命文化战线，应反对在文化领域中的无原则的门户之见”①。总之，就是要团结全国所有愿意抗日的爱国的知识分子和文化人，发挥革命文化的重要作用。

抗日战争时期的文化运动主要分为几个方面。

首先，积极组织抗日救亡文化团体。1936 年 11 月，中国共产党在根据地的第一个抗日文化团体——中国文艺协会在陕北成立。随后，各地抗日文化团体相继成立，例如中华全国文艺界抗敌协会延安分会、人民抗日剧社、戏剧界抗战联合总会、中华全国文艺界抗敌协会等等，这些抗日救亡文化团体的成立，发扬了抗日文化统一战线的精神，将来自不同阶级的文化人和知识分子结成统一战线，为抗日救亡运动服务。

其次，大力发展先进文化，创办抗日文化教育。中共中央宣传部在 1941 年发布关于党的宣传鼓动工作提纲，在提出抗战文化运动的任务时提出：“发展进步的文化力量，发展民主思想，主张思想自由，研究各种学术，宣传科学的社会主义，推进中国的文化向前发展。”② 在此任务下，一批优秀的文化作品不断涌，例如，文学作品代表有《边区自卫军》和《平汉工人破坏大队》，音乐作品代表有《八路军进行曲》、《救亡进行曲》、《黄河大合唱》等等，这些爱国抗日文化作品都凸显了强烈的爱国主义情怀，激励着广大中华儿女为抗日战争胜利而努力斗争。中国共产党抗战时期文化运动的任务还有发展国民教育，因此中共中央创立各种学校，开设社会科学、民众运动、军事常识等课程，抗日文化教育得到广泛发展。

再次，批判落后腐朽文化，打击妥协投降文化。共产党在确立抗战文

---

① 《中共中央文件选集》第 12 册，中共中央党校出版社 1991 年版，第 487 页。

② 《中共中央文件选集》第 13 册，中共中央党校出版社 1991 年版，第 135 页。

化运动的任务时就提出："团结一切抗日不反共的文化力量，建立文化运动上最广泛的统一战线，向着一个共同的目标：反对民族敌人——日本帝国主义，反对民族投降主义，反对黑暗复古主义。"① 因此，在发展先进的革命文化的同时，针对国内滋生的一些妥协投降的逆流和国民党的文化独裁政策，进行了坚决抵制和打击。

抗日战争时期的文化运动促进了中国共产党在文化战线上有效抗击日本侵略者，中国共产党高举抗战文化的大旗，给中国的抗日战争提供了强大的思想武器和精神支持。抗日战争文化运动形成了一系列抗战文化思想，丰富了中国文化话语体系的宝库。

（二）革命语境下的文化话语

中国近代史是以战争与革命为主要特征的时期，这一时期形成的文化话语充满着革命的特性。中国共产党在马克思主义的指导下形成了新民主主义革命话语体系，革命语境下的文化话语得到重建、确立和发展。

1. 革命文化话语的重建

新民主主义革命时期，中国文化经历了"全盘西化论"和"本位文化论"的一系列文化论争。通过这些文化论争，对于中国文化的性质、中国文化的发展道路，先进的中国共产党人开始有了明确的定位。

1936 年鲁迅提到"民族革命战争的大众文学"，从文学的角度提出中国文化的民族性和大众性的问题，并且提到这样的文化是要"无产阶级领导的"。这在当时具有开拓性的意义。随后，1937 年，陈伯达、张申府等人进一步提出要发展无产阶级领导的新文化，"这个新启蒙运动应该不只是大众

① 《中共中央文件选集》第 13 册，中共中央党校出版社 1991 年版，第 135 页。

的，还应该带有些民族性”[①]。1940 年 1 月，毛泽东在《新民主主义论》中详细阐述了新民主主义文化的系列理论，他指出，新民主主义文化是“民族的科学的大众的文化”[②]。新民主主义文化是中国新民主主义革命的精神灵魂，毛泽东在评价新民主主义文化时说：“在‘五四’以后，中国产生了完全崭新的文化生力军，这就是中国共产党人所领导的共产主义的文化思想，即共产主义的宇宙观和社会革命论。……由于中国政治生力军即中国无产阶级和中国共产党登上了中国的政治舞台，这个文化生力军，就以新的装束和新的武器，联合一切可能的同盟军，摆开了自己的阵势，向着帝国主义文化和封建文化展开了英勇的进攻。这支生力军在社会科学领域和文学艺术领域中，不论在哲学方面，在经济学方面，在政治学方面，在军事学方面，在文学方面，在艺术方面（又不论是戏剧，是电影，是音乐，是雕刻，是绘画），都有了极大的发展。二十年来，这个文化新军的锋芒所向，从思想到形式（文字等），无不起了极大的革命。其声势之浩大，威力之猛烈，简直是所向无敌的。其动员之广大，超过中国任何历史时代。”[③] 新民主主义文化在中国进行新民主主义革命战争的过程中，发挥了极大的思想导向作用，为抗战胜利起了战斗号角的作用。此后中国的新文化都是沿着“民族的科学的大众的文化”这个方向发展的。中国共产党领导全国人民在为光明中国之前途而战时，继续推动了中国人民的文化复兴，为从新民主主义文化向社会主义文化转变，创造了条件。

2. 革命文化话语的确立和发展

新民主主义文化是具有中国特色的一种文化形式，就是“无产阶级领导的人民大众的反帝反封建的文化”[④]。它既不同于封建专制主义的文化，也不

① 张申府：《五四运动与新启蒙运动》，载《读书月报》1937 年第 2 号。

② 《毛泽东选集》第 2 卷，人民出版社 1991 年版，第 708 页。

③ 《毛泽东选集》第 2 卷，人民出版社 1991 年版，第 697—698 页。

④ 《毛泽东选集》第 2 卷，人民出版社 1991 年版，第 698 页。

是单纯的无产阶级的社会主义文化，是无产阶级领导的民族的、科学的、大众的文化。新民主主义文化构成了革命文化话语体系的内容，革命文化话语通过新民主主义文化表达出来，具有鲜明的特色。

首先，革命文化是彻底革命性和斗争性的文化。

毛泽东在《新民主主义论》这部著作中对文化的定义、性质等进行了详细论述，他认为文化是社会政治和经济在观念形态上的反映。而革命文化是在新民主主义革命运动中为建立社会主义新中国的背景下发生发展，具有彻底的革命性和斗争性，最终目标是为了建设中国的新文化。他指出："不把这种东西打倒，什么新文化都是建立不起来的。不破不立，不塞不流，不止不行，它们之间的斗争是生死之争。"① 由此可以看出，革命文化的革命性和斗争性是十分彻底的。

其次，革命文化是民族的、科学的、大众的文化。

新民主主义革命文化是能指导中国革命不断发展的，并不是空洞的学说，它的理论和中国的革命实践是相一致的。新民主主义革命文化的理论指导着中国革命运动的发生发展，并且随着革命运动的不断深入而日益丰富。它首先是民族的，所谓民族的文化就是具有中华民族的自有特征，维护中华民族独立和尊严，弘扬中华民族精神的文化。中国文化应该有自己的民族形式，有自己的特点，这就是民族性的表现。我们要抵制"全盘西化"的思潮，以本民族的文化形式为根本，吸收借鉴外来文化的优秀部分，发扬中国文化。其次，新民主主义革命文化是科学的。所谓科学的文化，是与封建落后的文化相对而言的，它要求人们反对封建迷信思想，理论联系实际，实事求是。最后，新民主主义革命文化是大众的。"民众就是革命文化的无限丰富的源泉。"② 革命文化来源于广大人民群众参与的革命活动，这一点就决定了革命文化主题上大众性的特点。并且这一特点还决定了革命文化最终的服

① 《毛泽东选集》第 2 卷，人民出版社 1991 年版，第 695 页。

② 《毛泽东选集》第 2 卷，人民出版社 1991 年版，第 708 页。

务对象也应是广大的人民群众，“它应为全民族中百分之九十以上的工农劳苦民众服务，并逐渐成为他们的文化”[①]。

最后，革命文化是具有鲜明时代性和开放性的文化。

炽热的革命环境造就的革命文化具有深深的时代印记，鲜明反映了20世纪前、中期中国救亡图存、文化转型的革命环境。革命文化在这样的时代中孕育产生，缓解了深刻的民族文化危机，在新的发展机遇中，新民主主义革命文化随着新民主主义的革命战争不断繁荣和发展，它改变了这一时期中国人民的整体精神面貌。具体地来说，新民主主义文化在新民主主义不同革命时期其具体表现和关注的焦点以及宣传的重点都是有所不同的，体现了鲜明的时代内容。同时，新民主主义文化也不是完全封闭的，在新民主主义革命时期，新民主主义文化吸收了不同外来文化如苏联社会主义文化的精华，丰富和发展了新民主主义文化的内涵。正如毛泽东所说：“中国应该大量吸收外国的进步文化，作为自己文化食粮的原料，这种工作过去还做得很不够。”[②]由此看出，革命文化在发展过程中，并不是一成不变的，而是随着时代的发展，具有开放的发展空间。

二、社会主义新文化话语体系的转型与曲折发展

1949年新中国成立，开启了中国现代史的征程。以毛泽东同志为核心的党的第一代中央领导集体开辟了文化话语体系转型的道路，试图将“革命”的文化话语转换到“建设”的文化话语上，由于对中国国情认识的失误和建设经验的缺乏，中国的文化话语体系的转型遭受了曲折。

---

① 《毛泽东选集》第2卷，人民出版社1991年版，第708页。

② 《毛泽东选集》第2卷，人民出版社1991年版，第706页。

（一）社会主义新文化话语体系的确立

1949年10月，中华人民共和国成立。1956年，社会主义三大改造完成，社会主义制度在中国确立，中华文化发展翻开了新的篇章。早在新中国成立前夕，毛泽东就提出了建设中国新文化的时代任务。他说："中国人民解放战争和人民大革命，已经复兴了并正在复兴着伟大的中国人民的文化。"[①] 新中国成立后不久，毛泽东在推进从新民主主义文化过渡到社会主义文化的文化建设时，强烈感受到文化现状与社会发展之间的差距，于是，进行了一系列文化改造，以改变文化落后与社会主义经济政治不相符的局面。继续坚持以马克思主义为中国文化建设和思想领域的行动指南，制定社会主义新时期文化发展的指导方针。新中国成立初期开始对帝国主义文化侵略予以清除，对本国封建主义继续进行扫荡，大力发展文化教育事业，提高人民的文化水平。具体的文化建设和改造的举措为：首先，开展学习马克思列宁主义、毛泽东思想，树立马克思主义对中国文化的领导旗帜；其次，改革和发展文化教育事业。文化的发展最终通过教育来实现。再次，对思想文化领域的封建意识和资产阶级思想进行批判和对知识分子进行思想改造。我国基本实现了文化上的重新整合和新的社会主义文化话语体系。

1. 文化的百花齐放与百家争鸣

新中国成立头几年，为了更快地建设社会主义新中国，中国共产党确立了社会主义发展的总路线和总纲领，社会主义建设取得了突出的成绩。此时，调动一切积极因素，进一步发展社会主义科技、文化事业，成为党和国家面临的迫切任务。另外，亟待建设的科技文化领域存在着"左"的思想的坏影响，文化发展很受局限。针对这一情况，1956年4月，毛泽东提出了"百花齐放，百家争鸣"文化发展方针，并将它确认为党指导文化工作的基

① 《毛泽东选集》第4卷，人民出版社1991年版，第1516页。

本方针。所谓“百花齐放，百家争鸣”，就是要求“艺术上不同的形式和风格可以自由发展，科学上不同的学派可以自由争论。艺术和科学中的是非问题，应当通过艺术界科学界的自由讨论去解决，通过艺术和科学的实践去解决……保持慎重的态度，不要轻率地作结论”①。艺术界科学界是非的自由讨论，可以使正确的马克思主义思想接受实践的检验，体现其真理性，也可以让错误的非马克思主义思想受到批评和辩论。实行百花齐放、百家争鸣的方针，对于文化的自由发展、思想的自由碰撞以及文化话语的丰富起着至关重要的作用。

“双百”方针是根据中国的具体情况提出来的，是认真分析了中国社会的矛盾，认清了建设社会主义科技和文化的迫切任务的情况下提出来的，它极大限度地推动了社会主义文化的新发展，促进了社会主义文化话语的新繁荣。

2. 文化的古为今用和洋为中用

毛泽东在《新民主主义论》中提出了批判继承法，这是对待中国传统文化遗产和外国文化以科学态度和正确方法，即对于外来文化和传统文化要有所分析，取其精华，去其糟粕，要有批判地继承，而不是无批判地兼收并蓄。1964 年 9 月，毛泽东提出“古为今用，洋为中用”的方针。关于古为今用，毛泽东曾提出：“今天的中国是历史的中国的一个发展；我们是马克思主义的历史主义者，我们不应当割断历史。从孔夫子到孙中山，我们应当给以总结，承继这一份珍贵的遗产。”② 因此，我们要辩证对待中国传统文化，对其精华部分发扬光大，给予利用，批判性地继承。关于洋为中用，毛泽东说：“我们的方针是，一切民族、一切国家的长处都要学，政治、经济、科学、技术、文学、艺术的一切真正好的东西都要学。但是，必须有分析有批

① 《毛泽东文集》第 7 卷，人民出版社 1999 年版，第 229—230 页。

② 《毛泽东选集》第 2 卷，人民出版社 1991 年版，第 534 页。

判地学，不能盲目地学，不能一切照抄，机械搬用。他们的短处、缺点，当然不要学。"[①] 由此可以看出，毛泽东提倡的"洋为中用"的方针，是要我们对待外国文化也要用辩证的眼光和态度，优秀的部分可以借鉴学习，但是要克服一些错误倾向，真正做到"洋为中用"。"古为今用，洋为中用"的方针的提出为正确处理中国文化发展中的"古今"关系和"中外"关系提供了思路，吸取古今中外文化的精华，去其糟粕，一切以中国文化发展的客观实际和社会主义文化发展的方向为标准，体现了中国文化发展十分强大的包容性和开放性。

3. 社会主义文化的"两为"方向

社会主义文化的"两为"方向就是文化要坚持"为人民服务，为社会主义服务"的方向。"两为"方向同"双百"方针一起，是我们党一贯的文化方针政策，是繁荣发展社会主义文化的根本保证。文化要为人民服务，表明了文化建设的根本目的是要不断满足广大人民群众日益增长的精神文化需求。文化要为人民服务的方向决定了文化建设要反映人民的文化意愿和文化诉求，同时文化建设要表现最广大人民真实的生活，深入到人民生活当中，了解人民的生活思想状态，创造出贴近人民、贴近生活的具有现实意义的文化作品。文化要为社会主义服务，就是社会主义的文化建设要为社会主义国家建设服务，为提高广大人民的生活水平服务，把握社会主义文化方向，真正反映中国社会主义的本质特征和时代精神。

坚持"文化为人民服务、为社会主义服务"方向，是中国共产党根据新的历史形势和任务，结合社会主义文化发展的新动态，提出的新方向，它取代了以往"文化为政治服务"的口号，极大地鼓舞了中国人民建设社会主义新文化的斗志，推动了社会主义文化的发展。

---

① 《毛泽东文集》第7卷，人民出版社1999年版，第41页。

（二）社会主义新文化话语体系的曲折发展

1. 文化发展上的大曲折

经过新中国成立头几年党和人民的辛勤努力，社会主义新文化得以建立，社会主义文化建设方针也已经形成。但是由于国际国内形势的变化，中国建设社会主义缺乏经验，中国文化在20世纪六七十年代遭受了重大挫折。

1966年5月16日，陈伯达起草、毛泽东修改的《中国共产党中央委员会通知》（即《五一六通知》）在中共中央政治局扩大会议上通过。以《五一六通知》为发端的指引“文化大革命”展开和蔓延的思想是极端错误的。首先，从思想方法上来说，《五一六通知》是主观主义的产物。其次，从政治方面来讲，把“走资派、反动学术权威”当作“文革”的对象，根本颠倒了敌我关系。再次，从组织方面来讲，撤销中央五人小组，成立中央文革小组，隶属于中央政治局常委，给后来政治上的大混乱打开缺口。最后，从理论本身来讲，《五一六通知》的发布，直接形成了“无产阶级专政下继续革命”理论的雏形，给“文化大革命”的发展提供了思想理论基础。

八届十一中全会后，红卫兵运动迅猛发展。红卫兵运动从最初的大串联、破除“四旧”（即所谓旧思想、旧文化、旧风俗、旧习惯）运动开始，随后发展为抄家、打人、砸物的疯狂行为。到处揪斗教师和“资产阶级反动学术权威”，许多知识分子、民主人士和干部遭到批斗。无数优秀的文化典籍被当作“封、资、修”被付之一炬，大量国家文物遭受洗劫。“文革”后期的“批林批孔”，将矛头直指中国传统儒家文化，以儒家为代表的中国传统文化遭到否定，这对于中国文化的发展是极为不利的。

1981年6月中共十一届六中全会通过了《关于建国以来党的若干历史问题的决议》，对于十年“文化大革命”的评价，指出：“1966年5月至1976年10月的‘文化大革命’，使党、国家和人民遭到建国以来最严重的挫折和损失。”[①]“‘文化大革命’的历史，证明毛泽东同志发动‘文化大革命’的主要观点，既不符合马克思列宁主义，也不符合中国实际。这些论点对当时我国阶级形势以及党和国家政治状况的估计，是完全错误。”[②]

2. 曲折中的文化话语

十年“文化大革命”期间，“左”的思想占据文化领域的主导地位，使我国文化事业遭到严重破坏，文化发展道路误入歧途。有学者认为，“文化大革命”造成了中国文化的断裂。这种评价看到了“文化大革命”对中国文化发展带来的致命性的打击。从文化发展的承继性视角来看，破“四旧”、文化专制主义等运动对中国文化的发展的确是毁灭性的，但是，中华民族精神、优秀文化传统却没有因为这次浩劫而泯灭，社会主义文化话语在整体上得到了延续。

第一，文化艺术反映大众生活。毛泽东认为，文化艺术应反映人们的生活，丰富人们的精神生活。电影《火红的年代》、《闪闪的红星》、《珍宝岛不容侵犯》等；现代京剧《红灯记》、《沙家浜》、《智取威虎山》等等，这些口耳相传的经典作品在当时文化专制主义的环境下洗涤了人们的心灵，奋发了人们的精神。特别是“九一三”事件后，周恩来在毛泽东的支持下主持中央日常工作，公共文化事业开始逐渐恢复。1975 年，邓小平主持文艺整顿，一批优秀的电影如《创业》、《海霞》等得以开禁，一批优秀的文学作品、歌曲等得以重新面市。文化领域纠正“左”的错误的尝试，成为“文化大革命”后实现文化领域拨乱反正和重新树立马克思主义文化思想的先导。

第二，科学技术推动国力发展。新中国成立后，中国国力极其薄弱，但毛泽东等领导人认清了现实，利用有限的人力、物力、财力发展科学技术。研制和试验成功了第一枚核导弹、第一枚氢弹、第一艘核潜艇、第一台每秒

---

① 《关于建国以来党的若干历史问题的决议》，人民出版社 1991 年版，第 27 页。

② 《关于建国以来党的若干历史问题的决议》，人民出版社 1991 年版，第 28 页。

百万次集成电路电子计算机、第一颗人造卫星和第一颗返回式人造卫星等。这些显著的成就极大地提升了中国的国际地位，正如邓小平 1988 年所说："如果六十年代以来中国没有原子弹、氢弹，没有发射卫星，中国就不能叫有重要影响的大国，就没有现在这样的国际地位。这些东西反映一个民族的能力，也是一个民族、一个国家兴旺发达的标志。"[①] 这一时期的文化科学技术的进步，打破了美苏对中国包括核技术的垄断和威胁，大大地提升了经济实力，为中国现代化建设提供了较好的技术支持和文化环境，提高了中国在国际上的地位。

第三，社会主义性质的文化话语得到延续。"文化大革命"期间，林彪、江青反革命集团实行文化专制主义，党在社会主义建设初期的一些正确的文化政策、方针遭到严重歪曲和破坏。但"文化大革命"后期，特别是"批林整风"运动开始后，极左思潮遭到批判，正确的文化路线、方针、政策得以重新确立。例如，"文化大革命"期间"双百"方针的扭曲引起了毛泽东的不满，1975 年 7 月，他多次谈文艺问题，认为样板戏太少，文艺形式过于单一，要求调整文艺政策。周恩来等领导人在毛泽东的支持下提议和主持召开科技工作会议，并以此为契机落实干部政策、知识分子政策等。这些任务虽然在"文化大革命"期间没有完成，但却使得社会主义文化话语的性质得到了延续。

三、中国特色社会主义文化话语体系的确立与发展

中国特色社会主义文化话语体系是在中国特色社会主义文化建设的过程中逐渐形成的，它既是整个中国特色社会主义建设的有机组成部分，又是其实践活动及其成果在文化理论上的反映。经过三十余年的改革开放，我国不

① 《邓小平文选》第 3 卷，人民出版社 1993 年版，第 279 页。

仅在经济建设上而且在文化建设上取得了巨大的进步。这种进步表现在文化理论逻辑上，就是初步形成了一种新的具有中国特色、中国风格和中国气派的文化话语体系。

中国特色社会主义文化话语体系主要是在中国共产党领导集体关于文化建设的表述当中，并且经过理论的深化发展、整合创新而形成的理论体系。具体表现为党的文化发展道路、方针、政策等等。

（一）以经济建设为中心语境下的文化话语体系

改革开放初期到21世纪初，在以经济建设为中心的现代化建设过程中，具有中国特色的社会主义文化得到初步发展，具有中国特色的文化话语建设理论基本形成。

1. 工作重心转移与文化发展

十年浩劫使中国国民经济遭到严重损失，党风和社会风气遭到严重破坏，社会主义文化遭到极大摧残。邓小平复出主持工作时提出要大力发展生产力，认为贫穷不是社会主义，发展才是硬道理，而发展主要依靠科学技术和教育。1978年党的十一届三中全会确立了实事求是的思想路线，纠正了“以阶级斗争为纲”的错误方针，把党和国家的工作重心转移到经济建设上来。邓小平提出要完整、准确地理解马克思主义和毛泽东思想，同时在思想上要恢复党的实事求是的思想路线。他提出了科学技术、知识和人才在国民经济建设中的重要作用。国家工作重心的转移给文化建设指明了发展道路，同时为文化建设奠定了物质基础。1981年6月的中共十一届六中全会，实现了思想上的拨乱反正，彻底清算了“文化大革命”在文化思想上的错误。十一届三中全会前后，党中央主要进行的文化建设的政策步骤有：首先，实现思想上的拨乱反正，解放思想，解放文化生产力。文化界在十一届三中全会精神的指导下，在文化方面继续进行拨乱反正，平反冤假错案，批判揭露

“四人帮”对知识分子的迫害，进一步落实知识分子政策。1977年，邓小平就提出了“一定要在党内造成一种空气：尊重知识，尊重人才。要反对不尊重知识分子的错误思想”①。其次，提出文化体制改革的设想。1979年10月30日，邓小平同志在中国文学艺术工作者第四次代表大会上发表讲话，提出：“我们的国家已经进入社会主义现代化建设的新时期。我们要在大幅度提高社会生产力的同时，改革和完善社会主义的经济制度和政治制度，发展高度的社会主义民主和完备的社会主义法制。我们要在建设高度物质文明的同时，提高全民族的科学文化水平，发展高尚的丰富多彩的文化生活，建设高度的社会主义精神文明。”②

20世纪70年代末80年代初，随着改革开放的实行，中国的经济发生了较大变化，人民的物质生活水平得到了很大的提高。随之而来的是人民对精神文化的追求，由于当时的文化体制还是50年代计划经济体制下的产物，已经无法满足人民日益增长的文化需求。因此，文化体制改革的呼声愈发强烈。20世纪80年代，文艺界召开多次会议，讨论文化体制改革的问题，并提出了很多具体的举措。例如文化部门的企事业改制，实现政企分开，更好地促进文化事业的发展进步；加强文化事业的管理，实行经济体制改革的某些举措，简政放权，自主经营，实现国家、企业分离，将权、责、利分离，国家、企业、个人联合起来，一起为发展文化贡献力量。这一时期的文化体制改革是社会主义文化改革的初试，有十分重要的意义。这是在计划经济背景下尝试对中国文化进行改革，调整了国家、企事业单位和文化工作者之间的关系，更好地调动了文艺工作者的创作积极性和劳动热忱，极大推动了文化事业的繁荣和发展。由于我国社会主义文化建设过程中，曾经出现过“左”的错误，因而，在当时的文化工作中，党中央特别重视思想方面的领导，警惕“左”的思想的侵蚀，同时也防范“右”的出

① 《邓小平文选》第2卷，人民出版社1994年版，第41页。

② 《邓小平文选》第2卷，人民出版社1994年版，第208页。

现，进一步明确党对思想的领导，纯洁中国文化发展的思想环境。邓小平在十二届二中全会上说："精神污染的危害很大，足以祸国误民。它在人民中混淆是非界限，造成消极涣散、离心离德的情绪，腐蚀人们的灵魂和意志，助长形形色色的个人主义思想泛滥，助长一部分人当中怀疑以至否定社会主义和党的领导的思潮。"①

1982年9月，中国共产党召开第十二次全国代表大会。大会提出在建设高度物质文明的同时，建设高度的社会主义精神文明。其中，精神文明建设包括思想道德建设和科学文化建设。具体内涵为："所谓精神文明，不但是指教育、科学、文化（这是完全必要的），而且是指共产主义的思想、理想、信念、道德、纪律，革命的立场和原则，人与人的同志式关系，等等。"② 精神文明建设的提出，是我国社会主义文化建设重要的一步。正如报告所说："社会主义还必须有一个特征，就是以共产主义思想为核心的社会主义精神文明。没有这种精神文明，就不可能建设社会主义。"③ 这是对以邓小平同志为核心的党的第二代中央领导集体关于"什么是社会主义？怎样建设社会主义？"命题的新阐释，由此对社会主义的本质特征有了更进一步的认识，党和国家领导人开始认识到精神文明建设对中国现代化发展具有能动的促进作用，精神文明的良好建设将会形成一股强大的精神力量来维持社会的稳定形态。精神文明建设、文化的繁荣发展，最终要靠教育来实现。1983年，邓小平在为景山学校题词时指出："教育要面向现代化，面向世界，面向未来。"④ 明确了社会主义现代化教育的方针和发展方向。1986年9月，中国共产党第十二届中央委员会第六次全体会议通过了《中共中央关于社会主义精神文明建设指导方针的决议》，正确认识了社会主义精神文明建设的战略地位。因此，加强社会主义精神文明建设，加强社会主义科学文化教育建

① 《邓小平文选》第3卷，人民出版社1993年版，第44页。

② 《邓小平文选》第2卷，人民出版社1994年版，第367页。

③ 《十二大以来重要文献选编》（上），人民出版社1986年版，第27页。

④ 《邓小平文选》第3卷，人民出版社1993年版，第35页。

设，全面提高人的素质，是社会主义建设新时期文化发展的新途径。

20 世纪 80 年代末，中国文化领域又发生了不小的动乱。缘起是 80 年代文化建设过程中，由于党缺乏建设经验，对于宣传资产阶级自由化、封建迷信等落后思想的泛滥缺乏警惕，党对文化领域的管理不完善，国内发生了 1989 年“政治风波”，原本混乱的思想文化更加混乱。风波过后，以江泽民同志为核心的党中央积极反思，总结文化建设的经验教训，结合当时的国际国内政治经济环境，制定了一系列文化建设的方针。整顿文化市场的混乱局面，提出“弘扬主旋律，提倡多样化”，以马克思列宁主义、毛泽东思想、邓小平理论为指导，引导广大人民树立正确的世界观、人生观和价值观，推动社会主义思想文化的大踏步前进。

2. 中国特色社会主义文化话语体系初步建立

“有中国特色社会主义的文化建设”理论、“两个文明”即物质文明和精神文明一起抓的思想、培养建设社会主义四有新人的观点和大力发展科技教育的文化发展政策构成了中国特色社会主义文化话语体系的主要内容。

其一，中国特色的社会主义文化的提出。

1990 年 1 月 10 日，李瑞环在全国文化艺术工作情况交流座谈会上的讲话中第一次提出“有中国特色的社会主义的文化”这一概念。他在会议上阐述:“建设有中国特色社会主义，不但要建设有中国特色社会主义的政治和经济，而且要建设有中国特色社会主义的文化。”①1991 年 7 月 1 日，江泽民在《在庆祝中国共产党成立七十周年大会上的讲话》中明确了建设“有中国特色社会主义文化”的战略任务和基本要求，并明确了中国特色社会主义文化的指导思想;“必须坚持为人民服务、为社会主义服务的方向和百花齐放、百家争鸣的方针……必须继承和发扬民族优秀文化传统而又充分体现社会主义时代精神，立足本国而又充分吸收世界文化优秀成果，不允许搞民族虚无

① 《社会主义精神文明建设文献选编》，中央文献出版社 1996 年版，第 367—368 页。

主义和全盘西化。”[①]《讲话》明确确立了中国特色社会主义文化发展的指导方针。

其二，两个文明一起抓思想。

新中国成立以前，中国共产党人就从文明的高度对物质和精神做出过阐释，并预想中国即将建设的国家是物质和精神都丰富的国家。新中国成立后，党和人民在理论和实践上进行了新的探索。随后，有许多论述物质文明和精神文明的思想出现。毛泽东在1959年读苏联《政治经济学教科书》时对两种文明作出了阐释：“提高劳动生产率，一靠物质技术，二靠文化教育，三靠政治思想工作。后两者都是精神作用。”[②]阐述了物质和精神对社会发展的作用，并且两者被开始联系起来。党的十一届三中全会开启了两个文明的新征程。经过了社会主义建设的经验教训总结，共产党人提出了两个文明的概念。1979年9月30日，庆祝中华人民共和国成立30周年大会上，叶剑英在讲话中提出建设社会主义精神文明。1979年10月，邓小平在中国文学艺术工作者第四次代表大会上，明确指出：“我们要在建设高度物质文明的同时，提高全民族的科学文化水平，发展高尚的丰富多彩的文化生活，建设高度的社会主义精神文明。”[③]这实际上是提出了物质文明和精神文明一起抓的思想。两个文明同时抓的思想得到了社会的广泛认可，1984年10月，党的十二届三中全会指出社会主义物质文明和精神文明建设一起抓是我们党坚定不移的方针。党的十四届六中全会通过的《中共中央关于加强社会主义精神文明建设若干重要问题的决议》将精神文明建设提到更加突出的地位。两个文明一起抓的思想是中国共产党在长期的建设过程中凝练而成的有益思想，对于中国社会主义现代化建设有着十分重要的意义。

其三，培养建设社会主义四有新人观点。

中国社会主义事业的建设进入承前启后、继往开来的重要时期，中国的

---

① 《江泽民文选》第1卷，人民出版社2006年版，第158页。

② 《毛泽东文集》第8卷，人民出版社1999年版，第124—125页。

③ 《邓小平文选》第2卷，人民出版社1994年版，第208页。

发展面临着更为严峻的挑战。社会主义建设的历史经验总结使中国共产党认识到，提高人的思想道德素质和文化、科学技术素质，已是时代发展的需要，否则就要拖我国社会主义现代化建设的后腿。1985 年 3 月 7 日，邓小平同志在全国科技工作会议上提出，我们要“坚持五讲四美三热爱，教育全国人民做到有理想、有道德、有文化、有纪律”[①]。邓小平强调了培养建设社会主义四有新人的重要性，同时也提出了具体实施的措施，例如从小抓理想和道德教育；积极发扬社会主义文艺的重要作用；在教育中提高教师队伍的培养，提倡尊师重教等等。“四有”新人的培养是邓小平建设有中国特色社会主义文化理论的重要组成部分，为整个中华民族的文化科学、现代化建设提供精神动力和智力支持。

其四，大力发展科技教育。

1977 年邓小平恢复主持工作后，对科教文化领域进行了大力整顿。首先，“四个现代化，关键是科学技术的现代化”观点的提出。1978 年，邓小平在《全国科学大会开幕式的讲话》上提出：“四个现代化，关键是科学技术的现代化。没有现代科学技术，就不可能建设现代农业、现代工业、现代国防。没有科学技术的高速度发展，也就不可能有国民经济的高速度发展。”[②] 其次，“科学技术是第一生产力”观点的提出。1988 年，邓小平提出：“马克思说过，科学技术是生产力，事实证明这话讲得很对。依我看，科学技术是第一生产力。”[③] 这一伟大论断对于指导我国社会主义现代化建设具有十分重要的作用。中国大力发展科学技术，使中国在日益激烈的国际竞争中取得有利地位。再次，“尊重知识，尊重人才”口号的提出。科学技术的发展最终要靠人才。在对待知识分子的问题上，邓小平充分认识到知识分子在社会主义建设中的重要作用，强调知识分子是工人阶级的组成部分。1984 年 10 月，邓小平在《在中央顾问委员会第三次全体会议上的讲话》中，指

① 《邓小平文选》第 3 卷，人民出版社 1993 年版，第 110 页。

② 《邓小平文选》第 2 卷，人民出版社 1994 年版，第 86 页。

③ 《邓小平文选》第 3 卷，人民出版社 1993 年版，第 274 页。

出："这个文件一共十条，最重要的是第九条，当然其他各条也都是非常重要的。第九条，概括地说就是'尊重知识，尊重人才'八个字，事情成败的关键就是能不能发现人才，能不能用人才。"[①] 这一口号为发展和繁荣我国新时期文化和经济起到关键性的作用。第四，"教育要面向现代化、面向世界、面向未来"教育方针的提出。1983 年 10 月 1 日，邓小平在为景山学校题词，写到"教育要面向现代化、面向世界、面向未来"[②]。"三个面向"教育方针的提出，表明了以邓小平同志为主要代表的中国共产党人对教育的重视，同时也指明了中国社会主义教育和教育改革的正确方向。

（二）以人为中心语境下的文化话语体系

随着经济和社会的发展，人在社会历史发展中的主体地位日益凸显。社会发展进入知识经济时代，人的知识作为最大的生产要素和财富，具有创新性能力的人才成为社会竞争的目标。人们认识到人的价值高于物的价值，文化话语体系的建构从以经济为中心语境向以人为中心语境转变。以人为中心，不同于人类中心主义，也不同于西方学者所提出来的人道主义或者人本主义。所谓"以人为本"，就是在社会主义条件下以人的全面发展为目标，以广大人民群众的根本利益为出发点，尊重人民的首创精神，让发展的成果实实在在地惠及广大人民群众。

1. 人本视域下的文化发展

马克思、恩格斯早在写《德意志意识形态》一书时，就提出"人的全面发展"这一科学命题，并且提出了推进人的全面发展是社会主义的本质要求，同时也是文化建设的根本任务。人的全面发展的前提是生产力和生产关系的

① 《邓小平文选》第 3 卷，人民出版社 1993 年版，第 91—92 页。

② 《邓小平文选》第 3 卷，人民出版社 1993 年版，第 35 页。

协调，并且依赖于教育的发展。这种教育不仅包括德育、教育和体育，还包括美育和其他劳动技能的培养等等。

2002年5月31日，江泽民在中央党校省部级干部进修班毕业典礼上发表讲话，就中国文化的发展问题提出："我们必须在发展社会主义经济、政治的同时，加强社会主义精神文明建设，大力发展面向现代化、面向世界、面向未来的，民族的科学的大众的社会主义文化，不断丰富人们的精神世界，不断增强人们的精神力量。要坚持先进文化的前进方向，全面建设和繁荣我国的文化事业。"[①] 由此可以看出，中国特色社会主义文化建设中，党和人民已经从过去以经济建设为中心的视域下推进文化发展进展到以人为中心的视域来发展文化，更多地关注到文化创造者的载体"人"，更加先进更加全面地推进中国特色社会主义文化的发展。

2010年，胡锦涛进一步提出了发展中国特色社会主义文化必须推进文化体制改革，他指出："促进文化事业全面繁荣和文化产业快速发展，关系全面建设小康社会奋斗目标的实现，关系中国特色社会主义事业总体布局，关系中华民族伟大复兴。"[②] 胡锦涛认为广大人民群众是社会主义文化的建设主体，因此社会主义文化的大发展大繁荣最终也是为最广大的人民群众服务的。他还指出："让人民享有健康丰富的精神文化生活，是全面建成小康社会的重要内容。要坚持以人民为中心的创作导向，提高文化产品质量，为人民提供更好更多精神食粮。"[③]

2013年3月，习近平总书记在第十二届全国人民代表大会第一次会议闭幕会上发表重要讲话，在讲话中阐释了中国梦的内涵。习近平总书记以"中国梦"作为文化话语表达，提出进一步深化文化体制改革的新要求。同时，他将文化建设上升到关乎国家发展的战略高度，中国特色社会主义文化

---

① 《十五大以来重要文献选编》（下），人民出版社2003年版，第2416—2417页。

② 胡锦涛：《顺应时代要求深化文化体制改革，推动社会主义文化大发展大繁荣》，载《人民日报》2010年7月23日。

③ 《胡锦涛文选》第3卷，人民出版社2016年版，第639页。

需要全民族广泛参与，吸收和借鉴中国传统文化的精髓以及外来文化的优秀成分，以真正实现“文化强国”。这样一种能强国的文化，是广泛的“人”参与建设的文化，通过人民的共同努力，最终实现国家富强、民族振兴、人民幸福的伟大中国梦。

2. 中国特色社会主义文化话语体系的发展

在社会主义建设新时期，我们党提出了一系列的文化理念、文化方针、文化政策，如努力发展当代中国先进文化、加快文化体制改革，发展文化事业和文化产业、社会主义核心价值体系理论、社会主义和谐文化理论、社会主义核心价值观和实现中华民族伟大复兴中国梦，极大地丰富了中国特色社会主义文化话语体系。

其一，努力发展当代中国的先进文化。

早在新民主主义革命时期，发展中国先进文化就已被中国共产党人提出。江泽民在庆祝中国共产党成立八十周年大会上指出：“在当代中国，发展先进文化就是发展有中国特色社会主义文化，就是建设社会主义精神文明。”这就是说，中国的先进文化是具有中国特色的社会主义文化，是当代中国的先进文化，是以马克思主义为理论指导的，切实把握文化发展的社会主义方向。中国先进文化建设以培育“四有”公民、培育和弘扬民族精神、发展繁荣科学教育为目标，坚持马克思主义的指导，坚持文化发展的“双百”方针和“二为”方向，坚持为我所用、以我为主的原则，大力深化思想道德建设和思想政治教育、创新地继承中国文化，加大文化管理，促进先进文化建设的进程。

先进文化的理论和构建任务是新的领导集体结合中国新实际所提出来的，它丰富了马克思主义文化理论宝库，为中国特色社会主义文化话语增添了新的内容。

其二，加快文化体制机制改革，发展文化事业和文化产业。

文化体制机制改革是社会主义新时期的重要任务。转变文化体制机制是解决长期以来我国文化发展落后格局的关键。十七届六中全会《中共中央关于深化文化体制改革、推动社会主义文化大发展大繁荣若干重大问题的决定》，专门针对文化体制机制问题提出了具体的改革意见，并强调文化体制机制变革不仅对文化领域有极大的促进作用，而且有利于进一步强化中国共产党的执政能力。社会主义文化改革工作逐步展开，通过加强党对文化工作的领导，逐步构建相对成熟的领导体系，对各项文化工作调整和转变方式，一手抓繁荣，一手抓管理，提高党推进文化改革的管理力度。坚持改革与创新并行，解放和发展文化生产力，“大力发展文化事业和文化产业，为人民群众提供更多更好的文化产品和文化服务，满足人们日益增长的精神文化需求，提高全社会的文化生活质量，是宣传文化部门负担的重要任务。”①文化的建设和发展，不再停留在意识形态领域的建设，文化建设落到实处。文化建设包括文化事业和文化产业，二者共同发展，才更有利于文化的全面进步。

其三，提出社会主义核心价值体系理论。

党的十八大以来，中央高度重视培育和践行社会主义核心价值体系。习近平总书记多次做出重要论述、提出明确要求。对于社会主义核心价值体系的内涵，十六届六中全会通过的《中共中央关于构建社会主义和谐社会若干重大问题的决定》中明确指出社会主义核心价值体系的内涵，即包括：马克思主义指导思想、中国特色社会主义共同理想、以爱国主义为核心的民族精神和以改革创新为核心的时代精神、社会主义荣辱观。由此可以看出，分别是从中国文化发展的指导思想，全中国人民的共同理想，民族精神和时代精神以及社会主义荣辱观四个方面对中国社会发展做出了规范。社会主义核心价值体系是针对当前中国发展的当代国情而提出的，它坚持了马克思主义理论的指导并总结了前人社会主义文化建设的经验，是新时期思想文化建设的又一理论创新，为社会主义现代化建设提供了思想保证和智力支持。

① 中共中央宣传部：《论文化建设——重要论述摘编》，中央文献出版社 2012 年版，第 84—85 页。

其四，提出社会主义和谐文化理论。

21 世纪初期，随着改革开放的深入，我国社会发展进入转型期，挑战与机遇并存。地区差异、分配差异、社会主义道德建设缺位，导致社会各方面矛盾日益增加，社会信仰危机的出现，使得社会发展出现瓶颈。针对这些社会现象，党提出了“构建和谐社会”的重要论断，以指导全社会顺利度过转型期。“建设和谐社会”理论在实践中不断深化发展，2006 年，胡锦涛在此理论基础上提出了“建设和谐文化”的理论。胡锦涛指出，“和谐文化既是和谐社会的重要特征，也是实现社会和谐的精神动力。建设和谐文化，是构建社会主义和谐社会的重要任务，也是构建社会主义和谐社会的重要条件”①。由此可以看出，中国特色社会主义和谐文化是要形成一种全社会共同的价值观念，为构建社会主义和谐社会提供思想上的保证。这样的一种文化思想是以中国传统文化为基础，反映了广大人民对于和谐社会的向往和追求。

社会主义和谐文化的理念是以和谐价值观为基础的文化理念，科学反映了当前构建社会主义和谐社会的建设需要，同时指明了中国文化发展的方向，丰富了新时期社会主义中国文化的新内涵。

其五，提出社会主义核心价值观。

党的十八大以来，中央高度重视培育和践行社会主义核心价值观。习近平总书记多次做出重要论述，并提出了明确要求。

党的十八大提出：“倡导富强、民主、文明、和谐，倡导自由、平等、公正、法治，倡导爱国、敬业、诚信、友善，积极培育和践行社会主义核心价值观。”② 富强、民主、文明、和谐是国家层面的价值目标，明确指出国家建设的目标；自由、平等、公正、法治是社会层面的价值取向，为社会建设指明了方向；爱国、敬业、诚信、友善是公民个人层面的价值准则，为社会主义公民提出具体要求，从国家、社会、个人多层次多角度践行社会主义核

① 《胡锦涛文选》第 2 卷，人民出版社 2016 年版，第 539 页。

② 《胡锦涛文选》第 3 卷，人民出版社 2016 年版，第 638 页。

心价值观。社会主义核心价值观是社会主义核心价值体系的内核，体现社会主义核心价值体系的根本性质和基本特征，反映社会主义核心价值体系的丰富内涵和实践要求，是社会主义核心价值体系的高度凝炼和集中表达。

积极培育和践行社会主义核心价值观，对于推进社会主义核心价值体系建设，用社会主义核心价值体系引领社会思潮、凝聚社会共识，具有重要的理论意义和实践意义。

其六，实现中华民族伟大复兴中国梦。

2012 年 11 月 29 日，习近平总书记参观《复兴之路》展览时指出："实现中华民族伟大复兴，就是中华民族近代以来最伟大的梦想。"① 这是习近平总书记首次谈论中国梦的内涵。2013 年 3 月，习近平总书记在第十二届全国人民代表大会第一次会议闭幕会上发表重要讲话，在讲话中进一步深入阐释了中国梦的内涵。他指出："实现全面建成小康社会、建成富强民主文明和谐的社会主义现代化国家的奋斗目标，实现中华民族伟大复兴的中国梦，就是要实现国家富强、民族振兴、人民幸福，既深深体现了今天中国人的理想，也深深反映了我们先人们不懈追求进步的光荣传统。"② 因此，实现中华民族伟大复兴"中国梦"，不仅反映了国家建设发展的方向，同时鼓励广大人民群众积极参加到建设国家的"中国梦"中来，为共同实现这一"中国梦"贡献自己的力量。

实现中华民族伟大复兴"中国梦"获得了最广大人民的普遍认同，具有极大的精神感召力。

（三）中国特色社会主义文化话语体系的总特征

中国社会的历史不断发展演进，中国特色社会主义文化话语体系已初步

---

① 《习近平谈治国理政》，外文出版 2014 年版，第 36 页。

② 《习近平谈治国理政》，外文出版 2014 年版，第 39 页。

形成，并处于不断发展创新中。中国特色社会主义文化话语体系在不断演进历程中呈现出鲜明的特征，推动着中国的发展进步。这些特征表现如下。

1. 科学性

中国特色社会主义文化话语体系是以马克思主义为科学理论指导，具有严格的和高度的科学性，这种科学性，不仅体现在它创立时批判地继承了中国传统文化话语，而且随着中国社会历史的不断发展也充实着其理论体系。中国特色社会主义文化话语体系是对中国本来面貌的全面而深刻的反映，更重要的是，它坚持以中国具体实践为基础，紧密结合中国的历史、中国的文化，解决中国文化实践中出现的新情况、新问题，因而它具有高度的科学性特征。同时，中国特色社会主义文化话语体系始终代表着中国先进文化的发展方向，是与封建落后的文化话语作斗争的，反对一切封建迷信，主张科学的社会主义文化。

2. 创新性

通过对我国文化发展道路的历史总结，我们深刻认识到，中国特色社会主义文化发展道路不是现成的，也不是照搬西方国家而来的，而是遵循中国历史发展规律，在不断的文化探寻、文化改革的实践中开辟和创新出来的。因此，中国特色社会主义文化话语体系具有创新性的特征。中国特色社会主义文化话语体系契合历史发展需要，先后实现了“革命”的文化话语体系到“建设”、“改革”的文化话语体系构建的历史演变。在这两大文化历史主题中，中国共产党结合中国革命和建设历史使命，实现了中国特色社会主义文化话语体系的建构、创新和发展。

3. 大众性

中国特色社会主义文化话语体系不是一种自我命名、自我确认的纯理论构建，而是一种以人民群众为主体的社会实践活动。人民群众是社会历史发展的主体，是社会精神财富的创造者。中国特色社会主义文化话语体系的建构就需要从群众中来到群众中去，满足广大人民群众的精神文化需要。因此，中国特色社会主义文化话语体系的构建要坚守马克思主义的大众立场，解决人民群众最关心、最现实的利益问题，建设的文化是为人民群众所喜闻乐见的社会主义文化。在文化建设中，中国特色社会主义文化话语体系的构建注重将马克思主义的政治话语、学术话语转化为人民大众易于理解的大众话语。

4. 民族性

江泽民曾经指出："一个民族，一个国家，如果没有自己的精神支柱，就等于没有灵魂，就会失去凝聚力和生命力。"[①] 由此可以看出文化对于民族国家的重要性，民族文化是中国特色社会主义文化的生存之根。中国特色社会主义文化是中华多民族全体成员在长期的共同生活中创造和发展起来的文化，具有鲜明的民族性和"中国特色"。中国特色社会主义文化话语体系的构建也具有鲜明的民族性特征，中国特色社会主义文化话语体系的构建也离不开本民族自有的文化精神和对本民族文化传统以及文化遗产的传承。同时，中国特色社会主义文化话语体系的民族性特征还表现在中国特色社会主义文化话语体系的建构要体现了全民族人民的意志，是为实现中华民族伟大复兴服务的，并且体现了中国的民族特色、民族风格、民族气派。

5. 开放性

文化的发展具有多样性和统一性，其多样性和统一性的特征是通过其民族性和世界性具体表现出来的。随着经济贸易全球化的普遍，文化也具有全球化的趋势。文化的全球化是文化开放性的外在表现，这种开放性不是文化的同一，而是多样文化的融合。中国特色社会主义文化话语体系作为世界文

① 《江泽民文选》第 2 卷，人民出版社 2006 年版，第 230—231 页。

化话语体系的重要组成部分，是在与世界文化的交流与融合中逐渐形成和丰富的。因此，中国特色社会主义文化话语体系在实现自身积极建构的同时，还积极开展国际交流对话，包容开放、兼收并蓄，批判地继承和吸收一切文明成果，让优秀的世界文化话语体系来丰富中国文化话语体系。在突出中国特色的基础上坚持开放性原则，促进世界文化话语体系共同发展进步。

四、中国特色文化话语体系变迁的历史回望与反思

当今世界正处在大变革、大调整时期，在全球化的大背景下，文化的交流与传播在综合国力竞争中的地位和作用日益凸显，中国是一个文化资源强国，却还不是文化传播意义上的世界强国，因此，增强中国文化国际影响能力和国家文化话语创新的要求日渐紧迫。

（一）文化话语体系变迁的经验启示

中国是一个文明古国、经济大国，但却不是一个文化强国。要改变这种状况，需要我们在文化建设的各个领域和各个方面开展全方位的改革和创新工作，其中一个重要的任务就是总结文化建设和文化话语建构的历史经验，从正在进行的文化发展道路探索中，抽象和概括出新的概念、范畴、范式、命题、观点和原理，建构具有中国特色、中国风格和中国气派的文化话语体系，以便在国际文化舞台上彰显当代中国的文化理论和文化成果。

1. 要以中国实践为根本依据

文化建设的开展和文化政策的实施是依赖于社会主义中国的具体国情的。“为什么必须实行现在这样的路线和政策而不能实行别样的路线和政策，关键还在于对所处社会主义初级阶段的基本国情要有统一认识和准确把

握。”[①] 我国学者在提出构建中国哲学社会科学理论体系和话语体系时，就此论述道：“构建中国哲学社会科学理论体系和话语体系，不能照搬西方国家的哲学社会科学理论，要坚持从中国实际出发。科学的理论来源于实践，经受实践的检验，并随实践的发展而发展。构建中国哲学社会科学理论体系和话语体系，必须坚持从我国实际出发，反映和解释我国的丰富实践，为中国特色社会主义建设事业提供理论支持和服务，并在实践中不断发展和完善。我国正在进行的社会主义现代化建设事业是前无古人的伟大实践，伟大实践产生伟大理论。坚持实践第一的观点，在实践中创新，中国哲学社会科学理论体系和话语体系的构建一定会取得新突破。”[②] 社会存在决定社会意识，中国特色社会主义文化话语体系属于社会意识的范畴，是受社会主义的物质生产和经济结构制约的，因此文化话语体系的建设要以中国的具体国情为根本依据，不能脱离我国各阶段国情和社会发展总体水平。脱离了中国各阶段具体的国情，社会主义文化建设也将走向歧途，这样的错路在历史中上演过，作为新时期文化话语体系建设是极大的警醒。

因此，中国文化话语体系建设要以中国实践为根本依据，而不能脱离我国各阶段国情和社会总体发展水平。

2. 要以人的发展为价值归旨

文化是人创造的，是社会实践的产物，反过来，先进、健康的文化，能促进人的全面发展。因此，文化与人是息息相关的。并且，社会主义建设最终是为了促进全社会人的全面发展。因此可以得出：人的全面发展也是中国特色社会主义文化建设的根本任务。在社会主义条件下，发展社会主义文化是为了构建中国特色社会主义文化话语体系，文化建设的目的是提高人民的思想道德素质和科学文化水平。所以，中国特色社会主义文化话语体系的构

---

① 《江泽民文选》第 2 卷，人民出版社 2006 年版，第 13 页。

② 逄锦聚：《构建中国哲学社会科学理论体系和话语体系》，载《人民日报》2014 年 9 月 12 日。

建也是以“人”为中心，是为了促进人的全面发展的，这是其价值归旨。不能脱离了人的实际需要和全面发展，如有背离，中国特色社会主义文化话语体系构建将出现失误。回顾中国近现代发展的历史进程，凡是文化发展出现大的动荡和失误的时期，都是社会主义各项建设脱离了人们的实际需要和全面发展的客观要求。“文化大革命”作为最新典型的文化悲剧，已是历史上所不能挽回的重大错误。随后文化发展政策的转变也正是认识到这一关键问题所在，文化发展不再偏离其应有的轨道，而是以人的实际需要和全面发展为归旨，文化才得以重新繁荣发展起来。

因此，中国文化话语体系建设要以人的发展为价值归旨，而不能脱离人们的实际需要和全面发展。

3.要凸显中国元素

中国近现代新文化的发生发展，并不是无本之木、无源之水的。它是深深地植根于中国传统文化的土壤中的。列宁曾经说过：“无产阶级文化并不是从天上掉下来的，也不是那些自命为无产阶级文化专家的人杜撰出来的。如果硬说是这样，那完全是一派胡言。无产阶级文化应当是人类在资本主义社会、地主社会和官僚社会压迫下创造出来的全部知识合乎规律的发展。”[①]由此可以推出，中国的文化也不是抛弃传统的无根之作，是在中国近现代化发展过程中形成的。中国五千年历史的传统文化为中国文化的发展提供了养料充分的土壤，中国传统文化是独一无二具有丰富的中国元素的，强大的文化自信心和高度的文化凝聚力自当出自于此。发展现代中国特色文化，也自当以传统文化为根基，保持中国文化主体意识，中国特色的社会主义文化要显示中国特色、中国风格和中国气派。

传统文化是现代文化的根基，我们要十分重视。在看待中国传统文化时，不能全盘否定，也不能笼统借鉴，充分运用中国优秀的传统文化，“取

① 《列宁全集》第39卷，人民出版社2017年版，第334页。

其精华、去其糟粕"，扬弃地利用中国传统文化来促进现代文化的发展，不断充实丰富中国文化的内涵，不断发掘其现代价值，促进文化的全面发展。

因此，中国文化话语体系建设要凸显中国元素，开掘中华文化现代价值，打造中国特色、中国风格和中国气派，而不是抛弃传统的无根之作。

4. 要直面中西文化话语冲突

从中国文化话语变迁的历程来看，中国文化的发展经历了几种模式："冲击—反应"模式、"中国本位文化"模式和"全盘西化"模式。这些文化发展模式一定程度上反映了中国人民在面对外来文化时，正确处理其和本国文化的关系问题。考察怎样的文化适应现当代社会的发展，就应将本国文化与外来文化相结合，坚持本民族文化的民族性，对于外来文化"取其精华、去其糟粕"，扬弃地选择吸收外来先进文化以补充完善中国文化。以清醒的头脑、开放的视野和广阔的胸怀来发扬文化的民族性与世界性的特征。党和国家也正全力贯彻践行这样的文化发展思想。江泽民在党的十五大报告中提出："我国文化的发展，不能离开人类文明的共同成果。要坚持以我为主、为我所用的原则，开展多种形式的对外文化交流，博采各国文化之长，向世界展示中国文化建设的成就。"① 新时期，社会主义核心价值观作为指导我国社会主义现代化建设的指挥棒，对整个社会具有极大的思想指导作用。因此，要以社会主义核心价值观作为着力点，切实提高自身文化素质，实现文化自强自信，具备抵御西方主导思想文化渗透和冲击的能力。党的十八大报告中也明确提出："积极培育和践行社会主义核心价值观。牢牢掌握意识形态工作领导权和主导权，坚持正确导向，提高引导能力，壮大主流思想舆论。"② 因此，我们首先要积极发展自身先进文化，培养文化自信和文化自强，在面对中西文化话语冲突时，积极面对，树立高度的文化自觉和文化自

① 《江泽民文选》第 2 卷，人民出版社 2006 年版，第 35 页。

② 《胡锦涛文选》第 3 卷，人民出版社 2016 年版，第 638 页。

信，抵御西方主导思想文化渗透和冲击。同时，中国特色文化话语体系建设绝不是回避现实和封闭自己的自我建构，更不是西方文化话语的中国解读。中国特色社会主义文化话语体系建设是在努力发展自身文化的同时积极吸收世界先进文化的养分，培养既具有民族特色的，也具有世界特点的中国特色文化话语体系。

因此，中国文化话语体系建设要直面中西文化话语冲突，以社会主义核心价值观为着力点增强中华文化自信，抵御西方主导思想文化渗透和冲击。

（二）文化话语体系变迁的历史规律

中国特色社会主义文化话语体系变迁的历史规律内蕴于各种复杂的文化关系中，只有理清其内在的本质联系，才能澄明文化发展变化的一般规律。具体地说，文化话语变迁中必须理清和处理好以下几对关系，即本国文化话语与外来文化话语的关系、传统文化话语和当代文化话语的关系和文化话语与政治话语、经济话语的关系。它们呈现出一定的规律性，展示出了文化话语变迁的自有特征。

1. 本国文化话语与外来文化话语的关系

如前所述，中国特色社会主义文化话语体系形成过程中经历了几种模式："冲击—反应"模式、"中国本位文化"模式和"全盘西化"模式。这些文化发展模式都反映了中国人民在面对外来文化话语时，正确处理其和本国文化话语的关系问题。中国近现代新文化的发生发展，并不是无本之木、无源之水的。它是深深地植根于中国传统文化的土壤中的。考察怎样的文化适应现当代社会的发展，就应将本国文化话语与外来文化话语相结合，坚持本民族文化的民族性，对于外来文化话语"取其精华、去其糟粕"，扬弃地选择吸收外来先进文化话语以补充完善中国文化话语体系。中国特色社会主义文化话语体系的建构过程中，正确处理本国文化与外来文化的关系，就是要既要看清本国文化的长处与不足，又要看到外来文化的精华与糟粕，做到本国文化与外来文化的互动互补，真正地为我所用，一方面保持中国特色社会主义文化的本质特色不变色，另一方面用活外来文化和文明的优秀成分，为中国特色社会主义文化体系增色。

2. 传统文化话语和当代文化话语的关系

2006年，胡锦涛在耶鲁大学演讲时论述了要正确处理传统文化话语和当代文化话语的关系，他明确指出传统文化话语的重要性，传统文化话语是在漫长的历史发展过程中凝聚了中华儿女努力奋斗的结晶不断发展演变形成的；当代文化话语在传统文化话语的基础上进一步发展，是时代进步的产物。因此，无论是传统文化话语还是当代文化话语，都是十分重要的。“现代中国强调的‘以人为本，与时俱进，社会和谐，和平发展’既有着中华民族的深厚根基，又体现了时代发展的进步精神。”① 由此可以看出，中国传统文化话语有着十分宝贵的作用，尤其是中国传统文化中对当今文化发展有利的部分，传统文化话语是现代文化话语的根基，因此就不能全盘否定，也不能笼统借鉴，充分运用中国优秀的传统文化话语，促进现代文化话语体系的建构与发展。

3. 文化话语与政治话语、经济话语的关系

从文化的定义“一定的文化是一定的社会的政治和经济在观念形态上的反映”就可以看出文化话语与政治话语、经济话语的关系。经济是基础，政治是经济的集中体现，文化是政治和经济的反映。一定的文化由一定的政治经济所决定，又反作用于一定的政治经济。经济在政治文化中起决定性作用。在经济发展中，文化生产力在现代经济中的作用日益凸显，因此，文化话语与政治话语、经济话语相互交融、相互影响。但是，文化生活具有不同

① 胡锦涛：《在美国耶鲁大学的演讲》，载《人民日报》2006年4月22日。

于经济生活、政治生活的特殊性，即文化自身的传承性和相对独立性。因此，文化话语的发展在社会经济发展中具有特殊性。在处理文化的有关问题，也要采取不同于处理政治、经济问题的手段方法，特别是不能用政治运动来搞文化，这在历史上是有血和泪的经验教训的。

（三）文化话语体系建构的时代任务

中国特色社会主义文化话语体系建构的历史进程和经验启示给中国特色社会主义文化话语体系的建构指明了时代任务，在中国特色文化话语体系建构的伟大进程中，要坚持以马克思主义文化观为指导树立马克思主义思想旗帜、以文化体制改革促进文化话语新发展、以文化多样性为准则构建国际文化话语新秩序。

1. 以马克思主义文化观为指导树立马克思主义思想旗帜

构建中国特色社会主义文化话语体系，其核心是价值观问题。文化问题背后的核心问题是价值问题，有什么样的价值观，就有什么样的文化立场、文化取向和文化话语。

马克思主义意识形态的指导作用，对于中国建设有中国特色社会主义文化话语有着至关重要的作用。中国的领导人认真学习了马克思列宁主义，认识到意识形态的领导问题对党的利害关系。毛泽东提出："掌握思想领导是掌握一切领导的第一位。"① 邓小平也认为："我们一定要把思想政治工作放在非常重要的地位，切实认真做好，不能放松。"②

坚持马克思主义文化观的指导地位，最根本的就是坚持和巩固中国化马克思主义文化观，即毛泽东思想、邓小平理论和"三个代表"重要思想、科

① 《毛泽东文集》第 2 卷，人民出版社 1993 年版，第 435 页。

② 《邓小平文选》第 2 卷，人民出版社 1994 年版，第 342 页。

学发展观、习近平新时代中国特色社会主义思想，指导我国的文化建设。首先，要坚持“以人为本”的马克思主义文化发展观，发展中国特色社会主义文化。其次，要坚持“开放融合”的马克思主义文化发展观，吸收人类创造的一切文化精华。社会主义中国要大胆吸收和借鉴人类社会创造的一切文明成果，吸收和借鉴当今世界各国包括资本主义发达国家的一切反映现代化生产规律的先进经营方式、管理方法。坚持开放、包容、融合的文化发展观，才能以本土文化丰富人类文明，以异域优秀文化资源促进本土文化进步繁荣。

2. 以文化体制改革促进文化话语新发展

如前所述，中国特色社会主义文化建设想要向纵深推进，必须不断地进行改革，特别是体制方面的改革。在社会主义建设新时期，深入推进文化体制改革，首先在思想理论指导上，必须以马列主义、毛泽东思想、邓小平理论、“三个代表”重要思想、科学发展观和习近平新时代中国特色社会主义思想为指导，深入贯彻落实科学发展观，其次在文化体制改革方向上，必须坚持社会主义先进文化的前进方向，同时，在具体的改革措施中，文化体制改革要做到坚持文化事业和文化产业协调发展，新中国成立后，我国一直把文化作为一种事业来进行管理，文化领域都称为文化事业。1978 年实行改革开放以后，随着市场经济体制的建立和完善，文化的经济属性得到开发，文化产业的概念开始从文化事业中剥离出来。在 2000 年的“十一五”规划中，首次将文化产业和公益性文化事业区分开来，文化产业和公益性文化事业成为中国特色社会主义文化建设的“双轮驱动”。在改革中，要以体制机制创新为重点，以满足人民群众精神文化需求为出发点和落脚点，着力构建充满活力、富有效率、更加开放、有利于文化科学发展的体制机制，繁荣发展社会主义文化，不断增强我国文化软实力和国际竞争力。以更为丰富的文化内容形式创造更广延的文化话语，以新的文化发展观念，推进文化事业的不断进步。只有不断推进文化体制改革向纵深发展，建立东方文化话语研究新范式才有可能尽早实现。

3. 以文化话语多样性为准则构建国际文化话语新秩序

在全球化的背景下，中国的发展与世界的发展息息相关。在新时期，促进中国特色社会主义文化话语新发展，还应在国际大背景下进行。因此，提升文化话语，不仅要在文化自身的创造力和传播力上下功夫，同时应该注重国际大环境的营造。只有营造出公平有序的国际文化话语新秩序，中国文化才能在国际舞台上自由发声，才能促进中国特色社会主义文化话语更好地发展。营造良好的国际文化话语新秩序，首先要遏制文化霸权的存在。“文化霸权所表现的是一种控制与被控制的权力关系。文化霸权必须以强势文化为后盾，并建立在强大的经济实力的基础上，其核心动力则是强烈的政治霸权欲望。”① 因此，中国要遏制国际上的文化霸权，抵御外来文化话语的入侵，保护好民族文化，加强对外来文化的监管力度，实现民族文化自信自强。其次要促进世界文化话语多样性发展。基于文化的特性，越是民族的文化，越是世界的文化。文化话语只有多样化发展，文化才有不断繁荣发展的源源动力。中国是世界多样性文化的创造者之一，致力于构建世界多样性文化。再次，积极在国际范围内寻求文化领域的合作，以增强文化方面的抵抗力。合理建立各国文化话语合作机制，在平等互利共赢的基础上，开展文化话语对话交流。最后，在国家间文化话语产生冲突时，避开传统武力征服的方式，采用和平文明对话的形式调整解决国际争端，建立一个公正、平等、合理的国际文化话语新秩序。

---

① 黄慧玲：《美国文化价值观与文化霸权之研究》，暨南大学出版社 2008 年版，第 19—20 页。

第五章

经验与启示：西方文化话语体系的现代镜鉴

索绪尔认为："在任何时候，言语活动既包含一个已定的系统，又包含一种演变，在任何时候，它都是现行的制度和过去的产物。"[①] 也就是说，言语活动或是话语交流的可能必须依赖于群体，对话必须发生在群体共建的话语系统中。显然，索绪尔的论述，体现出话语中的"权"的意味。众所周知，"权力形式是一种知识方式'，权力和知识是'共生体'"[②]，而话语是文化的表达。所以，话语或者说文化之所以能有权力，是因为文化不仅代表了人的思想和信念，还可以通过控制人们的思想来达到自己的"领导权"的行使。一国或者一人的文化背景和文化素养具有直接的影响，即话语权的影响力。21世纪是文化的世纪，国际竞争已经进入文化竞争的时代。文化话语权已成为提升文化发展的一个新的战略制高点，而且也是提升文化软实力的一个重要指标。

"文化作为软实力之所以重要，不仅仅因为文化是民族的凝聚力和创造力的重要源泉，还因为一方面，文化往往构成了同样体现软实力的政治价值观和外交政策的核心内容；另一方面，文化与经济、军事等硬实力有着密切

① ［瑞士］费尔迪南·索绪尔：《普通语言学教程》，高名凯译，商务印书馆20011年版，第29页。

② 黄万盛主编：《危机与选择：当代西方文化名著十评》，上海文艺出版社1988年版，第28页。

的相关性。”[①]一般来说，“一个社会集团的至尊地位以两种方式展现自身，其一是‘支配’，其二是‘知识和道德领导权’”[②]，这充分说明了话语权的重要地位。当然，我们所说的话语权和文化话语体系有着密切的联系，它体现着话语体系的生命力和影响力。当今世界，西方文化有着强大的生命力，在国际上西方文化话语权的影响力也是有目共睹，因而也表征着西方文化话语体系具有强大的生命力和影响力。

一、西方文化话语体系的形成

话语体系的形成是一个历史发展的过程，西方话语体系的形成也有其自身的背景、阶段和特征。“在诸如话语和权力的关系、社会主体和知识的话语构建、话语在社会变化中的功能等领域，福柯的工作对某种社会话语理论做出了重要的贡献。”[③]1970 年，福柯在法兰西学院发表了著名的就职演讲，即后来整理出版的名著《话语与秩序》里，首次将权力理论引入话语理论，讨论了话语与权力的关系。他提出“权力话语”（power discourse）的概念，认为话语就是人们斗争的手段和目的，进一步地说，话语是一种权力，人通过话语赋予自己以权力。他说：“话语，意味着一个社会团体依据某些成规将其意义传播于社会之中以此确立其社会地位，并为其他团体所认识的过程。”[④]

因此，文化话语体系作为一种思想表达体系，通过语汇、概念、理论的表达，来彰显其中包含的中心思想、理论内涵，并在生产劳动、交流共享中

① 童世骏：《文化软实力》，重庆出版社 2008 年版，第 18 页。

② 陆扬、王毅：《大众文化与传媒》，上海三联书店 2000 年版，第 39 页。

③ ［英］诺曼·费尔克拉夫：《话语与社会变迁》，殷晓蓉译，华夏出版社 2003 年版，第 1—36 页。

④ ［法］米歇尔·福柯：《知识考古学》，谢强、马月译，生活·读书·新知三联书店 2003 年版，第 56 页。

获取独有的核心价值，充分发挥引导人们生活、继承发扬优秀文化传统和凝聚人民核心价值观的功能。文化交流是文化话语体系发展和社会进步所必不可少的过程。罗素在《中西文明的比较》一文中说："不同文化的交流过去已经多次证明是人类文明发展的里程碑。希腊学习埃及，罗马借鉴希腊，阿拉伯参照罗马帝国，中世纪的欧洲又模仿阿拉伯，而文艺复兴的欧洲仿效拜占庭帝国。"① 西方文化话语体系、话语主导权以及文化软实力的建设与发展也经历了一个长期而艰巨的历史探索和复杂而深刻的现实发展和创新的过程。西方文化话语体系的构建、发展及其传播，对世界上其他国家的文化话语体系的构建和发展提供了理论参照和实践案例。

（一）西方文化话语体系形成的背景

西方文化话语体系的构建及其话语权主导地位的确立具有深刻的经济社会背景。

从文化启蒙层面看，文艺复兴时期，文化一词作为一种独立的人类活动形式逐渐开始成为独立的概念，此时的文化是指与自然的自在自为状态相反的"东西"，作为社会人的形成过程。18 世纪的启蒙思想家们从理性主义的角度进一步揭示了文化的本质、起源、发展和功能，意大利哲学家维柯较早较系统地研究文化问题，他把人的心灵、精神作为文化的根源，心灵的各种变化形式就是文化，外在表现为民族世界的不同的生活样式，文化最初开始于"在第一批人开始以人的方式来思维的时候"②。

从经济层面看，封建社会末期，商品经济的发展，促进了封建社会自然经济的解体，引起小商品生产者的两极分化。资本的原始积累加速了这种分化，自给自足的自然经济被破坏，大量农民和手工业者破产，给资本主义提

① 《罗素自选文集》，戴玉庆译，商务印书馆 2006 年版，第 132 页。

② ［意］维柯：《新科学》，朱光潜译，商务印书馆 1989 年版，第 163—164 页。

供了劳动力市场和商品市场，从而为资本主义文化发展提供了必要的基础。从封建剥削变成资本主义剥削，资本原始积累不仅包括对本国人民的血腥掠夺，还包括对殖民地的武力入侵，这其中的手段既有政治层面的暴力，也有文化层面的侵蚀。随着资本主义的发展，资产阶级的壮大，资本主义文化及其话语体系逐渐形成。“资本主义生产方式把这种无政府状态推向极端，当时的文化也处于无政府状态之中，这就使得西方文化快速扩张到世界其他各国并占领重要地位。”① 19 世纪末 20 世纪初，资本主义从自由竞争阶段过渡到垄断阶段，经济的快速发展以及垄断地位的形成、政治的完善成熟等促使西方资本主义国家文化软实力极大增强，从而也为西方资本主义文化走向国际，形成霸权态势奠定了全面的基础。

从技术发展层面看，18 世纪下半叶，英国开始了工业革命，这也是近代以来的第一次科技革命。这场起源于英国而后波及欧美主要国家，具有划时代意义的科技革命，对人类社会的发展演进产生了巨大而深刻的影响，也为西方资本主义文化发展提供了新兴技术支持。工业革命一方面给人类带来了进步和福祉，另一方面也使人类面临新的矛盾和挑战。第一次科技革命为英国确立了“世界工厂”的地位，标志着资本主义制度在世界范围的确立，无疑也为西方文化话语体系在全球的构建提供前提和空间。19 世纪下半叶，第二次科技革命在欧美国家蓬勃兴起，促进了资本主义经济迅猛发展，人们生活水平普遍提高，资本主义制度进一步巩固。20 世纪下半叶以来，第三次科技革命逐渐兴起，直至今日方兴未艾。三次科技革命前后相继，科学同技术结合更加紧密，科学技术的发展使得文化传播工具日益多样化，这些新型工具不仅促进了西方文化的广泛传播，还大大加快了西方文化、西方话语向域外国家的渗透，进而推动西方文化话语体系的构建及其霸权地位在世界范围内的确立。

---

① 黄力之：《资本主义文化矛盾理论与马克思的文化思想及其延伸》，载《中国社会科学》2012 年第 4 期。

在经济全球化不断加剧和新科技革命发展如火如荼的新时期，西方发达国家特别是美国，在国际金融上逐渐垄断世界，它们可以随时开动机器印刷、发行货币，因此能够投入足够多的金钱兴办并引领各种新闻媒体，垄断舆论，发明一套适合维护自己利益的话语体系，让这套话语体系引领全球话语的潮流，并影响了整个非西方文明的文化话语主动权。在国际交往中，很多非西方国家纷纷认同并加入西方文化话语体系，西方在话语权上也就逐步垄断了世界。非西方国家把西方文化当作一种世界文化，夸大了西方文化的普适性，盲目的西化导致了文化"失语"。

这一进程，曾被苏联和新中国的诞生和发展而逐步削弱，但随着苏共蜕变特别是苏共亡党和苏联解体，以美国为首的西方话语体系进一步得到加强，从而在广大发展中国家，在一定程度上实现了约瑟夫·奈所说的以"软实力"支配非西方世界乐于从事西方国家使其做的对西方国家有百利而对非西方世界无一利的事情，从根本上巩固了西方国家以武力与资本为后盾建立起来的国际政治经济文化秩序。但随着社会的进步和经济的发展，非西方国家开始建构自己的文化话语权和话语体系，西方文化话语权在国际上面临着越来越大的竞争压力。因此，在全球化时代，不同文化之间的交流交融是主旋律，竞争冲突也会相伴相随，正如当代美国学者卡赞斯坦所言："在我们这个多元文明的世界上，文明间的接触与跨文明的交融是主流，而文明的冲突则是偶发的支流。"①

（二）西方文化话语体系形成的阶段

西方资本主义国家通过文艺复兴运动和文化启蒙运动，凭借其雄厚的经济实力和稳定的政治制度，历经几百年的国际文化交流，实现了文化话语体

① ［美］彼得·卡赞斯坦：《多元多维文明构成的世界》，载《世界经济与政治》2010年11期。

系的建构、发展、成熟、完善以及话语霸权的最终确立。

早在资本主义萌芽时期，西方国家就开始向世界其他国家输出商品、资本和技术；与此同时，他们还在国外创办学校、医院和教堂，传播自己的文化和价值观，特别是通过传教士向其他国家传播其价值观念和思想文化。资本主义文化与资本主义经济发展是相伴相随，同步进行的。资本主义的萌芽为资本主义文化体系的构建提供了土壤支持。

始于 18 世纪欧洲的文化启蒙运动，是宣扬资产阶级政治思想体系的运动。涌现出一大批代表人物，如提出三权分立学说的孟德斯鸠，主张天赋人权、自由平等的伏尔泰，坚持国家起源于社会契约，君主的权力来自人民协议的狄德罗，等等。启蒙运动的倡导者将自己视为大无畏的文化先锋，并且认为启蒙运动的目的是引导世界走出充满着传统教义、非理性、盲目信念以及专制的一个时期，力图以经验加理性思考而使知识系统能独立于宗教的影响，作为建立道德、美学以及思想体系的方式。[①] 启蒙思想家们崇尚理性、宣扬天赋人权、三权分立，自由平等、民主法制等思想。启蒙运动推动了近代科学的诞生和兴旺，科学的发展又反过来壮大了启蒙运动的声势和力量，并且使启蒙运动更加深入人心，焕发出持久的生命力，形成了强大的社会思潮。文化启蒙运动对西方文化话语体系的构建奠定了思想基础并提供了核心内容。这一时期，西方文化话语体系的轮廓清晰可见。

发生在 18 世纪下半叶的第一次工业革命和 19 世纪下半叶的第二次工业革命，以英国、法国为代表的资本主义经济迅速发展壮大，为资本主义政治制度的最终确立和资本主义文化发展提供了强大的物质基础。第一次工业革命之后，机器生产代替了手工工场，西方资本主义国家的生产技术和生产力突飞猛进地发展。为满足工业革命发展的需要，欧洲列强将所有的国家卷入了资本主义经济体系中，并逐步把他们变为自己的原料供应地和商品倾销

---

① ［美］詹姆斯·施密特：《启蒙运动与现代性：18 世纪与 20 世纪的对话》，徐向东、卢华萍译，上海人民出版社 2005 年版。

地，从而达到经济上的奴役；同时列强们凭借其强大的军事实力，将经济、军事较弱的国家逐渐沦为欧洲列强的殖民地或半殖民地。工业革命加速了弱小国家沦为殖民地和附属国的过程，同时，也不可避免地把西方文化带到这些地区，将其卷入了工业文明的潮流之中，开始了城市化的进程；先进的生产方式和技术传播到各地，冲击着旧制度、旧思想，东方开始从属于西方。文化依赖于经济而存在，资本主义经济发展为其文化发展提供了强大的后盾。工业革命后，西方资本主义国家更是凭借其雄厚的资本和先进的科学技术垄断世界，发明了一套维护自身利益的文化话语体系，并且引领全球文化话语潮流。此时，西方文化形成成熟的文化话语体系。

第二次世界大战之后，美国以中国为重心谋求在亚洲的文化霸权，司徒雷登说："对于中国人和他们的国家，我们应该按基督教的'金箴'去思考和行动，以己所欲施之于人。"① 这是美国明目张胆地表达他们的政治意图和文化霸权的意图。在战争期间，西方国家通过扶植在华代理人，监督甚至是强令代理人按照美式民主实行改革，实施美国在华文化战略，进而控制中国本土知识分子（特别是自由主义和中间党派的知识精英）。日常生活中，以美国电影为代表的文化消费帮助和促进了美国文化霸权地位的确立。美国投入了大量的资源来支持和扶持所谓"私人"电影工业，在 1949 年好莱坞八大公司在华都有发行机构，有独立引进电影的权力。西方借助于经济、技术和语言文化方面的优势，控制了文化的输出权，把自身的文化作为普遍的价值标准，通过大众传媒向外灌输，压制了其他民族的自我表达，使第三世界只有被动接受，从而使得西方文化话语体系进一步完善。

冷战时期，随着苏共亡党和苏联解体，以美国为首的西方话语体系进一步得到加强，这从根本上巩固了西方国家以武力与资本为后盾建立起来的国际政治经济文化秩序。冷战结束后的"新的世界中，冲突的根源主要是文化的而不是意识形态的和经济的。虽然民族国家仍将是世界事务中最强有力的

① 转引自张济顺：《中国知识分子的美国观》，复旦大学出版社 1999 年版，第 139 页。

角色，但全球政治的主要冲突将在不同文明的国家和集团之间进行。文明间的冲突将主宰全球政治，文明间的断裂带将成为未来的战线”[①]。正如葛兰西所认为的那样“随着人类历史的不断发展，国家结构中的意识形态及文化领导权会愈益强化，经济和政治利益的冲突往往通过文化的、意识形态的冲突表现出来”[②]。西方文化话语体系虽然得到了巩固，但是东西方文化话语体系的相互对抗和敌视是这一时期世界文化发展的主题，东西方文化话语权的争夺也非常激烈。

冷战结束后，全球化趋势进一步加强，国家之间的利益关系更加密切。国际之间竞争的关注点和焦点已经由经济、科技、军事等显性的硬权力逐步地转向了文化、价值观以及外交策略等隐性的软实力方面，尤其是文化软实力的建设与构建在当今全球各国都掀起了一股热潮。文化软实力是衡量国家国际话语权的重要标尺和刻度之一，其中以美国为典型代表。美国拥有自己丰富的文化软实力资源，不论是在文化产业还是在文化产品上都有着无可匹敌的优势。因此，美国在全球具有强大的文化软实力和强势的话语权。这一时期，以美国为典型代表的、成熟而完善的西方文化体系最终确立了全球霸权地位的文化话语权。

随着全球信息一体化的发展，交通和通讯的发展则把不同的文化主体紧密地连接起来，文化对话成为最普遍、最基本的文化融合的形式。所以，“世界多元文化是人类自古已存在的文化形式，只不过是古代各民族的交流受到限制，多元文化的融合也受到限制，但还是在不断融合之中。人类文化是在融合中不断发展的”[③]。因此，了解和把握西方文化话语体系的发展，加强与西方文化的交流与合作，有利于我们思考和构建以文化软实力和话语权

① ［美］塞缪尔·亨廷顿：《文明的冲突》，载《现代外国哲学社会科学文摘》1994年第8期。

② 段忠桥：《当代国外社会思潮》，中国人民大学出版社2001年版，第2页。

③ 王晓朝：《文化互动转型论——新世纪文化研究前瞻》，载《浙江社会科学》1999年5期。

为核心内容的文化话语体系。

（三）西方文化话语体系的主要特征

有学者指出，“福柯的贡献在于他创造性地将话语和权力研究联系起来”[①]。话语不仅是人与人交往，人与人表达的重要形式，而且也是权力构成的核心环节。在《话语的秩序》一文中，“福柯认为：在每个社会，话语的制造是同时受一定的数量程序的控制、选择、组织和重新分配的。这些程序的作用在于消除话语的力量和危险，控制其偶发事件，避开其沉重而可怕的物质性”[②]。可见，权力是通过话语的安排来实现的，话语体现了一种权力结构。西方文化话语体系具有复杂的结构与构成，既表现在政治方面，也表现在经济和文化等方面。

1. 西方文化话语体系的构建遵循实践性、开放性和统一性的原则

“一种理论的话语体系要得到更好的传播，且能够为更多的人所理解和认同，首先必须要明确其话语体系重构的目标和原则等问题。从话语体系重构及发展的内在逻辑来看，构建这样的话语体系必须遵循一些基本原则。”[③]西方文化话语体系正是在遵循一些特定原则的基础上科学构建起来的。其一是实践性原则。西方资本主义国家在构建文化话语体系的时候，特别强调实践性原则。这里的实践性原则既指体系内的实践，也指体系外的实践，并且强调内部与外部的交往实践相一致。即实践性原则不仅要符合、顺应内部（国内）的交往实践，而且要适应外部（国际）的交往实践。其二是开放性原则。面对全球化时代的多重文化话语的挑战，西方文化顺应时代发展，坚

---

① 王治河：《福柯》，湖南教育出版社 1999 年版，第 160 页。

② 转引自黄华：《“人之死”何以成为可能——试论福柯的话语主体理论》，载《中南民族大学学报》2009 年 9 期。

③ 戴焰军：《构建话语体系的四个基本原则》，载《人民论坛》2012 年 4 期。

持开放性的原则，摒弃自身文化之糟粕，吸纳外部文化之精华，反复调试，不断完善，积极融入世界现代文化话语。其三是统一性原则。只有内部一致的话语体系，才能表达统一的内在思想。这是话语体系重构的灵魂和核心部分。西方文化话语体系坚持体系内部话语的统一性和一致性，发挥了话语体系对资本主义社会乃至整个人类社会积极的引导作用。

2. 自由主义是西方文化话语体系的突出特征

自由主义作为一种文化话语，它是西方社会的主流话语。自由主义的基本诉求强调的是国家对公民、个人尽可能少的干预。美国《独立宣言》中强调并突出了个人的自由，宣言中宣称“人人生而平等，造物主赋予他们若干不可让与的权力，其中包括生存权、自由权和追求幸福的权力”。自由主义以维护个人自由为出发点，反对国家干预或至少对国家干预保持警惕。自由主义是一个具有更多政治色彩的概念，尤其看重思想、言论的自由表达。法国《人权宣言》中宣称：“自由传达思想和意见是人类最宝贵的权利之一。因此，各个公民都有言论、著述和出版的自由。”自由主义渗透于社会生活的各个方面，也具有经济的、社会的、文化的含义。作为文化话语体系核心的自由主义价值话语，在理论上表现为自文艺复兴、启蒙运动以来不同时期学者一系列理论层面的研究和表述。这种研究和表述逐渐在教育—学术体系中占据主导地位，并渗透到各个学科领域，推进着自由主义话语的演变和发展。

3. 西方文化话语体系具有完整的核心价值观

西方文化话语体系具有一套完整的核心价值观，即包括自由、民主、市场、平等、博爱、人权、文明等简单明了的价值符号，这也是所谓的“普世价值”。“自由主义的核心纲领是自由、平等、多元化及私有制的市场经济。”[①]换句话说，自由主义同时也包括市场经济中的自由和平等。在西方国家，人

① 孙仪凤：《西方自由主义简析》，载《理论探讨》2002 年第 8 期。

们“重视国家对社会经济生活的干涉，倡导个人自由和社会利益的协调统一，并开始强调自由的道德基础”①。自由、民主等话语并不具有与生俱来的神圣性，这期间包括为了适应客观形势的发展，西方文化话语体系的核心价值不断新陈代谢、修复完善，以及与主导价值观中其他社会价值系统如宗教信仰、个体价值、家庭价值观、社会价值观的反复调试，才能适应西方社会资产阶级革命后三百多年来的生存方式、发展道路与社会结构而逐渐强大。

多年来西方国家都十分重视国家文化话语体系的建设，他们依靠强大的经济和军事实力推行自己的文化和价值观。西方文化话语有着很强的生命力和自我认可感，就像哲学里的“一切存在者不是客体就是主体，而究竟是什么都视那个自我意识的主体而定”②。同时，“法治可以通过有效地约束民主中的多数人专制的倾向来确保民主是服从于自由的，即确保一个自由的民主”③。所以，西方“普世”价值的法治是用来制约民主可能产生的社会解放的趋势，本质上也是用来保护“自由”即私有财产的。“普世价值”实际上是代表资产阶级利益的、为维护资产阶级统治的、为资本主义的全球性扩张服务的资产阶级价值观。“占统治地位的将是越来越抽象的思想，即越来越具有普遍性形式的思想。因为每一个企图取代旧统治阶级的新阶级，为了达到自己的目的不得不把自己的利益说成是社会全体成员的共同利益，就是说，这在观念上的表达就是：赋予自己的思想以普遍性的形式，把它们描绘成唯一合乎理性的、有普遍意义的思想。”④为此，西方国家利用强大的舆论工具宣称“普世价值”是全人类应当共同遵守的，大肆宣扬“普世价值”及其背后的资本主义制度是通往文明进步的唯一路径，简单、片面地将近现代以来西方资本主义社会所取得的成就归功于遵循“普世价值”，从而为世界量身定制一整套符合西方利益的价值坐标和话语体系，别有用心的构建话语体系。

---

① 靳继东：《自由主义：伦理内涵的嬗变与困境》，载《伦理学研究》2007年第4期。

② 张汝伦：《海德格尔与现代哲学》，复旦大学出版社1995年版，第119页。

③ 刘军宁：《保守主义》，中国社会科学出版社1998年版，第130页。

④ 《马克思恩格斯选集》第1卷，人民出版社1995年版，第100页。

一般而言，西方国家习惯性地认为非西方国家、地区和民族取得的成绩和遇到的困境都与“普世价值”休戚相关。当非西方国家、地区和民族取得卓越的成绩和进步的时候，就认为是遵循“普世价值”的结果；当这个国家和民族停滞不前或者陷入困境的时候，就是没有践行“普世价值”的后果。更严重的是，当不按西方的要求和意愿行事时，西方会给你贴上“极权统治”和“违反人权”等负面标签，把你宣扬成人类社会的共同敌人，同时利用一切机会打压非西方国家的生存和发展空间，甚至实施各种制裁。对于那些独立自主地选择发展道路的国家，西方就会用人权来压制你的主权，一味高呼“人权高于主权”。

4. 西方文化话语体系重视民族主义

追溯民族主义的历史，会发现从 18 世纪晚期开始，民族主义就成为了影响西方社会政治、经济和文化生活的意识形态力量。19 世纪中期，通过西方话语的不断扩展，民族主义传播到中欧，19 世纪晚期传到东欧和亚洲，20 世纪中期传到非洲。这样，民族主义便成为推动民族国家建构的首要影响力量，它号召和动员曾经生活在统一帝国、宗教国家或部族国家的人们，超越宗教、传统和阶级差异而致力于建立新型民族国家。用西方文化话语书写和宣传的民族主义的历史，所彰显的是民族国家建构的政治目标，作为思潮是一种政治信条，作为运动是一种政治群体行为。

民族主义通常意味着在国际秩序内由民族或国家发起的、为了实现和维持自决采取的统一的、系统的政治行动。民族主义通过民族动员能够实现从主观意识向客观行动、从社会思潮向社会运动的转变。因为民族主义具有群体聚合功能，民族主义作为一种精神力量将现存的或希冀的边界内的人们整合为一个共同体。民族成员遵循一定的边界，在民族划界意识、民族归属意识的基础上，形成了民族内部的凝聚力和成员间的相互认同。在民族精英的动员下或外部群体的刺激下，民族主义情绪经过激化，就会形成民族的群体行动，并演化为社会运动。B. 安德森则认为，民族认同具有难以名状的感染力量和情感力量，往往成为民族主义运动的“发动机”，即“民族主义者的情感和牺牲精神被民族主义的强烈性所点燃，或被预期的政治成就所诱发，人们愿意为民族而献身，一场民族主义运动便被这种感情驱动起来”[①]。作为意识形态民族主义能够成为族裔个体或集体行动的引领力量，并在一定的条件下，转化成为客观的社会运动。社会运动形态的民族主义还会反过来对意识形态的民族主义产生反作用。

5. 马克思主义话语对西方文化话语体系的影响深远

马克思主义话语作为一种社会意识和一种新的话语形式，深深影响着西方文化话语体系。“每个人的自由发展是一切人的自由发展的条件”[②]，这一话语经历一个由个体意识到群体意识，由社会心理到社会意识形态，由理论知识到社会实践的历史演变的过程。必须看到，马克思主义也是一种“西方话语”，也是在西方人与人的思想情感的交流中产生并发展起来的。在西方文化中，马克思主义的话语是影响最大、体系最完整的一个反霸权的话语体系。直至现在，它仍然是在资本主义内部对资本主义进行批判的主要话语力量。马克思主义的出现标志着西方现代知识分子对中世纪宗教神学的批判任务已经基本完成，在整个西方社会上基督教神学已经不具有绝对的霸权地位，而推动了西方资本主义产生并发展的话语形式已经占据了统治地位，已经成为社会的一种习惯性的思维方式和话语方式。

6. 西方文化话语体系始终强调科技的进步作用

“但是理论一经掌握群众，也会变成物质力量。”[③] 为了使理论变成一种强大的国家力量，西方各国借口推进现代化进程，利用各种先进的技术工

---

① Benedict Anderson, *Imagined Communities. Reflections on the Origins and Spread of Nationalism*, 2nd edition, London: Verso. 1991, p.6.

② 《马克思恩格斯选集》第 1 卷，人民出版社 1995 年版，第 294 页。

③ 《马克思恩格斯选集》第 1 卷，人民出版社 1995 年版，第 9 页。

具，向东方和其他发展中国家灌输其文化价值观。时至今日，西方文化在科学和技术的装点下，生命力仍很旺盛。西方国家始终认为科学技术在社会进步中发挥着重要的作用。一直以来，西方国家重视科学技术，利用科学技术发展社会生产力，促进经济的快速发展，同时利用科学技术提高军事装备和军事训练才能，保证国家的安全和人民的利益。历史证明，西方国家强调和重视要将科学技术转化为生产力有着深远的意义。因为西方文化话语体系中强调技术这一元素，并在现代社会中迅速将技术转化为生产力，使得它将人类社会与传统的手工业告别，进入机器工业时代。随着近代工业的兴起，三次科技革命使西方把东方远远甩在身后。强调并重视科学技术的重要作用使西方国家发生了划时代的变化。

7. 各类媒体是西方文化话语体系扩张的重要媒介

长期以来，国际话语权一直掌握在西方媒体手中。“他们无法表述自己；他们必须被别人表述。”[①] 说明了东方和西方的媒体话语权的差距，西方特别是美欧在国际传播中掌握着文化话语权。因此西方媒体在世界舆论场中处于操控、引导乃至主宰的地位。在西方文化话语权的研究中，文化话语权的建构，是有其自身的特征和规律的。一个组织或媒介机构的话语权，并不是由政府直接强制推动，也不是通过外在势力赋予的。也就是说“话语权”并不是一种“配额”，不是通过谈判争吵可以得到的。文化话语权的大小、话语所能产生的影响，是在沟通过程中不断积累的。文化话语权的主动权既掌握在自己手里，又不完全掌握在自己手里。

巧妇难为无米之炊，没有自己的发声机器，文化话语权的构建如空中楼阁。所以冷战后，西方国家的广播电视建设了多个国际频道，报纸杂志是创办多个语种版，充分发挥了媒体在西方文化话语体系的强化过程中的作用。法

---

① ［美］爱德华·W. 萨义德：《东方学》，王宇根译，生活·读书·新知三联书店 2000 年版，扉页。

国学者布尔迪厄认为:“政府的决策机构不仅能够采取经济限制手段来施加对媒体的影响,而且也借助其合法的新闻——尤其是官方消息来源——垄断所产生的各种压力来施加对媒体的影响,这些垄断首先给政府权力机构、管理机构,还给司法、科学机构提供了与记者斗争的武器,试图控制新闻或新闻传播者;但在另一边,新闻媒体也想方设法能操纵政府官方信息的掌握者,以企图获得信息和独家发表权。”[①]“新闻机构并不是制度的替代物,它像一道躁动不安的探照灯光束,把一个事件从暗处摆到了明处再去照另一个。人们不可能仅凭这样的光束去照亮整个世界,不可能凭着一个一个插曲、一个一个事件、一个一个突如其来的变故去治理社会。他们只有靠着一道稳定的光束—新闻机构—去探索,让这光束对准他们,使一种局势足够明了,以便大众作出决定。”[②]

而随着互联网和自媒体的发展,文化话语权的转向问题也成为各方关注的焦点。詹姆斯·卡伦在《媒体与权力》中,充分肯定媒体在社会控制中的重要作用:“作为一个整体,媒体已经成为社会整合的中介力量,其所扮演的角色可以与中世纪中期的教会比肩,与中世纪的教会一样,媒体把不同的群体联结起来,提供了一种共享的经验,从而促进了社会的团结。”[③]他还提出,应该构建一个“第三媒体系统”(alternative media system)。该媒体系统既不是国家所有的,也不是由市场控制的。它以一个公共服务部门为核心,辅助以私人、公民、专业和社会市场部门。他认为这样一个由多方资助,创办目的多元化的文化系统,除了关注总体利益,更将有助于社会活动组织、专业传播学者、边缘媒体和商品制造商表达自我,这将使得思想和意见的表达趋向多元化。詹姆斯·卡伦的这些认识,非常符合新媒体、自媒体时代下媒介话语权出现的新变化。

---

① [法]布尔迪厄:《关于电视》,许钧译,辽宁教育出版社2000年版,第85页。

② [美]沃尔特·李普曼:《公众舆论》,阎克文、江红译,上海世纪出版集团2006年版,第259页。

③ [英]詹姆斯·卡伦:《媒体与权力》,史安斌、董关鹏译,清华大学出版社2006年版,第84—98页。

二、西方文化话语体系构建的关键和目标

西方文化话语体系的构建与文化软实力和文化霸权密不可分。文化软实力是西方文化话语体系构建前提和基础，文化霸权则是西方文化话语体系构建的目标和结果。文化的吸引力、感染力与影响力是文化软实力的重要表现，文化的先进与否，决定着话语权力的大小。西方国家凭借着先进的技术优势传播本国文化，其文化话语体系逐渐形成，对他国产生了重大影响并进行文化扩张，逐步占据文化霸权的地位。

（一）文化软实力

1. 概念内涵

“软实力”这一概念可以追溯到20世纪90年代，最早是由时任美国哈佛大学肯尼迪政府管理学院教授的约瑟夫·奈提出来的。他将权利分成“硬实力”和“软实力”两种形态：“硬实力”是通常与诸如经济实力、科技实力和军事实力那样的具有资源相关的“硬性命令式实力”；“软实力”是我们较为熟知的文化、意识形态和外交政策等。[①]2005年，约瑟夫·奈的《软实力——国际政治中的制胜之道》则对软实力给予更为简明的定义：“软实力是一种能力，它能通过吸引力而非威逼或利诱达到目的。这种吸引力来自一国的文化、政治价值观和外交政策。”[②]

同一时期，中国学者王沪宁等人在1993年就指出，“意识形态、民族士气、政治体系、科学技术、经济体制等因素都可以被视为国家软权力的

① ［美］约瑟夫·奈：《美国定能领导世界吗?》，何小东等译，军事译文出版社1992年版，第27页。

② ［美］约瑟夫·奈：《软实力——国际政治中的制胜之道》，吴晓辉、钱程译，东方出版社2005年版，第11页。

属性；总的软权力因素对谁有利，谁就在国际上占有优势；影响软权力的主要因素有工业主义、科学主义、民主主义、民族主义；软权力的力量具有扩散性，只有当一种文化广泛传播时，软权力才会产生强大的力量”[①]。综合来看，软实力包含以下几个方面的内容：一是文化的吸引力和感染力；二是意识形态和政治价值观的吸引力；三是外交政策的道义和正当性；四是处理国家间关系时的亲和力；五是发展道路和制度模式的吸引力；六是对国际规范、国际标准和国际机制的导向、制定和控制能力；七是国际舆论对一国国际形象的赞赏和认可程度。[②]

文化是一国国力，特别是软实力的重要组成部分，因为“文化是一定社会的经济和政治在观念形态上的反映，并影响、反作用于经济和政治。它体现了人的精神状态和发展程度以及自由发展的程度”[③]。21世纪是一个文化软实力竞争激烈的时代，又是一个文化交流融合的时代，全球各国都把文化软实力建设放在重要战略地位，各国都有不同的文化软实力理念和战略。中国倡导和谐世界，多元文化。“和谐世界鼓励文明的对话，主张不同文明求同存异、互相学习。全球化的发展为各国文化之间相互理解和学习提供了前所未有的机遇和条件。”[④] 文化软实力是不同于政治、经济、军事和科技等硬实力而言的另一种国家竞争力，它通过文化认同、价值观念和意识形态等潜意识的影响来对内发挥凝聚力和向心力，对外产生吸引力和渗透力，从而提升一个国家在国际上的竞争力。具体来看，它包含若干内涵。

文化凝聚力。这是文化的精神层面，指文化所特有的精神力量，是文化的内化过程，能引导、集聚、激励内部成员巩固其向上的精神吸引力，包括

① 王沪宁：《作为国家实力的文化：软权力》，载《复旦大学学报》（社会科学版）1993年第3期。

② 侯贵文、栗志刚：《文化软实力研究述评》，载《理论月刊》2008年第9期。

③ 肖前：《马克思主义哲学原理》，中国人民大学出版社1993年版，第686页。

④ 刘志国：《全球化背景下中国传统文化的现代转换》，山东大学博士学位论文，2007年。

主流意识形态与核心价值体系。[①] 文化凝聚力既表现为能够有效地保护、涵养前人的文化成就；也表现为能够很好地吸纳、消化来自不同国家的文化元素，能够将不同文化元素中的有益成分，转换为具有自身文化特色的文化养分和新的文化特色。

文化吸引力。文化吸引力是软实力的重要构成要素，它是为社会创造意义的一系列价值观和实践的总和。“软实力是通过吸引的手段而不是强迫或收买的手段从而达己所愿的能力。”[②] 对内，这种文化吸引力会成为吸引国家公民对自己居住的国家产生向心力、家园认同感和文化自豪感；对外，可以使其他国家和地方的人们对这个国家产生亲切感和文化吸引力，世界展示国家的正面形象，并形成强烈的独有魅力。

文化竞争力。是一个国家和民族的文化相比于其他国家和民族文化的优势所在，包括文化的生产力、文化的消费力、文化的创造力和文化的持续力，其中，文化创造力是构成一国文化竞争力的关键所在。

文化辐射力。文化辐射力是指“文化在时间和空间的繁殖力和带动力”。指由于文化主体的独特魅力对文化主体的外部系统发生的作用力，主要是通过文化媒介实现主体文化价值和获得文化竞争力，是文化的外化过程。对此，要大力拓展国家影响度和知名度，推进国家与外部世界的广泛连接，促进国家不断提升正面形象。

文化渗透力。文化渗透力是指文化以各种渗透方式冲破地理险阻和天然阻隔产生作用，在不同国家间的沟通与交流中输入与输出国家文化。通过文化渗透，文化的辐射性继而突显。民族国家内的成员等对自身政治制度的信仰和坚持，对核心价值的创新和完善，对文化理念的坚守和发扬，对民族精神的弘扬，通过社会实践而得以传播和扩散，文化的力量也因渗透性与辐射

---

① ［美］约瑟夫·奈：《软实力——国际政治中的制胜之道》，吴晓辉、钱程译，东方出版社 2005 年版，第 11 页。

② Joseph S. Nye，Jr.，*Soft Power*，*The Means To Success in World Politics*，Public Affairs，2004. Preface.

性逐渐由隐性变为显性，从而不断扩大国家的影响力与感召力。“文化软实力的渗透性取决于文化的反思机制和超越本性。文化天生不会被垄断，既不会被动地为自然本能所控制，也不会停留于天然的共同体所形成的地域关联，而必然地超越自然的时间和空间的限制。”①

文化创新力。“文化创新带来文化发展和繁荣，推动民族和国家的文化增殖，促进民族和国家的文化积累。”②文化创新力以科教实力、智力资源为基础，通过文化教化与塑造功能而生成文化发展的内驱力，激发和弘扬文化的创新精神。文化的创新力决定文化主体的竞争力，衡量文化软实力的一个重要指标就是文化创新力的大小。

总而言之，文化软实力是一国文化所具有的，以维护统治阶级利益为核心的，以产生文化凝聚力和吸引力、提高文化竞争力和辐射力、激发文化创造力等非强制方式同该国经济基础、政治上层建筑有机结合而进行的、增强国家综合国力的能力，是从一国的文化资源转变为该国的现实综合国力的过程和结果。在文化全球化的背景下，世界各国的文化相互交流和碰撞，既存在着文化间相互学习，相互融合的一面，又存在着文化多样性和本土化加强的一面。各种文化在交流竞争中取长补短，在求同存异中共同发展。

2. 主要特征

文化软实力的实施主体是民族国家，受体也是民族国家。文化软实力是统摄文化关系和文化力量的理论体系，它既不是单纯的文化力，也不等同于国家软实力，是指导国际交往、国际竞争获取正确的利益取向的国家文化能力。文化软实力的主体构成是文化资源，因此，文化软实力的特征可以从文化的角度来理解和得到启发。总的看来，文化软实力呈现若干特点。

第一，文化软实力表现无形却又可感知。

---

① 衣俊卿：《文化哲学》，云南人民出版社 2005 年版，第 69 页。

② 周正刚：《文化国力引论》，湖南人民出版社 2002 年版，第 304 页。

硬实力是指看得见的，摸得着的有形的物质力量。文化软实力是一种无形的精神力量，是一个国家对外所展现出的精神面貌。例如一个国家的传统文化、民族信仰、民俗风情、国民的人文素质等。它来自一个国家对自身核心价值的信仰与坚持，对政治制度的创新与完善，对文化理念的坚持与发扬，对民族精神的光大与传播。与硬实力的外显与张扬不同，文化软实力是内敛而潜隐的，无形性是文化软实力的一个突出特点。然而，文化软实力又是可以感知的。人们可以通过对一个国家的文化、传统、信念、国民素质等方面的了解来对其产生一定的感觉和印象。文化软实力重在一个“软”字，这种软的力量具有超强的扩张性和传导性，可以超越时空，产生巨大的影响力。所以，决不可因为它的存在形式而忽视它。文化软实力属于意识范畴，它主要是精神内涵，而不是物质因素。一个国家通过无形的精神力量资源，借助于国际交往、交流等文化实践发挥作用。

第二，文化软实力的形成较为漫长。

文化软实力需要长期的艰苦建设，绝对不会像有些硬实力项目那样可以一蹴而就。文化软实力主要依靠自己独立建设，不可以模仿或依靠外援，也不可以通过交易的方式取得，而硬实力却可以依靠外力完成，可以通过交易的方式取得。文化软实力建设比硬实力更缓慢，绝对不具有速效特性。因此，软实力的建设比硬实力的建设更艰难。文化软实力通过文化和意识形态的吸引力和国际机制而不是军事和经济制裁的强迫起作用。与经济制裁和军事行动等硬权力的成本收益相比较而言，文化软实力的地位和作用在国际关系中越来越凸显。“文化是一个相对便宜和有用的软实力资源，因为软实力强调文化、意识形态和国际机制的吸引效果，它们可以不用付出很大的成本而取得很大收益。拥有软资源的国家放射出影响力，它使得外部的相关行为者都受到这种放射力的影响，以至于这个国家可借此达到其国际战略目的。”①

① 庞中英：《国际关系中的软实力及其他——评美国学者约瑟夫·奈的〈注定领导〉》，载《战略与管理》1997 年第 2 期。

第三，文化软实力具有继承性和超越性。

文化软实力的继承性是指一种文化模式通过自身的先进性促成旧有文化模式的改变和创新，在原有文化模式上发展的特性。文化模式是一个阶段民族国家的生存方式，具有相对稳定性。而这种相对稳定性在持续过一段时间后，又会被另一种新的文化模式所吸引、影响、同化，不同的文化模式间因此而互相影响和继承，由此推动着人类文明史的进程。“文化战胜、取代另一种文化模式并不是原封不动地取代，而是在文化习得和适应过程中添加了其他文化因子，从而超越传统民族文化。文化软实力的超越性使文化具有先行于物质生产力发展的能力，物质生产水平较低的国家和社会可能出现较高的文化发展水平。这种物质生产与精神生产的不平衡发展的思想在当代社会不断得到验证。”① 文化软实力的超越性不仅使国家文化获得了先行一步的发展能力，先进的文化也是促使国家物质生产实现跨越式发展的动因。通过文化继承和创新，文化软实力不断得到增强。

第四，文化软实力的存在具有依附性。

文化软实力的存在是相对于硬实力而言的。它并不是一个单独存在的个体，它与硬实力具有相关性。文化软实力的强大影响是以硬实力为前提和基础的，两者本质一致，是一国国力的两个不同侧面而已。硬实力是衡量一国国力的主要指标，而软实力是硬实力的一种无形延伸，它实现和展示的还是该国的硬实力。一个具有强大硬实力的国家，文化和意识形态更具有吸引力、诱惑力和渗透力。

第五，文化软实力的发展成本低而效果持久。

文化软实力的成本较低，不像硬实力那样需要强大的经济支出为支撑。往往通过一部电影或者一部文学作品就能了解一国的文化，从而产生不同的感受。文化软实力是长期积累起来的一种影响力。人们在潜移默化中接受它的观念，进而改变自己的行为。这种观念的改变是根深蒂固的，一旦被对方

① 文选德：《文化经济浅论》，湖南人民出版社 2002 年版，第 16 页。

认可，就会持续发生作用，很难去轻易改变。比如日本的漫画，美国的大片和 NBA 篮球赛，韩国的浪漫爱情剧等，都是一种文化的渗透，输出虽小，但改变的却是一代人甚至几代人的观念。

3. 重要地位

第一，文化软实力是综合国力的重要组成部分。

冷战结束后，和平与发展成为时代发展的主题，一个国家竞争力的强弱，不仅仅决定于其军事力量、经济力量或者是科技力量，更主要的是取决于综合国力的竞争和博弈，在全球化时代，文化在综合国力中的地位和作用日益凸显，文化软实力也越来越成为综合国力竞争的重要因素，“这既是文化在经济社会发展中地位逐渐增强的结果，也是处于现代社会中的国家意志越来越渗透到个体生存领域的结果”[①]。一方面在于文化软实力促进硬实力的发展，先进的文化能为硬实力的提高提供精神动力和行为规范，为社会经济的发展提供凝聚力和向心力，极大地调动人们的积极性、主动性，为国家创造更多的物质财富。另一方面在于文化软实力有利于提高全民族的精神文化素质，培养越来越多的高素质人才，为国家的全面发展提供智力资源。

第二，文化软实力能够保障一国的文化安全。

文化是一个国家的灵魂，是一个民族文明程度的标志，是推动经济发展的重要支撑和综合国力的重要组成部分，在国家社会生活中有着极其重要的地位和作用。“文化安全”是指任何一个成熟的文化系统在跨文化交流中保障自身的独特性、完整性、延续性和纯粹性的权力。[②]

在当前文化冲突和文化竞争日益激烈的国际大背景下，一国在强调领土和主权安全的同时，也必须关注其文化安全。一些西方发达国家凭借着其强大的硬实力试图向一些发展中国家输出其价值观、社会制度、发展模式及其

① 刘德定：《当代中国软实力研究》，人民出版社 2013 年版，第 101 页。

② 李希光、李珮：《软实力要素》，法律出版社 2010 年版，第 71 页。

他富有本国意识形态和主流价值观的文化产品，严重冲击着发展中国家原有的价值体系和发展方式，威胁着这些国家的文化安全。只有努力提升国家文化软实力，才能建立有效的文化防御机制，防止外来文化的入侵和渗透，构筑起国家文化安全体系，保证国家文化主权不被侵犯，从而保证文化乃至整个国家健康持续发展。同时，也只有强大的文化软实力，才能自觉抵制侵略本国主流意识的文化，不容易被消极文化所腐蚀，不容易受敌对势力的摆布，从而更好地建设本国的主流意识形态，维护本国的文化安全。

第三，文化软实力有利于提高国家的国际地位。

全球信息化时代，各国之间相互影响、相互依赖的程度不断加深。相互依赖的意思就是相互的依存关系，在世界政治中所说的相互依赖，是指国家间或属于异国行为者间的具有相互效应特征的状况。在国家间相互依赖的加强和全球化发展的推动下，国际关系社会性日益加强，由此软实力的问题越来越清晰和重要，或因为传统权力或曰硬实力在相互依赖和全球化的国际关系中的使用会受到越来越多的制约，面对越来越多的不确定性。①

在全球化背景下，软实力的重要作用变得日益突出，各国都需要以强大的文化产业作支撑，通过文化软实力的提升来提高国家的国际地位。一个国家和民族的思想意识、价值观念只有通过相应的文化产品，才能有效地对外传播、扩散并取得认同。好莱坞的电影和百老汇的歌舞、日本的动漫和电游，韩国的爱情剧和服装，都是一些具有标志性的文化产品，不仅为这些国家带来了巨大的物质利益，同时又在传播和扩散这些国家的文化及其价值观念，让全世界更加了解他们的国家和文化，从而不断扩大其国际影响力。正如新加坡内阁总理李光耀指出的那样：当今时代，软功夫即文化影响力，特别是通过电视、电影以及技术，更加先进的文明的无形的影响力所产生的文化影响力，在国际事务中变得与硬实力同等重要。

① 陈玉刚：《试论全球化背景下中国软实力的构建》，载《国际观察》2007 年第 2 期。

4. 文化软实力与西方文化话语体系的关系

现代化的历史进程也是一个现代文化话语体系不断形成、发展与成熟的一个过程。在全球化发展的进程中，西方国家凭借其强大的经济、军事等硬实力，经过长期的发展，使得西方文化话语体系的内容不断丰富，内涵不断加深。当前，在国际上西方文化话语权拥有绝对的优势和主导权，彰显出巨大的生命力和影响力。在全球化、信息化的时代，一个国家的话语权不仅受到经济、政治、军事、科技等硬实力因素的影响，文化软实力对文化话语权的影响日益突出。可以看出，文化话语体系与文化软实力之间存在着密切的联系。

文化软实力与文化话语体系相互关联，相互促进。文化软实力是文化话语体系构建的前提和基础，是文化话语体系构建的关键之所在。强大的文化软实力一定会造就更加成熟和完善的文化话语体系。健康成熟的文化话语体系有利于文化软实力的巩固和提升。在文化话语体系构建过程中，文化话语权的提升是核心和目标。

第一，文化话语体系是文化软实力的重要表现形式。

当前经济全球化、社会信息化和文化多样化的条件下，国家的文化话语权和话语体系已经成为表达、维护和实现国家政治利益、经济利益、文化权益乃至国家安全的重要手段。谁构建了完备的文化话语体系，谁掌握了文化话语权，谁就能有效地维护自身的文化安全和国家安全，增强国家的综合实力和国际竞争力。相反，谁没有成熟的文化话语体系，谁丧失了文化话语权，谁就会削弱自己的文化软实力，损害国家的综合实力和国际竞争力，甚至危及本国的国家安全和国家利益。① 可以看出，一个国家的文化话语体系和文化话语权已经成为文化软实力的重要内容和标志。换言之，文化话语体系和话语权成为提升文化软实力的新的战略制高点，一个国家是否拥有成熟完备的文化话语体系和占主导地位的文化话语权，是这个国

① 骆郁廷：《提升国家文化话语权》，载《人民日报》2012 年 2 月 23 日。

家文化软实力乃至综合国力强弱的反映。加强文化话语体系和话语权能力的建设，扭转话语竞争的不利地位，是话语权处于弱势地位的国家面临的必须解决的一个重要问题。① 提高国家的文化软实力，应当深刻认识和科学把握国家文化话语权，注重文化话语体系的结构优化，大力提升我国的文化话语权。②

第二，文化软实力是文化话语体系的重要保障。

在发展经济、稳固国防、扩大国际外交空间的同时，提升国家的文化软实力，对于构建国家文化话语体系，提高国家文化话语权，打破西方文化话语霸权，维护和强大国家利益具有重要的时代意义。文化话语体系代表着一个国家的文化软实力的强弱。反过来，文化软实力则是一个国家文化话语体系的重要保障。文化软实力的提升，不仅有助于提升国家综合国际竞争力，也有利于文化话语权的提升，乃至文化话语体系的优化和建构。一方面，文化软实力有助于增强国家的话语权价值观的影响力，弘扬民族文化的吸引力，增强媒介的传播力；另一方面，文化话语体系的建构有利于形成一个大的文化软实力磁场，吸引、影响、号召、凝聚全民族全社会的力量，从而促进文化的大发展、大繁荣。

第三，文化软实力的扩展与文化话语体系的建构相互促进。

在当今全球化时代，文化软实力有强度，文化话语权才有力度；文化话语权有地位，文化软实力才有影响力。文化话语的技巧高超，话语体系的成熟完善，再加上文化内涵的高品质，都会促进文化话语权的提升，最终有助于文化软实力的提升。一个国家的硬实力即使不够强大，但只要国家具有足够的文化吸引力，也会拥有众多国家认同其文化价值并予以追随，自愿接受该国价值观的影响；反之则不然。文化软实力在全球化这一客观语境下，文化的凝聚力、影响力、号召力以及控制力等都融合在一起，汇聚成推动全球

---

① 张铭清：《文化软实力的重要指标：话语权》，载中国社会科学网，2011 年 2 月 22 日 http://old2013.cssn.cn/30/3005/300504/30050400/201102/t20110222_123673.shtml.

② 骆郁廷：《提升国家文化话语权》，载《人民日报》2012 年 2 月 23 日。

化进程的重要动力。这一重要的动力又把多元文化多层面糅合在一起，从而为各国文化话语体系构建或重建提供全新的文化软实力资源，而新的文化话语体系的构建又反过来使得文化软实力得到了全方位的提升。可见，文化软实力的扩展与文化话语体系的重构相互促进、共同发展。

（二）文化霸权

20 世纪 80 年代末 90 年代初苏联解体、东欧剧变，冷战结束，国际格局进入调整期。美国当时的领导人把这一切结束归结为西方文化体系的胜利，这让更多的西方国家看到了利用文化进行“和平演变”的最终结果，感受到了文化扩张的巨大力量，同时也强化了美国利用文化手段颠覆非西方国家的信念。因而，在全球扩展“民主”、“自由”、“人权”等文化价值观，塑造霸权地位，成为美国文化发展的新战略。

冷战结束后，随着和平与发展世界潮流的深化，运用政治和军事高压手段实现国家对外战略目标的模式受到挑战，而文化软实力在国家权力斗争中的作用不断强化，文化领域的扩张争夺和渗透构成了国际政治斗争的一个重要领域。美国著名学者塞缪尔·亨廷顿在《文明的冲突》一书中强调：“在冷战后的新世界里，冲突的根源不是经济因素，全球的主要冲突将会在不同文明的国家和集团之间发生，文明的冲突将支配全球政治，文化将成为国际关系中的支配框架，国家行为的主要基础。”①“在新的历史时期，各种文化的碰撞比以往更加频繁和激烈，主要是美国等西方国家向其他国家强行传播西方文化，进行文化扩张，推行文化霸权。自 20 世纪中后期，美国历届政府都将文化战略作为重要的国家战略，把文化霸权视为主导世界的一个重要方面。”②

---

① ［美］塞缪尔·亨廷顿：《文明的冲突与世界秩序的重建》，周琪译，新华出版社 2010 年版，第 63 页。

② 李丹娜、任维平：《美国文化霸权的历史原因和现实基础》，载《中国社会科学院研究生院学报》2006 年第 5 期。

1. 文化霸权的内涵

文化霸权，也被称为文化强权、文化殖民主义。最早提出文化霸权概念的是意大利思想家葛兰西。他认为："一个社会集团的霸权地位表现在'政治统治权'和'文化领导权'两方面，而文化领导权起着比政治统治权更为根本的作用。在资本主义的社会里，统治阶级与被统治阶级的斗争并不是简单地显现为赤裸裸的压迫和反抗。统治阶级除了依靠暴力来维持社会的秩序之外，更重要的还是通过意识形态的领导来争取被统治者的自发同意和拥护，从而使得统治合法化。"① 在他看来，文化霸权是一种必不可少的统治形式，统治阶级要统治市民社会，必须借助文化和文化机构，使得自身的伦理、政治、文化价值观成为人们普遍接受的行为准则，使广大群众"自由"同意统治阶级所提供的社会生活方式，也就是说，某一社会集团在文化、思想、道德、意识形态等方面所取得的领导权，称之为"文化霸权"。接着，葛兰西又指出，文化霸权并不是通过简单的压迫和强制手段来获得的，而是在推行文化霸权者通过一定的方式灌输的基础上，以被统治者自愿地了解并接受其文化为前提，依赖于达成某种一致的舆论、世界观和社会准则，并且存在着一个斗争、冲突、平衡、妥协的复杂过程。文化霸权得以推行的一个重要基础是一国拥有了比其他国家更强的综合国力和竞争力，并且在具有决定作用的经济领域占绝对优势，西方文化霸权实质上也是西方国家政治霸权在文化层面的再现。

文化霸权所给予我们的不是一种静止的或静态的统治模式，而是一种动态的统治方式，一切都正在进行中，是统治与反抗之间的一种不断变化的动态的平衡，或如葛兰西所说的"运动中的平衡"。

在国际交往中，少数强国依靠其强势的经济、政治地位和雄厚的文化实力，通过技术等方面的优势，向其他国家和民族进行文化渗透和扩张，使本国文化从相对性转向为普世性，迫使其他国家和民族转向对其文化进行接

① ［意］安东尼奥·葛兰西：《狱中札记》，葆煦译，人民出版社1983年版，第214页。

受，从而达到最大程度影响或主宰这些国家未来发展的前途和命运。众所周知，世界各国各民族之间文化差异很大，这就决定了文化的相对性和普世性。相对性，即国家之间或者民族之间文化的差异性，是个体化表现。普世性，即虽然不同民族不同地域不同国家存在差异，但都是人的本质在历史过程中的表现形式，在一定程度上体现着全人类的发展程度和精神诉求，对于整个人类而言具有普遍性。西方的文化霸权实质是资本主义国家，尤其是美国为典型代表的资本主义国家凭借其独特的经济优势、政治影响、科技优势和媒体优势，将其国家文化从相对性转向普世性，对其他国家进行文化扩张和文化侵略。

2. 文化霸权的形成

冷战结束后，文化交流与竞争日益成为国际关系的新焦点。文化地位的上升使得西方国家制定了新的文化战略，把文化作为一种软权力向其他国家渗透，在世界上扩展自己的霸权地位，从而构成了对世界文化的强烈冲击。正如美国学者弗兰克·宁柯维奇在《文化外交》一书中指出的："文化手段和政治、经济、军事手段一样，不但都是美国外交政策的组成部分，在大国间军事作用有限的情况下，特别是在现代核战争中无法严密保护本国不受报复的情况下，文化手段尤其成为美国穿越障碍的一种更加重要的强大渗透工具。"[①] 利用媒体优势向全世界传播西方文化是西方文化霸权形成的首要环节。二战期间，西方发达国家的工业科技革命进行得如火如荼，科技得到了迅猛发展，因此，它们形成了文化传播方面的技术垄断，文化传播媒介方面的这种绝对优势和霸权地位，为他们实施文化冲击提供了技术上的可能性。相反，绝大多数发展中国家现在还不能拥有自己的卫星传播技术，他们在传播各种文化内容的时候往往不得不依赖发达国家的传媒技术。例如，"美国

---

① 转引自张骥、韩晓彬：《论"美国文化霸权"的历史渊源与现实基础》，载《当代世界与社会主义》2001 年第 2 期。

是因特网的诞生地，在网络文化方面占尽了优势。据有关方面的不完全统计，访问量最大的100个互联网网站中，美国就占了90多个，而互联网的通行语言主要是英语，其占到互联网全部网页的80%以上，而绝大多数的落后国家、不发达国家的语言文化，在互联网上几乎找不到，世界上的电脑网络技术绝大多数都是从美国引入"[①]。可见，新兴的科学技术，尤其是传媒科技是战后西方国家推行文化霸权最直接最有效的方式。在推进其文化走向文化殖民的过程中，西方国家首先形成了对其他国家尤其是发展中国家和社会主义国家的文化话语占领。

利用科技等方式进行西方话语控制是文化渗透和文化控制的关键环节。话语占领，一定程度而言也即权力占领。"福柯在论述知识、话语和权力的关系时，提出了'话语就是一种权力'的观点，这种观点反映了当代社会的文化现实。因为在现代社会中，如果在特定的文化领域中某种话语占据了决定性的地位，那么这种话语就成为普遍性的话语，它实际上约束、限制了文化创作及其传递。"[②] 由于战争对一个国家进行了很大程度的摧毁，大部分国家，尤其是发展中国家，战后都在紧张地进行着恢复国民经济的工作，其文化建设由于没有强大的物质基础和技术支持而没有受到足够的重视，因此文化的建设方面远远落后于西方发达国家，这就给西方发达国家利用特有的优势向广大发展中国家进行话语控制，推行文化霸权的机会，进而是发达国家成为发展中国家文化发展的引导者和启蒙者。西方文化话语体系在这些发展中国家的文化领域占据着重要甚至是核心地位。另一方面，发展中国家在文化创造与发展过程中则很容易模仿外来的、西方的文化，其文化话语规则、程序、模式在很大程度上就是西方文化话语体系的复制。这在中国的文化建设过程中可见一斑，例如中国国产卡通片《舒克和贝塔》，其主题、形象、布景等主要方面和美国动画片《猫和老鼠》极其雷同，根本没有展现出中国

① 金民卿:《西方文化渗透的程式与路径》，载《马克思主义研究》2008年第8期。

② 金民卿:《西方文化渗透的程式与路径》，载《马克思主义研究》2008年第8期。

人的思维、习惯和风俗等文化和价值观念，而是一味复制西方文化，这实质上是在帮助西方国家进行文化渗透和文化侵蚀。另外，“再从当前我国学术界的流行话语来看，本土性和传统性的学术话语在西方学术话语的包围中越来越丧失‘生存权’，充斥于学术著作中的词汇、范式、文献无不是西方的话语体系，这可以说就是一种西方话语领导权的表现。话语领导权的拥有成为西方文化冲击的重要一步，有了这一步就为它实施价值观念、意识形态殖民奠定了比较坚实的基础”①。所以，在当前西方资本主义国家拥有经济、政治、军事、文化等全方位绝对优势和广大发展中国家文化建设还很薄弱和落后的背景下，西方文化霸权的形成是必然和不可避免的。

此外，西方发达国家还利用文化交流等更为隐蔽的名目展开对发展中国家的话语控制。英语的普及与盛行是最好的例子。长期以来，英语都是广大发展中国家教育中重要的一门课程，等到发展中国家付出巨大代价培养出大批精通英语的高素质人才之后，西方发达国家凭借其技术、福利、环境等方面的优势变相掠夺他们的人才。“战后，西方发达国家制定并进行了一系列对外文化交流项目，主要吸引外国的精英分子——大学生、教师、专家学者和学术团体的成员，造就了一批具有国际视野，具有开拓精神，更重要的是具有强烈的‘美国化意识’的优秀人才。”② 此外，“美国还开展‘和平志愿者项目’等对外援助活动，把本国教师、传教士、医生派遣到海外从事志愿工作；向海外赠送图书、杂志、画册、录像带或幻灯片等。这些活动虽然含有西方文明中的‘慈善’性质，但是其用意也颇值得玩味。”③ 对此，西方学者伯努瓦一针见血地指出：图书、杂志、画册、录像带或幻灯片等“不仅仅将房间塞满，而且还统治着想像领域，占据着想像空间。”美国政府正是采取这些有形的援助，化有形于无形之中，使他国人民于潜移默化中接受美国的意识形态。

---

① 汤林森：《文化帝国主义》，上海人民出版社 1999 年版，第 81 页。

② 廖志诚：《论美国文化霸权的产生根源及其实现形式》，载《思想纵横》2007 年 2 月。

③ 孙晶：《文化霸权理论研究》，社会科学文献出版社 2004 年版，第 152 页。

西方国家凭借着先进的技术优势，通过经济援助、政治渗透、大众文化传播等途径，对非西方国家特别是发展中国家进行渗透，把西方的意识形态、政治理论、价值观念和生活方式直接或间接地输入到非西方国家和地区的政治生活和大众生活当中，改变这些国家的主导文化、政府意志、领导方式、政治理念、民众观念、价值追求，从而使这些国家发生对该国政治制度自下而上的强大冲击力和在政治制度和意识形态上发生自上而下的质变，最终成为西方国家的附庸，而西方国家则始终占据着文化霸权的地位。

3. 文化霸权与西方文化话语体系的关系

文化霸权是构建西方文化话语体系主要的对外目标。为了更好地维护世界经济的垄断地位和政治的领袖地位，西方资本主义国家不遗余力地建构起一套独特而又完整的文化话语体系，进而在文化领域推行霸权主义。在文化领域的霸权主义是通过文化话语权来实现。西方发达国家对世界话语权的强势控制和运用，导致非西方国家话语权逐渐缺失甚至“失语”，进一步加强了西方国家的文化霸权的地位。想要打破这种文化霸权的现有格局，摆脱西方长久以来的固化思维，发展中国家必须在加强本土文化建设和发展的基础上，选择性地借鉴和吸收西方文化的合理成分，逐步建立适合东西方共同接受的文化价值体系，提升非西方国家在国际上的话语权，重新构建非西方的文化话语体系则可以有效遏制和消解西方资本主义的文化霸权。非西方国家的文化话语体系是世界文化话语体系的重要组成部分。目前非西方国家在国际上的话语权还非常薄弱，“西强东弱”依旧是世界话语体系的基本格局，因此，非西方国家需要加强与西方文化的对话和交流，努力构建符合自身利益的本土文化话语体系，在竞争与合作中争取和把握话语权。

第一，西方国家完备的文化话语体系加剧文化霸权。

基于前面的分析，我们可以将西方文化话语体系理解为：自启蒙运动以来，在英、法、美等西方国家经济和社会中逐步发展和形成的，继承历史文化传统、凝聚国家民众价值、具有特定价值内涵，推动其自身经济和社会发展并对非西方国家文化发展产生较大影响的综合性功能话语体系。功能如此强大，体系如此完备的西方文化话语体系无疑加剧了其文化霸权的步伐。西方文化话语体系继承和发展了之前人类文明优秀成果，其中人文主义、理性主义、天赋人权、民主法治等基本思想都体现了人类社会的进步，都具有积极意义，再加上资本主义国家的美化和大肆宣传，所以很容易被其他非西方国家接受和认同，因而促进了西方文化霸权的形成。文化软实力较之于经济、军事等硬实力，更具开放性和包容性。正因为这样，西方国家为其霸权主义找到了新的突破口，即在文化交流的过程中奉行文化霸权主义。利用文化作为全球称霸扩张的工具，不但具有一定程度的隐蔽性，而且渗透能力非常强。① 在经济全球化的推动下，文化产品、价值观念等无形的东西也在全球范围内生产和传播，西方文化霸权主义对广大非西方国家进行文化渗透和扩张的力度和规模达到了前所未有的程度，手段更加隐蔽，方式更加多变。文化霸权的实质就是在全球推行“西方化”、“美国化”。

第二，非西方国家文化话语体系的构建有助于消解文化霸权。

文化话语权是文化话语体系生命力和影响力的集中体现，国际话语权是国家实力的重要表现，也是一个国家建构自己的国际身份或国际角色的重要手段，它已经成为国家竞争和国际舆论竞争的战略制高点，并关系到一个国家的国际地位、国家形象以及国家的“软实力”②。在当前全球传播的背景下，西方国家凭借经济、科技等硬实力和强势的文化软实力，将其惯有的价值观念、意识形态长期向非西方国家进行灌输，并对非西方国家延续一贯的带有偏见的和倾向性的报道，在世界文化体系中霸权态势日益强化。非西方国家只有通过批判、借鉴和吸收一切合理的文化资源加强本土文化的发展，逐步形成具有民族特色和地域的文化话语体系，从而产生文化自觉和文化自信，促进本民族文化的觉醒意识和认同意识，强化文化的多样化趋势，在竞争与

---

① 戴颖洁：《西方文化霸权与中国话语权建构》，载《探索思考》2015 第 2 期。

② 郑华：《话语分析与国际关系：“福柯话语观”对后现代国际关系的影响》，载《现代国际关系》2005 第 5 期。

合作中争取和把握话语主导权，达到消解西方文化霸权的目的。具体来说，非西方国家可以利用各自的资源和能力，联合起来通过凝练话语特色，丰富话语内涵，完善话语体系，发出自己的声音，加强国际对话交流，主动参与议程设置，改变话语缺失和集体“失语”的窘况，建立一个多元包容尊重的文化话语体系，从而消解当前的西方文化霸权，促进国际文化的多样化联合。

三、西方文化话语体系构建的经验及现代镜鉴

文化话语体系不是与生俱来、自发形成的，而是依赖国家的主动构建。在经济、文化全球化加剧的当代，国际交流更加频繁和密切，文化挑战与文化竞争同时并存。世界文化多元平等，各种文化话语体系之间的矛盾与冲突在全球化进程中越来越激烈。在文化全球化发展、变迁的这一过程中，时常伴随着文化冲突和文化竞争，来源于西方国家的多种话语在我国文化体系内部不是和谐一致的，而是多种话语充满着矛盾、竞争与冲突。西方文化话语体系的构建经历了几个世纪，才形成今天在全球范围内的主导地位。西方文化话语体系是随着地理大发现，资本主义经济发展，资产阶级国家建立而逐步构建和发展起来的。这个体系经历了一个从无到有，从不完善到逐步完善的发展阶段。梳理西方文化话语体系构建和发展的脉络，我们不难总结出一些可以借鉴的经验。从文化发展的某些共性看，西方文化话语体系构建和发展的经验对我们践行社会主义核心价值观，构建中国文化话语体系具有重要的启示意义。

（一）西方文化话语体系构建的经验

1. 西方文化话语体系的建构以国家意识形态为导向

意识形态问题在文化场域的凸显，从根本上说是马克思主义对 20 世纪

人类普遍遭遇的文化困境反思的结果。一方面，统治阶级政治权力的实现不再依靠传统的、赤裸裸的统治和压迫，而是通过无所不在、渗透到一切领域的大众文化来实现。西方国家是政治社会和市民社会的结合体，其中“直接统治”功能是由政治社会完成的，表现为政治领导权和强制性的国家机器；而“间接统治”则由市民社会通过“意识形态领导权”来实现，主要途径是通过家庭、学校、教会、媒体等社会团体，将符合资产阶级利益需要的价值理念系统化，形成独特的文化话语体系灌输给广大无产阶级。西方文化话语体系是在资产阶级生产方式全面普及，生产力高速发展的背景下进行的，其构建与发展的过程就是资产阶级实现阶级统治、维护阶级利益的文化领导过程。可见，西方文化话语体系的构建是国家意识形态的主动展开，国家不仅为其保驾护航，而且也牢牢把握着其主动权。

2. 西方文化话语体系的建构经历了由政治意识形态转向生活意识形态的转变

自私有制产生以来，人类社会进入阶级社会，至今为止的一切社会形态，都存在着阶级和阶级对抗。在每个历史时期，占据统治地位的阶级，都是利用本阶级的政治思想来维护其利益、巩固其统治的。在阶级社会里，不存在超阶级的、统一的意识形态。作为统治工具的意识形态虽然本质是体现和维护统治阶级利益的，但也只有经过政治思想家们加工转化，形成全体社会成员共同接受的社会意识，才能实现其统治功能。西方文化话语体系的构建首先是从政治意识形态开始的，在政治意识形态形成了对民众的巨大影响力之后，通过政治制度的架构，生产生活方式的变革和教育的实践，逐渐内化为民众的基本政治心理，形成一种生活意识形态，从而深深影响着民众的日常生活和生产。人们在从事生产活动的过程中形成并发展起来的社会存在的一切形式都打上了意识的烙印，意识或意识形态并不是外在于社会存在并与之抽象对立的某种东西，相反，它们是内在于社会存在的，是社会存在的一个基本的、不可或缺的组成部分。①

3. 西方文化话语体系内生的"纠错机制"使其充满生命与活力

在西方文化话语体系中，理性主义及其科学形态与宗教信仰共生其中，二者相互补充、相得益彰，使其充满生命与活力。爱因斯坦说过："科学而无宗教则跛，宗教而无科学则盲。"理性主义和宗教信仰在现代西方文化话语体系共生的过程中形成了一种自动的"纠错机制"。当一方独大导致双方失衡时，另一方会毫不留情地对其展开批判和抨击。这样一来，被批判的一方就不得不放慢脚步，进而逐渐恢复常态。由于这种的"纠错机制"的存在，现代西方世界人们的各种需求，包括物质需求、心理需求、安全需求、尊严需求和价值需求等诸多方面的需求都得到了较好满足，其满足的程度和范围也达到了历史的空前水平。从深层次的文化来看，这些需求的满足一方面得益于理性主义在现代西方的空前繁荣和由此派生出来的高度发达的科学技术以及相对稳定有效的政治经济制度，另一方面也与基督新教的信仰和相应的伦理道德发挥的积极作用不无内在关联。当然，在现代西方文化话语体系中，信仰与理性并非总是处在理想的平衡状态。②二战以来，高度发达的科学技术和日益世俗的宗教，造成了物欲膨胀、信仰危机，人本主义、理性主义和科学主义的傲慢自大，这在一定程度上破坏了理性与宗教之间的平衡状态，从而造成人们归属感的相对贫乏和价值方向的迷失。

4. 西方文化话语体系的对外扩张依靠各种文化载体

西方国家通过科技、贸易、教育、宗教等手段，利用丰富多彩的大众文化消费品，潜移默化地向外国尤其是发展中国家输出文化价值观，从而推动

---

① 吴少华:《当代意识形态变迁的现实基础分析》，载《河南师范大学学报》2013 年第 3 期。

② 傅有德:《理性与信仰之间：西方文化的源流与生命力》，载《世界宗教文化》2014 年第 5 期。

实现西方意识形态的传播，促进其文化话语体系的全球扩张。如当代中国的青少年，对于美国好莱坞大片、网络游戏、快餐文化、NBA篮球赛、流行音乐等的崇拜和追捧；西方奢侈昂贵商品在中国大型商场或超市的陈列出售；充满消费主义、享乐主义、拜金主义等气息的现代西方生活方式在中国青少年人群中的广泛盛行等等。大众传媒尤其是互联网等现代电子媒介是当代西方文化话语体系扩张的主要载体。较之于传统媒介（电影、电视、广播、报刊），互联网在传播西方意识形态、扩张西方文化话语方面更具广泛性、隐蔽性和有效性。因为对于传统媒介所承载的信息，主权国家可以通过选题、采访和编辑等方式进行精心挑选和严格把关，但对于互联网这种新兴媒介的筛查和控制相对要困难得多。据统计，世界传播总量的65%的电子信息和80%的文字及影像均源自美国[①]。

（二）西方文化话语体系构建的现代镜鉴

文化话语体系构建的关键在于增强文化软实力和取得文化话语权。话语权是一国文化软实力的重要标志，话语体系是一国占领世界文化高地的重要手段。掌握了文化话语权，国家就能有效地维护其文化安全，增强文化软实力，进而提升综合国力和国际竞争力。反之，丧失了话语权，国家的文化安全就存在潜在的危机，软实力就会削弱，从而损害其综合实力和国际竞争力，甚至会危及国家安全和国家利益。话语权是一个国家在经济、政治、文化发展中，自主地提出、表达、传播、交流的话语体系，它包括话语的创造权、话语的表达权、话语的传播权、话语的设置权和话语的自主权，本质上是一个国家的文化主导权。中国是一个有着悠久历史兼具优秀文化的国家，当前的经济实力和综合国力不断增强，在世界的影响力越来越大，但我们也

① ［美］爱德华·W.萨义德：《文化与帝国主义》，李琨译，生活·读书·新知三联书店2003年版，第173页。

应清醒地认识到，我国还没有构建完善成熟的文化话语体系，在全球的话语地位还不高，全球话语权“西强我弱”的态势仍然是严峻的事实。为此，继承中华优秀传统文化，构建中国特色社会主义话语体系就显得尤为重要。[①]当前，中国需要根据自身的国情，选择性吸收与借鉴西方文化话语体系中的精华及其构建经验，从整体上将优秀的传统文化、本土元素，主体意识形态和主流价值观念等融入新兴文化传承和传播模式之中，最终综合创新构建出符合国家利益的文化话语体系。

1. 坚持马克思主义指导和社会主义方向，构建特色的文化话语体系

西方文化霸权主义打着自由、民主、人权等“普世价值”的幌子，采取全方位、多层次、多渠道的方式传播西方资本主义意识形态、资产阶级价值观念，妄图以此对中国进行文化渗透与颠覆，达到取代社会主义意识形态与价值观念的目的。马克思主义是当代中国的主流国家意识形态，不仅是我国进行文化建设，构建文化话语体系的指导思想，也是我国进行意识形态斗争维护文化安全最强大的思想武器。用一元化的指导思想引领和整合多样化的社会思潮，提升主流意识形态在社会生活中的影响力。在美国对我国进行文化扩张和渗透的背景下，作为党和国家指导思想的主流意识形态，必须具有包容性和对其他社会意识的整合作用。指导思想的一元化和社会思潮的多元化并不必然矛盾，目前在我国，除了那些敌对的意识形态之外，有些非主流意识形态对主流意识形态是一种有益补充。思想流派越是多元，主流意识越需凸显，马克思主义必须担负起这种指导责任。因此，我国在进行文化建设和文化话语体系构建的过程中，要始终坚持马克思主义的指导思想。为了更好地坚持马克思主义，我们也应不断地发展马克思主义，推进马克思主义与时俱进，增强其解释力和战斗力。只有这样，马克思主义指导思想的地位才

① 安文华：《传承优秀文化，构建中国特色社会主义话语体系》，载《甘肃社会科学》2012 年第 2 期。

能得到不断的巩固，中国文化建设和文化话语体系的构建才能更好地呈现出鲜明的马克思主义和社会主义特色。实践证明，马克思主义是一种科学的世界观和方法论，能保证我国文化话语体系构建的科学性和开放性；社会主义是我国文化话语体系构建的基本方向，坚持社会主义的发展方向，能为我国文化话语体系的构建凝聚共识，增强动力。

2. 弘扬和践行社会主义核心价值观，构建大众的文化话语体系

"一种话语体系必须为社会不同阶级广泛接受才能够产生巨大的号召力和感染力。因此，构建中国特色社会主义的话语体系必须能够在整个社会包括各个领域和各个阶层得到广泛的传播。在构建话语体系的过程中要充分考虑到社会各个领域、不同阶层广大人民的特点和接受能力。"[①] 中国文化话语体系构建的目标对内要让人民大众认同与接受，促进文化话语体系由国家主导到大众参与，合作共建再到大众生活的普及的转变；对外要让世界人民了解与赞赏，促进文化话语体系由国内走向国际。只有这样的文化话语体系才能既符合中国当前的国情、又顺应世界文化发展的潮流。核心价值观是文化软实力的"魂"，支配着文化软实力的生命；是标识文化软实力的"核"，决定着文化软实力的性质和方向；是支撑文化软实力的"钙"，铸造着文化软实力虽"软"犹"实"的脊梁，社会主义核心价值观是文化软实力建设和文化话语体系构建的重中之重。社会主义核心价值观体现了社会主义核心价值体系的根本属性和基本特征，反映了社会主义核心价值体系的丰富内涵和实践要求。当代中国文化话语体系的构建过程中必须大力弘扬和践行社会主义核心价值观，使社会主义核心价值观内化为人民群众的文化特质，彼此之间尊重差异，扩大认同，在包容多样性中增进思想共识，从而实现文化话语体系由国家意识形态向人民大众生活的转变。

---

① 戴焰军：《构建话语体系的四个基本原则》，载《人民论坛》2012年第4期。

3. 秉承传统的民族精神，构建自信的文化话语体系

华夏儿女在过去五千多年繁衍生息的过程中，用勤劳与智慧创造了灿烂辉煌的中华文化，形成了自强不息、奋发向上的民族精神。这种传统的民族精神包含着民族气节、社会责任感、历史使命感、包容精神等积极的文明成果，这一民族精神不仅足以使每一位炎黄子孙为之骄傲、为之自豪，也曾令不少外族为之钦佩、为之惊叹。“在全球化和多极化并存的今天，离开了民族和国家的本根，失去了爱国主义精神支柱，那么所谓全球意识或世界公民也就只能成为一种无本无源的幽灵，它只会把人引向西化论者所预设的陷阱之中而不能自拔。”[①] 秉承和弘扬民族精神，首先要克服民族自卑感，增强民族自尊心、自信心和自豪感。其次要坚持不懈地加强民族精神的教育。“要将培育和弘扬民族精神贯穿于教育的始终。要加强历史教育，深入开展基本国情、时事政策、改革开放和现代化建设辉煌成就的宣传教育，坚定信心，振奋精神，增进国民对中华民族的了解，对中国传统文化的了解，使民族文化、爱国主义和民族精神深入人心，从根本上增强其民族归属感和民族认同感，从而增强其为中华民族伟大复兴而奋斗的责任感和使命感。”[②] 只有获得了民族自尊心、自信心和自豪感，我们才能增强民族归属感、认同感，从而为中华民族的伟大复兴构建自信的文化话语体系。

4. 古为今用，洋为中用，构建中国气派的当代文化话语体系

古为今用。中国在过去漫长的历史过程中形成了一套独特的文化价值体系，这些优秀的文化传统在今天仍然闪烁着智慧的光芒。然而另一方面，这些厚重的历史文化，随着时代的发展，国家和社会的转型，有些观念已经过时，需要剔除。所以，在当代中国文化话语体系构建的过程中，我们要发扬和尊重传统文化中的优秀成分，吸收其精华，剔除其糟粕。对一些人们习以

---

① 唐凯麟：《试析爱国主义和经济全球化》，载《道德与文明》2003 年第 3 期。

② 郝良华：《美国文化霸权与中国国家文化安全》，山东大学硕士论文，2012 年 10 月。

为常并频繁使用的概念和范畴重新加以解读，赋予新的时代内涵和精神内涵。这些传统的文化因子，展示着中国文化话语体系的民族气派。

洋为中用。中国主张世界文化多样化，决不推广狭隘的民族主义和文化排外主义。狭隘的民族主义和文化排外主义的基本出发点是：任何文化都具有民族性和排他性，不同文化之间本质上是相互敌视、你死我活的对立关系。未来世界文化发展的趋势是多元化而不是同质化，世界各民族都要有创新本民族文化的理论准备与和平文化竞争的心态准备。当前，有人认为"盛行于众多亚洲社会的儒家精神强调这样一些价值观：权威，等级制度，个人权利和利益居次要地位，一致的重要性，避免正面冲突，'保全面子'，以及总的说来，国家高于社会，社会高于个人。此外，亚洲人倾向于以百年和千年为单位来计算其社会的演进，把扩大长远利益放在首位。这些态度与美国人信念的首要内容形成了对照，即自由、平等、民主和个人主义，以及美国人倾向于不信任政府，反对权威，赞成制衡，鼓励竞争，崇尚人权，倾向于忘记过去，忽视未来，集中精力扩大眼前利益。冲突的根源是社会和文化方面的根本差异"①。不可否认，任何民族文化都有排他性，但民族文化的排他性是保留其文化特质的基本条件，而绝不是拒绝外来优秀文化的理由。我们应该积极地开展全球文化交流，创造和培养具有国际胸怀的文化理念，用中国的语言去阐释西方某些"普世"的价值范畴和概念，从而构建具有中国气派的文化话语体系和发展中国特色的社会主义文化。

5. 发展壮大文化产业，构建国际化的文化话语体系

文化产业发展水平较低、结构不平衡以及外来强势文化产业的冲击，是21世纪中国文化产业发展过程中必须面对的现实问题。深化文化产业部门的体制改革，完善文化产业投资收益的市场化运行机制，面向世界面向未

---

① ［美］塞缪尔·亨廷顿：《文明的冲突与世界秩序的重建》，周琪译，新华出版社2010年版，第250页。

来，是文化产业部门结构优化与产业升级的基础内容。要发展壮大我国文化产业，就必须深化改革文化产业部门体制，转变政府文化管理职能，改革文化管理机构，增强文化产业竞争力。从以行政手段、直接管理为主向以经济手段、法律手段和间接管理为主转变；革除机构交叉重叠、政出多门、部门分割的弊端；注重非政府组织的创造力和活力，并对这些部门进行适度放权；应用高新科技武装、改造、提升文化产品质量，带动文化产业的技术升级和结构重组，形成具有高科技含量的文化产业群。此外，还要注重高科技人才的培养，多进行国际文化交流，促进中国文化产业国际化。每一个文化产业都是一个文化载体，文化产业的国际化有利于中国文化的国际化，有利于中国文化话语体系国际地位的确立。鉴于当代西方发达而强势的文化产业，借助各种各样的文化载体，为西方文化话语体系的构建和话语权的推广所做的贡献，我国的文化产业也当效仿它们。

西方文化话语体系的形成、发展、特征和经验，为我国文化话语体系的构建提供了一些有益的镜鉴。西方文化话语体系的形成和发展伴随着资本主义经济以及资产阶级民主政治的发展经历了几百年的历史。其中资本主义经济的发展是其根本动力，在漫长的历史时期，涌现出了无数的经济学家、政治家和思想家，为其文化话语体系的构建注入了鲜活的血液。近代以来，西方文化话语体系基本形成，俨然成为主导世界的主流文化话语体系，对世界文明的发展产生了深刻而广泛的影响。一方面，西方文化话语体系在取得了世界文化话语权后，对世界其他国家尤其是发展中国家进行了全方位的渗透。其主要途径是通过商品、资本以及文化输出掠夺他国资源，侵蚀他国文化，抹杀文化多样性，奉行文化霸权，达到控制他国和世界的目的；另一方面，在西方国家进行商品、资本和文化输出的同时，也为当地国家带来了先进的科学技术、生产组织方式和理性观念，加速了世界范围内落后腐朽文化的解体，客观上促进了这些国家的近现代化进程。20 世纪 90 年代以来，经济全球化加速发展，世界范围内文化的相互激荡，相互融合。中国文化话语体系的构建正处在经济全球化加快发展，和平、合作、发展成为时代主流的大背景下，注定我们不能走西方世界推行“普世价值”、奉行文化侵略、文化霸权的老路，而应该以马克思主义为指导思想，社会主义为文化方向，优秀的传统文化为根基，坚毅的民族精神为脊梁，构建和谐自信，包容开放，具有中国气派又充满国际气息的文化话语体系。

第六章
现状与问题：中国特色文化话语体系建构的现实境遇

文化话语体系关乎话语权问题，是提升一国综合实力的重要体征，因而受到世界各国的高度关注。改革开放四十余年，中国的综合国力大增。正如习近平总书记所说，“现在，我们比历史上任何时期都更接近中华民族伟大复兴的目标”。为此，我们迫切需要创造性运用具有中国特色、中国风格、中国气派的文化话语体系，“讲好中国故事，传播好中国声音”，赢得话语权，助力国家综合实力不断提升。然而，就现实情况而言，诸多因素错综复杂地交织在一起，使得构建中国特色文化话语体系变得异常艰难。为了解决这个难题，我们有必要对中国特色文化话语体系构建的现实境遇进行理性的分析和判断。

一、现代化进程中传统文化与现代文化的交织与碰撞

1840 年，鸦片战争爆发，从此，中国被迫开启了现代化的进程。在中国现代化的进程中，文化是一个不可回避的重要内容。文化作为上层建筑，既受制于经济基础，同时又对经济基础起到反作用。现代化的到来，既为传统文化的创新提供了条件，同时也要求传统文化适应现代化的要求实现创新。可以说，在过去的一个半世纪里，中国的现代化进程正是在传统文化与现代文化的交织与碰撞中走过来的。从洋务运动发起的“师夷长技以制夷”

到五四新文化运动请来的“德先生”和“赛先生”。从十月革命一声炮响给我们送来了马克思主义到“文化大革命”期间的“破四旧”、“打倒孔家店”。传统文化屡遭现代文化的冲击和责难。令人欣慰的是，中国的传统文化德泽深厚，历经数载亦能生生不息，激扬创新。然而，自第三次科技革命兴起以来，信息技术获得了迅猛发展，各国现代化进入到一个全新的时代，即由工业化时代进入信息化时代。尽管中国尚未完成第一次现代化的任务，但不得不又面临着完成第二次现代化的任务。信息技术和知识经济的到来使得中国传统文化又一次遭遇现代文化。中国传统文化能否再一次获得继承和发展，是当前构建中国特色文化话语体系面临的现实境遇。

（一）传统文化与现代文化的一般规定

关于传统文化与现代文化，当前一种比较普遍的共识认为两者是一种相对应的概念。然而，在进一步具体阐述两者概念的时候，学者们的表述就无法再像先前那样统一了。关于传统文化的概念表述，学者们的表述可谓聚讼不已，见仁见智。覃广光等主编的《文化学辞典》认为传统文化是“由历史沿袭而来的风俗、道德、思想、艺术、制度、生活方式等一切物质和精神文化现象的有机复合体”①。冯天瑜主编的《中华文化辞典》认为传统文化是“文化传统在现实传播中的价值与行为体现，包括传统价值观与行为方式”②。吴闯、李东娜主编的《中国传统文化概论》认为“传统文化是从历史上延传下来的民族文化、是母文化、本土文化……”③。以上关于传统文化的概念描述，有的站在广义的视角，有站在狭义的视角，有的则站在地域性、民族性

① 覃广光、冯利、陈朴主编：《文化学辞典》，中央民族学院出版社 1988 年版，第 339 页。

② 冯天瑜主编：《中华文化辞典》，武汉大学出版社 2010 年版，第 6 页。

③ 吴闯、李东娜主编：《中国传统文化概论》，首都经济贸易大学出版社 2009 年版，第 1 页。

的视角。不同的视角，不同的语言表述形式，却都认同一个事实：传统文化是历史传承下来的。基于这点共识，同时吸收学者们对传统文化的科学认识，我们认为，传统文化是经受历史洗礼流传至今的文化传统总和。从广义的角度讲，这些流传至今的文化传统既包括物质文明财富，也包括精神文明财富。从狭义的角度讲，流传至今的文化传统则主要包括价值观念和受此价值观念影响形成的特殊行为方式。值得指出的是：其一，如果追问传统文化的制造者和产地，我们可以发现，传统文化是具有民族性和地域性的。它是特定民族在特定区域内在生产生活实践中创造出的物质财富和精神财富的有机结合体。因此才有中国传统文化、印度传统文化、日本传统文化、俄罗斯传统文化等等的区分。同时也正是基于这个原因，全球化背景下才出现了民族文化与外来文化的冲突和融合。其二，流传至今的文化传统不一定都是优秀文化，其中也暗藏糟粕。比如，重男轻女的观念，学而优则仕的观念等等。也就说传统文化不等于优秀文化。在现代化进程中，当传统文化遭遇现代文化，传统文化中的不合时宜的部分便会不断遭到剥离，而传统文化中的优秀文化在与现代文化碰撞中将会得到继承和发展。同时，也正是基于传统文化中的优秀文化，中国文化才会免遭断代发展的境遇。其三，历经风雨洗礼，又不断遭遇现代文化挑战，古人所创造的文化并非都能绵延不断流传至今，换句话说，站在不同的历史时期审视我们的传统文化，其内容是不尽相同的。而探究能够流传至今的文化传统，对于我们构建中国特色文化话语体系更具现实意义。综上所述，立足于构建中国特色文化话语体系，我们将探讨的传统文化主要是指中华民族及其祖先在中华大地所创造的，历经数载流传至今的价值观念以及行为方式。

关于现代文化的概念，至今也没有形成统一的表述，更多的是基于某一视角做进一步延伸的阐释。下面列举几种比较有代表性的表述。中国大百科全书认为：现代文化是“工业社会以来新产生的文化，是与传统文化相对应的概念。……工业化、电气化、自动化则是现代文化在物质生活方面的具体表现；实现人的价值、追求人的彻底解放，是现代文化在意识形态领域里的主要表现”[①]。《中华文化辞典》认为“现代文化是指现代文化价值在传播中的价值与行为实现过程，包括现代价值观与现代行为方式，与传统文化一起构成现实文化中对立统一的两大方面”[②]。时任中央政治局委员、新疆维吾尔自治区党委书记张春贤同志立足于现代化，立足于新疆的发展，对现代文化的概念作了比较详细的阐述。他指出：“现代化是人类发展的必由之路。现代文化是以社会主义先进文化为方向，以爱国主义和时代精神为特征，以中华优秀传统文化为根基，传承和提升区域特色文化，吸收和借鉴世界优秀文化成果，适应现代化本质要求的文化。现代文化的内涵主要是现代知识、现代观念、现代制度，包括现代科学技术、现代生产方式、现代生活方式、现代艺术等。现代文化的核心就是引领人们在社会主义现代化建设中实现人的现代化和自由而全面的发展。”[③] 以上三种关于现代文化的概念性表述，尽管视角不同，语言表述形式不同，但稍作分析就不难发现，他们关于现代文化概念的理解不是彼此对立，而是相互补充。其一，文化作为上层建筑，不是无本之木，无源之水。追问现代文化产生的动力和源泉，第一种概念表述对此做出了明确的答复——“工业社会以来新产生的文化”，而现代化就是现代文化向传统文化发起挑战的动力所在。其二，现代文化与传统文化是相对应的概念。随着现代化主题的转换，从工业化到电气化再到信息化，现代文化自身的所包含的内容也会随之发生变化。适应工业化发展需求的现代文化到了电气化时代可能就会与传统文化融合，成为传统文化新的组成部分。推演至信息化时代，亦是如此。显然，第一种概念表述中提到的现代文化的表现是立足于整个现代化进程演进的全局，而第三种概念表述中提到的现代文化的表现则是立足于当前面对的现代化进程。其三，文化蕴藏着巨大的能量。这种能量除了在物质领域中得到体现之外，更多体现在精神层面上。也

① 《中国大百科全书·社会学》，中国大百科全书出版社 1991 年版，第 432 页。

② 冯天瑜主编：《中华文化辞典》，武汉大学出版社 2010 年版，第 7 页。

③ 张春贤：《变化变革、敢于担当、务求实效为实现新疆跨越式发展和长治久安而努力奋斗》，转载于天山网：http://news.ts.cn/content/2011-10/27/content_6280070_5.htm。

就是说，文化的巨大能量更多的时候表现为一种看不到摸不着的无形力量。第二种概念表述实际上是立足于现时代，侧重于现代文化所表现出的无形的力量，这种无形的力量主要包括价值观念和与价值观念相对应的人的行为方式。实际上，这种从价值视角出发研究现代文化，对于构建中国特色文化话语体系更具有现实意义。结合上述三种关于现代文化的概念性表述，在分析它们彼此间互补性的基础上，我们认为，现代文化是伴随着现代化的出现而新发展起来的一种文化，主要表现为现代价值观念和现代行为方式。现代文化与传统文化是相对应的概念，且彼此间存在相对的稳定期，但随着现代化进程的演进，现代文化可能会与传统文化发生转化。

（二）现代化进程中传统文化与现代文化交织碰撞的现实表征

在现代化进程中，传统文化与现代文化的交织与碰撞似乎是一个永恒的主题。传统文化在与现代文化的碰撞中得到继承和发展，而现代文化则从传统文化中汲取营养，与传统文化发生交织、融合，从而为现代化提供必要的精神动力。从碰撞到交织、融合，是一个漫长动态发展的过程。在这动态发展过程中，至少需要经历三个阶段：第一阶段，传统文化因势力特别强大，使现代文化一时无立足之地；第二阶段，传统文化与现代文化之间的碰撞与冲突处于相互焦灼的状态，难分胜负；第三阶段，传统文化与现代文化出现交织融合，实现凤凰涅槃。当前中国的现代化进程正处于即将完成第一次现代化向第二次现代化全面推进的进程中，进入新一阶段发展的现代化为传统文化的创新提供了必要的条件，同时也要求传统文化实现创新。因此，在经历了前期的交织、融合后，传统文化与新崛起的现代文化再次碰撞交织中，其具体表现主要体现在以下几个方面：

1. 人治观念与法治精神

回顾历史，人治思想在中外古代王朝中都曾经产生过重要影响，但在中国影响最广、流传时间最长，已经成为中国传统文化中的重要内容。在中国，人治思想源于儒家学说治理国家的理论。在孔子看来，只有内圣外王的人才有资格成为国家权力的最高掌控者，同时，依靠“内圣外王”个人的意志来管理国家政权，实行政治统治。但是，现实中，权力与道德很难实现统一，尤其是当权力失去监督与制衡的时候，往往导致的是专制和腐败。因此，在人治社会中，受人治思想观念的影响老百姓把自身的幸福全部寄托在当朝统治者是“明君”还是“昏君、暴君”身上。相对于“人治”，法治则更多强调的依靠法律治理国家，法律面前人人平等。今天，法治的基本要求：有法可依、有法必依、执法必严、违法必究。今天，人治观念并没有随着封建社会的瓦解而消失。正如邓小平所讲“旧中国留给我们的，封建专制传统比较多，民主法制传统很少”[①]。今天，人治观念在当下中国依然有市场。部分普通百姓往往将自己的幸福生活与能否遇到政治清廉的官员联系起来，而部分干部思想中也确有人治观念，认为权大于法，以权压法。受人治观念的影响，个别地方出现了官员信权不信法，以权压法，凌驾于法律之上；老百姓信访不信法，宁走上访路，也不愿拿起法律武器捍卫自己权利的怪现象。显然，此类怪现象与现代化和市场经济所呼唤的法治精神是格格不入的。在我国推进全面依法治国的道路上，人治观念必将受到法治精神的猛烈冲击，并逐渐退出历史舞台。

2. 传统依附观念和现代民主意识

依附观念作为中国传统价值观念的重要组成部分，主要表现为缺乏独立自主的主体意识，畏惧强权、崇拜权力，攀附权力。作为现代价值观念的重要内容——民主意识则主要表现为“公民对民主的意义及其依法享有的民主权利的认识”[②]。显然，对“权力”和“权利”的态度，是判别两种观念的重

① 《邓小平文选》第 2 卷，人民出版社 1994 年版，第 292 页。

② 李济华主编：《政治学习辞典》，河南人民出版社 1991 年版，第 142 页。

要指标。在当下的中国，一方面由于脱胎于半殖民地半封建社会，几千年来，受皇权、神权、族权、夫权的限制，部分老百姓已经习惯于各种依附，因而缺乏民主传统，民主意识淡薄，同时部分官员也存在民主意识淡薄的现象，不善于运用民主的力量解决实际工作问题，将民主流于形式。比如在个别地方单位招聘出现的“萝卜招聘”，个别地区的农村基层选举出现贿选的现象等等。另一方面，现代化建设呼唤着公民民主意识的觉醒，经过多年的努力，当前公民的权利意识正在逐渐觉醒，并基本上形成了惯性的思维，但法治意识比较淡薄。由此又导致了另外一种结果：部分公民只意识到自己的权利，而忽视了自己应承担的义务，比如漠视公共规则，诸如“组团过马路”的乱象丛生。总之当下的中国，公民的民主意识正在觉醒，但法律意识淡薄，同时依附观念仍然很有市场。老百姓感受到权利受损或与其他利益群体发生纠纷时，不善于通过法律途径解决问题，而且往往这条法律的途径也因法律法规不健全和个别官员的法律意识、民主意识不够健全而不够畅通，于是，老百姓头脑中的依附观念又会发挥主导作用，通过拉关系、请客送礼的方式寻求解决问题的办法，再或是走上信访的道路。基于这样的分析，我们也就不难理解，一部以传授“谋略”为特色的《厚黑学》成为当下中国的畅销书的原因了。

3. 群体、家族至上观念与个性全面发展至上的冲突

群体、家族至上作为一种抽象的集体主义规范是以“对各级宗法大家长的绝对服从为前提的，‘单个的人’失去了人身自由，成为会说话的工具”[①]。客观地说，这种传统价值观念在自然经济时代对于维护宗族利益，避免利益纷争，抵御外族势力破坏起到了重要的作用，但这是以牺牲“单个人”的利益、压制“单个人”个性发展需求为代价的。在当下的中国，以群体、家族至上为规范的传统集体主义观念仍然很有市场。比如，工作中个别官员的家

① 段建海：《中国传统文化的社会历史透析》，陕西人民出版社 2005 年版，第 58 页。

长制作风，专断独行，以要“和谐”为由，忽视“单个人”的诉求，“绑架民意”的事情时有发生。泯灭个性的集体主义和单纯追求个性发展不讲究集体主义，都不符合社会主义现代化建设的需求。中国的现代化建设，需要集体主义，但需要的是“每个人自由全面发展”基础上的集体主义，强调集体主义，同时也十分注重“单个人”的利益诉求，需要集体主义的力量，同样也需要“单个人”的智慧力量。同样，片面强调个性发展而不注意共性发展，没有整体发展的观念，会出现利己主义，可能会导致个别人为满足一己私欲而无视他人合法权益的事情发生。“我为人人，人人为我”才是社会主义现代化建设所需要的精神动力。

4. 等级观念与现代平等原则的冲突

等级观念是中国传统文化中的“糟粕”，其核心理念是“人是有等级的而非平等的，……每个人应按其所归属的等级行事，各安其位，各尽其职，享有相应权利，履行其应尽义务”①。言外之意，人有高低贵贱之分，凡事从等级出发，做事要做符合等级身份的事情。这种等级观念对于处于社会金字塔上层的人来说，是维护他们现有利益的保护伞，而对于处在社会底层的广大普通老百姓来说，无疑是在教化他们顺从、认命，久而久之，必然导致他们形成消极、自卑，甚至厌世的心理，对于国家的长远发展十分不利。当下，这种等级观念在中国依然颇具影响力。比如，官本位思想、择偶中的门第观念、中国人的爱面子的问题等等都是封建等级观念在作祟。2015 年，全国两会上，《政府工作报告》首次将“大众创业、万众创新”两个词语收入其中。实事求是地讲，这种等级观念不利于我们实现创新型国家的目标。时任北京大学光华管理学院院长蔡洪滨指出：“创新在于交流，交流需要平等，基于实现建设创新型国家的目标，中国首先要改良文化习惯当中的一些

① 程同顺、杨文彬：《传统等级观念与当代中国政治发展》，载《云南行政学院学报》2002 第 3 期。

不利于创新的因素，打破等级观念，培养独立人格，……在自由交流、平等探讨的气氛中，创新的春天便不远了。”① 显然，实现创新型国家的目标，破除等级观念的束缚，确立现代平等原则势在必行。然而，两千年的封建社会使得等级观念在中国根深蒂固，至今仍大有市场。一方面是根深蒂固的等级观念，一方面是国家大力培育倡导的现代平等原则，在现代化进程中，两种观念势必发生猛烈的碰撞。

5. 封闭保守与开放求新

判断一种文化系统是封闭保守型还是开放求新型，一个重要的指标就是看它是否“能够与其他文化系统交换能量，其作用是通过能量交换降低本系统内部的熵值，不致因内部熵值的升高而从有序走向无序，导致本系统的停滞或崩溃”②。显然，能够通过与其他文化系统交换能量，吸收其他文化系统中的正能量，降低自身文化系统中的负能量，从而提升文化系统的整体功能，是文化系统开放性的重要表征。然而，回顾中外文化交流的历史，我们不得不承认这样一个事实：中国传统文化与其他文化系统交换能量的能力不足。其他国家的文化总能从中国传统的优秀文化汲取正能量，促进本国文化的发展。相比之下，外来文化对中国传统文化的改变却微乎其微。比如我们的四大发明传入欧洲后，对欧洲的文艺复兴及科学发展起到了巨大的推动作用，四大发明在欧洲所发挥的效用甚至比在它的发祥地——古代中国所发挥出的效用还要多、还要大。而欧洲的文艺复兴却没有带给中国传统文化多大的改变。因此，从这个角度来说，中国传统文化具有封闭保守性。进一步讲，某种程度上，中国传统文化的这种封闭保守性是中国逐渐落伍于世界其他国家的重要原因。从现实情况出发，当前我们刚好处于现代化进程中，封闭保守型的中国传统文化越来越不能满足现代化建设的需求。传统文化需要

---

① 蔡洪滨：《等级观念扼杀创新力》，载《哈佛商业评论》2013 年第 5 期。

② 王富仁：《中国传统文化对其他文化系统的封闭性》，载《学术月刊》1989 年第 7 期。

实现自我革新，主动开放，并在对外文化交流中积极主动地从其他文化系统中吸收正能量，实现自我革新，实现由封闭保守型向开放创新型转变，以适应现代化发展的需求。显然，在文化转型过程中，传统文化中的封闭保守性与现代文化的开放创新性必将发生，猛烈的碰撞，也只有经过激烈的冲突和碰撞，中国文化才会成功转型，这也是构建中国特色文化话语体系所需的必要内容。

6. 中庸之道与竞争意识

中庸之道是儒家提倡的一种道德实践原则和为人处世的方法。主张“人们要按一定的道德原则和规范，自觉地调节个人的思想感情和言论行动，使之不偏不颇，无过不及，严格保持在儒家规定的道德规范所许可的范围之内”①。不可否认，中庸之道中存在一些合理的因素，比如主张处理事务不过不及，恰到好处。尤其是在处理人与人、国与国之间的关系问题上主张平衡、协调、合作。但封建统治者借用其中的“不偏”、“不易”来教化人们顺从并维护现存统治秩序，反对社会变革。因此，保守性才是中庸之道的主要方面。竞争意识是现代人所必备的素质，可以说当下的中国，竞争无处不在。就个人而言，上学、升学、就业、工作升迁均有竞争，没有竞争就没有人的发展，竞争是人自我发展的强大动力。就国家而言，政治、经济、文化、军事等实力的竞争是推动国家发展的动力源泉。在现代社会，竞争意识中的“求变”与中庸之道中的“保守”是对立的，但竞争意识中的“竞争”与中庸之道中的“适度”可以是统一的。现代社会需要竞争，但不需要你死我活的竞争结果，需要的是合作共赢的竞争结果。这就需要在竞争中把握适度的原则，实现既不失发展活力，又不输发展前景。毕竟只有彼此间的共赢，合作才会长久，发展才获得源源不断的动力。可喜的是，当下的中国，在竞争中把握适度的处事原则越来越受到认可，有人甚至发出了“竞争的最

① 《中国大百科全书·哲学》，中国大百科全书出版社 1992 年版，第 1230 页。

高境界是合作”的感叹！

7. 义与利

所谓“义利观”主要是指“人们怎样看待伦理和物质利益的观点。‘义’表示社会的伦理规范，‘利’则主要指人们谋取物质利益的活动”①。“义”与“利”的关系问题不仅影响人的行为方式，也影响社会未来的发展，更影响中国现代化建设的成败。回顾历史，人们基于不同的视角形成了不同的“义利观”。如孔子、孟子、董仲舒等儒家学派代表人倡导“贵义贱利”、“以义制利”，商鞅、韩非等法家代表倡导“重利轻义”，王安石、陈亮、张载等人倡导的“义利统一”等等。其中以“贵义贱利”、“以义制利”的义利观影响最大。这种“义利观”将“义”与“利”对立起来，只看到了伦理道德对物质利益活动的反作用，而忽视了物质利益活动对伦理道德的决定性作用，认为可以通过重“义”最终实现“利”，达到“义”与“利”的统一。不可否认这种“义利观”有助于提升人的思想道德水平，进而推动社会的发展，但也因忽视物质利益活动的重要性而对后世产生了极坏的影响。比如，受这“贵义贱利”观念的影响，我们曾经长时间的将“义”与“利”对立看待，认为讲“义”就要放弃“利”，讲“利”就不能实现“义”，富了就会“为富不仁”。改革开放以后，随着市场经济的发展，社会各项生活日益市场化，人们对“义”和“利”的认识又出现了新的变化。突出的表现就是重新评估了“利”的重要性，这一点是值得肯定的。但值得指出的是，在大力发展市场经济的同时，由于过于强调“利”而忽视了“义”的建设，导致社会上出现了利己主义、拜金主义，出现了“碰瓷”、“老人摔倒无人敢扶”等道德滑坡现象。显然，将“义”与“利”对立起来，单方面强调“义”还是“利”都不符合社会发展的需要。唯有“一手抓物质文明，一手抓精神文明，两手都要抓，两手都要硬”才是社会主义现代化建设的根本方针。因此，回顾中

① 中国百科大辞典编委会：《中国百科大辞典》，华夏出版社 1990 年版，第 316 页。

国的现代化进程，尤其大力发展市场经济以来，尽管“贵义贱利”观与“重利轻义”观曾经发生激烈的碰撞，但从未来现代化建设的需求看，重利与重义走向统一是必然。

8.传统消费观念与现代消费观念

中国传统的消费观念包括“积极的、主流的崇俭消费观念和消极的、非主流的尚奢消费观念”。崇俭消费观念既源于当时的生产力发展水平不高、生活环境恶劣、消费能力有限，也源于中国传统文化中勤俭节约的美德。然而伴随着商品经济的发展，生产力快速发展，生活条件的改善以及消费能力的提升，消费观念正发生着变化。国家层面，由节制消费到鼓励合理消费，寄希望于通过拉动消费需求来促进经济的发展。个人层面，由勤俭节约到积极消费。值得指出的是，倡导消费，无论对于国家拉动经济增长，还是对于满足人们物质文化生活的需要，都是值得肯定的。但现实中，在“花明天的钱，圆今天的梦”的消费理念影响下，当下中国的消费观念似乎又有滑向另一个极端的危险。比如奢侈消费、浪费消费、攀比消费、冲动消费、盲从消费等等，似乎传统消费观念中被唾弃的尚奢观念又死灰复燃，他们与传统消费观念中所倡导的崇俭观念形成了鲜明的对比，自然也发生了激烈的碰撞。这些不合理的消费造成了不必要的浪费，于公于私都是不可取的。从未来发展视角出发，传统消费观念所倡导的崇俭观念在今天依然是我们所需要的，但合理必要的消费也是必需的。勤俭节约与积极消费并不矛盾，两者应该在对立中寻求统一。

（三）推动传统文化与现代文化交织碰撞的内在机制

众所周知，传统文化与现代文化的交织碰撞已经成为中国现代化进程中的常态。透过这一常态，我们有必要进一步寻找推动传统文化与现代文化交织碰撞的内在机制。

1. 受制于文化自身的特性

文化作为上层建筑的重要反映，尽管受制于经济基础，但是也能够对经济基础发挥能动的反作用。后一个方面体现出了文化也具有相对独立性。实际上恰恰是文化的相对独立性特点决定了文化自身的发展不一定能够与所处时代的生产力发展水平完全吻合，它或许超前或许落后于所处时代生产力发展水平，但文化的发展方向是适应生产力发展的水平。由此，我们也就不难理解，中国传统文化中的一些价值观念和行为方式跟不上现代化发展的节奏，受到现代文化猛烈冲击的原因了。同时，文化自身还有开放性和继承发展性，因此，当传统文化遭遇现代文化，文化自身的这两个特性必然使得两种文化由碰撞走向交织融合。此外，文化自身具备自我调适的功能，当所处的环境发生变化时，为了维护自身存在和发展，会适时发挥自身调节功能，以适应新出现的环境。这样当传统文化与现代文化发生激烈的碰撞的时候，基于两种文化自身的调节功能，便会产生这样的结果：传统文化吸取现代文化中的正能量不断降低自身的熵值，获得发展，而现代文化同样从传统文化中汲取正能量实现自我提升。因此，传统文化与现代文化在经历漫长的交换能量的过程后，会逐渐走向交织、融合。

2. 经济体制更新的需要

改革开放以来，中国社会发生了深刻的变革，其中最为重要且影响最广泛的变化，当属经济体制的调整——由计划经济体制向社会主义市场经济体制转变。经济体制调整并非人为结果，而是社会经济发展自我调节的一种必然结果。作为经济基础，每一种经济体制都要求与之相适应的价值观念和行为方式。在计划经济体制时代，我们形成了一套与之相适应的价值观念和行为方式。比如，在计划经济体制条件下，对于企业而言，生产、交换、分配、消费一切按国家指令计划，企业作为市场的主体无需竞争意识，即便有竞争意识也无用武之地。企业无需创新意识，因为生产出来的产品卖不卖得出去无需关心。对于个人而言，升学、就业都由国家计划安排，无需竞争意识。个人也无需创新意识，因为个人提出的一些新想法、新建议可能会被认为搞个人主义，诸如此类打着经济体制标签的价值观念和行为方式还有很多很多。改革开放以后，随着社会主义市场经济体制的确立和发展，企业获得了更多的自主权成为真正意义上的市场主体，从自身发展视角出发，企业必须具备创新精神，且具有竞争意识，才有可能在市场中站稳脚跟，同时经济主体的多元性和复杂性，决定了市场秩序等需要相关法律制度的保驾护航。对于个人而言，升学、就业实行了“双向选择”，由此，竞争意识、创新意识、个人发展规划意识成为现代人必备的素养，如若不然就会招致被社会淘汰的危险。显然，随着市场经济体制在我国的确立、发展和不断完善，与之相适应的一整套价值观念和行为方式正在逐渐形成。值得指出的是，恰恰是经济体制的更新向传统价值观念和行为方式发出了变革的要求，才使得现代文化与传统文化发生碰撞更具杀伤力，倒逼传统文化不断实现自我革新和发展。

二、社会转型时期多元文化的冲突与融合

所谓社会转型“是建立在传统社会与现代社会划分的基础之上的，是社会从传统型向现代型转变的过渡过程”①。具体来说就是“从农业的、乡村的、封闭的半封闭的传统型社会，向工业的、城镇的、开放的现代型社会的转型”②。显然，社会由传统型向现代型转变是一个漫长的过程，同时这一过程又体现出追逐开放和追逐市场的特性。一般认为，伴随着现代化进程的开始，中国社会开启了由传统型向现代型转变的进程，且基于大多数学者达成

① 刘祖云：《社会转型解读》，武汉大学出版社 2005 年版，第 5 页。

② 郑杭生等：《转型中的中国社会和中国社会的转型》，首都师范大学出版社 1996 年版，第 1 页。

的共识，当前的中国社会正处于从传统型向现代型转变的加速期。[①]可以说这是一个大变革、大发展的时期，同时也是多元文化冲突、融合错综复杂交织在一起的时期。社会转型期内多元文化的冲突与融合是中国特色文化话语体系建构面临的第二个现实境遇。

（一）关于多元文化的一般规定

“元”也，“天地万物之开始”。[②]由此字面解释出发，多元文化即多个开端的文化或不同开端的文化。多元文化的出现源于现代社会发展的需求。在社会由传统型向现代型转变的进程中，复杂的社会结构需要多种不同的文化为社会发展提供必要的服务。在这一进程中，多元文化在经历激烈的冲突后逐渐走向融合，形成“各美其美，美人之美，美美与共，天下大同”的相处模式为社会发展提供服务。

当前中国社会转型正处于加速发展期，社会发展需要多元文化为其提供不同的服务，因此，在文化领域里呈现出多元文化并存的结构，且主要表现为主文化、亚文化、反文化并存。

主文化，主要是指在社会文化系统中占主导地位，为大多数人所接受的文化。主文化时常被称作主体文化、主导文化、主流文化。从“体现统治阶层把握意识形态主导权和社会财富分配权的实质”[③]视角出发，主文化就是主导文化。从强调在特定文化系统中占据主导地位的视角出发，主文化就是主体文化。从影响力和发展趋势的视角出发，主文化就是主流文化。需要指出的是，在理想状态下，主体文化、主导文化、主流文化三者指的是同一种

① 多数学者认为，中国的社会转型经历了三个阶段。第一阶段：1840—1949 年慢速发展时期；第二阶段：1949—1978 年的中速发展时期；第三阶段：1978 至今的快速发展时期。当前中国正处于社会转型的快速发展时期。

② 徐兴海、刘建丽：《儒家文化辞典》，中州古籍出版社 2000 年版，第 40 页。

③ 冯天瑜主编：《中华文化辞典》，武汉大学出版社 2010 年版，第 5 页。

文化，而有的时候三者则各有所指。通过对主文化的辨识，我们至少可以得到如下信息：其一，借助对主文化的辨识，我们可以了解社会主流文化倡导的生活方式。其二，借助对主文化的辨识，我们可以了解统治阶级的意识形态。其三，通过对主文化处境的判断，我们可以预测出文化系统可能出现的动荡、变迁，从而预警社会。

亚文化，通常主要指因"阶级、阶层、民族、宗教以及居住环境的不同，……形成具有自身特征的群体或地区文化，……一经形成便是一个相对独立的功能单位，对所属的全体成员都有约束力"①。同时，受阶级、阶层、民族、宗教、地区环境等因素的影响，仅能够被所属的全体成员接受，因此，在社会文化系统中居于次要地位。通常情况下，尽管亚文化与主文化在价值认识上有歧异，但亚文化附属于主文化，受主文化协调、掌控，作为主文化的必要补充为社会经济发展服务。但亚文化中也有极端的文化成分，一些宗教极端分子所接受的文化。它们与主文化倡导的核心价值规范发生对抗性的冲突，相当于"反文化"。正是多元亚文化的广泛兴起，造就了中国社会转型期多元文化并存的格局。因此，通过对亚文化辨识我们可以从中得到以下信息：其一，基于亚文化中群体文化的多元性，我们可以了解和感受社会转型期多元文化格局的现状。其二，基于文化为社会经济发展服务的视角，研究亚文化，有助于我们了解社会转型期经济社会发展的需求，正确引导文化建设。其三，基于对亚文化与主文化间的互动关系的考察，有助预警国家文化安全。

根据前面对亚文化的概念解析，我们可以发现，反文化归属于亚文化的范畴，是亚文化中某些极端的文化成分。因此与亚文化紧密相关，两者有时甚至可以彼此渗透。"反文化群体通常针对主文化的某些核心价值规范进行自觉的反抗。"② 因而，反文化作为主文化的对立面而存在，且一定条件下，

---

① 《中国大百科全书·社会学》，中国大百科全书出版社 1991 年版，第 451 页。

② 冯天瑜主编：《中华文化辞典》，武汉大学出版社 2010 年版，第 5 页。

两者可以发生逆转。即反文化在与主文化的对峙过程中，在多方因素的作用下，双方力量对比逐渐发生逆转，反文化所倡导的核心价值规范逐渐占据社会文化系统中的主导地位，转化为主文化，而旧有的主文化下降为反文化。因而，同一国家，不同社会发展时期体现出的主文化与反文化不相同，有可能这个社会发展期的主文化到下一个社会发展期就成为反文化。比如，在中国旧民主革命时期，资产阶级文化就是主文化，而在社会主义社会则是反文化。综上分析，主文化与反文化之间有明显的对立，比较好识别。反文化作为亚文化的一种极端成分，与亚文化之间的区分就比较难界定。本文将尝试着从如下几个方面着手：其一，从社会经济发展需求视角出发，能否对主文化功能上的欠缺做出积极的弥补，满足社会经济发展的需求。其二，与主文化的核心价值规范间的歧异是否具有激烈的对抗性。其三，是否在更大程度上“以文化的方式表达了它们的政治”[①] 诉求。

（二）社会转型期多元文化冲突、融合的现实表征

当前中国社会正处于加速转型期，与这个时期相对应的文化领域也出现了多元文化并存，各种文化冲突、融合交织在一起的景象。

1. 主文化与亚文化间的互动

从意识形态主导权视角出发，当代中国的主文化是“以马克思主义为指导的、吸收中华民族和世界优秀文化遗产的、为人民服务的社会主义文化”[②]，其核心价值规范的具体表现就是社会主义核心价值观的 24 个字：富强、民主、文明、和谐，公正、法治、自由、平等，爱国、敬业、诚信、友善。然而，当代中国社会不仅存在主文化这一种文化，与主文化形影相随的

① 王逢振、王晓路、张中载编：《文化研究选读》，外语教学与研究出版社 2007 年版，第 661 页。

② 郑杭生：《社会主义条件下主文化与反文化的对立》，载《人民日报》1991 年 5 月 9 日。

还有众多的亚文化。因阶层、民族、宗教、生活环境等条件的不同，当代中国社会转型期的亚文化呈现多元群体文化并存的境况。比如，民族文化、宗教文化、阶层文化、地域文化、年龄文化等等，值得强调的是，这些亚文化与主文化之间有摩擦冲突，也有对话交流，但总体上接受主文化的引领。两种文化共存于中国社会转型期的文化系统之中。主文化与亚文化之间的互动是我们解读中国社会转型期思想文化领域复杂多变现状的一条重要线索。通过考察当前中国社会主义文化与亚文化间的互动，我们发现了以下现象：

其一，部分亚文化从属于主文化，是主文化的有益补充。比如，少数民族文化特有的艺术元素，被广泛应用到建筑、服装、音乐、文学创作等领域，各个民族的文化通过交流、对话，不但自身获得了发展，而且也在一定程度上弥补了经济社会发展追求创新和多样化的需求。中国传统文化中的“和”文化元素为市场经济中凸显的竞争意识做了有益的补充和修正，同时也实现了自身价值的升华。企业职工文化、农民文化、校园学生文化、志愿者文化、农民工文化、宗教文化等文化的广泛兴起和大力发展，为因社会急速转型而遭受各种心理不适应的人们起到一定的舒缓作用。此外，社会主义市场经济发展产生的一系列新的文化，如消费文化、市场文化等也为弥补了主文化的功能欠缺。诸如此类的案例还有很多，它们之间凸显的共性即在于，亚文化通过与主文化进行对话、交流中自觉地选择追随主文化，实现融合，但在一定程度分担了以马克思主义为核心的社会主义文化在社会文化系统中的影响力和主体地位。即主导文化地位与主体文化地位、主流文化地位不相协调。

其二，部分亚文化与主文化在价值认同上有歧异，存在冲突，也有融合。

改革开放以来，各种具有现代解构色彩的思潮传入中国。比如，后现代主义、后结构主义、后工业主义、后科学主义等等。这些从西方传入中国的思潮共同的特征就是“后现代性”，因此也可将其归纳为“后现代”思潮。现实中，我们很难对“后现代”做出准确的概念描述，因为一些倡导后现代的理论家们均反对用一种约定俗成的形式来界定或规范其主义，但学者们还是通过对后现代理论家们的理论主张展开分析，对“后现代”进行了解读，认为“后现代”并非指历史上某一个时代，而是立足于对现代的批判和反思，强调“否定性、去中心化、破坏性、反正统性、不确定性、非连续性、解构以及多元性”[①]的思维方式、思想潮流。“后现代”的思维方式透过建筑作品、影视作品等物质载体已经开始影响着中国人的行为方式。比如周星驰导演的《大话西游》、韩寒导演的《后会无期》、郭敬明导演的《小时代》等影视作品，再比如为北京奥运会专门打造的“水立方”、“鸟巢”，央视新大楼等等建筑作品，无不是融合“后现代”思维方式的作品。从这个视角来看，“后现代”思潮的思维方式对中国文化的思维方式来说是一种补充。值得强调的是，西方式的“后现代”思潮传入中国后就变了味道，首先成为了中国知识群体排解焦虑的一种方式。中国部分知识群体寄希望于借助西方学界对东方的批判，找回自己逝去的思想启导者的位置，并在这一进程中逐渐遗忘了“后现代”的批判使命，甚至沦为了后殖民主义等西方现代扩张主义的代理人。[②]因此，从这个意义上说，“后现代”思潮作为中国部分知识分子的一种群体文化与当前中国主文化在价值认同上是存在歧异的，且有消解中国主文化的一面。综上所述，“后现代”思潮作为一种亚文化，有与主文化融合的一面，也有矛盾冲突的一面。

2. 反文化与主文化间的冲突

基于前面对当代中国主文化的界定，实际上当前中国的反文化主要是反对主文化中的社会主义核心价值观和马克思主义为指导的意识形态。当下中国特殊的国情决定了，各种反文化不会在短期内消失，甚至在一定程度上死灰复燃，而主文化注定要受各种反文化的挑战。

---

① 王北生主编：《当代教育基本理论论纲》，人民教育出版社 2012 年版，第 335 页。

② 杨念群：《昨日之我与今日之我：当代史学的反思与阐释》，北京师范大学出版社 2013 年版，第 59—60 页。

其一，多样化的社会思潮挑战马克思主义在我国意识形态领域中的主导地位。

伴随社会转型进入加速期，我国的意识形态领域出现了新变化，集中表现为反马克思主义思潮愈演愈烈。如“历史虚无主义”、“新自由主义”、“民主社会主义”、“新儒学”等。尽管这些思潮理论主张的表达范式各不相同，各有侧重点，但它们拥有共同的目的就是彻底颠覆以马克思主义为核心的社会主义文化在中国的主导地位，进而实现它们在中国的政治目的。令人担忧的是，这些思潮在当下的中国具有一定的市场。比如，近年来一些社会热点事件所引发的各方争议等等，都凸显了多样化思潮在当代中国拥有足够大的影响力。而另一方面，普通民众对马克思主义的主流意识形态的关注度大有逐年减弱的趋势，宣传马克思主义的主流意识形态的“大刊大报”大多在党政机关高校内部循环流动，难以深入基层和普通民众，这也是我们不愿意看到的现实。多样化思潮的泛滥和马克思主义主流意识形态自身建设的不足，造成了马克思主义主流意识形态地位面临挑战的现实境遇。

其二，“黄”、“赌”、“毒”等丑陋现象死灰复燃挑战主文化的核心价值规范。

新中国成立后，以“黄”、“赌”、“毒”为业的反文化一度在大陆被消灭。然而，自改革开放以后，借着改革浪潮沉淀下的泥沙，以“黄”、“赌”、“毒”为业的反文化又死灰复燃，且在个别地区呈现出专业化、职业化、产业化的发展趋势。众所周知，以传播“黄”、“赌”、“毒”为内容的反文化危害极大。这类反文化不仅对参与者及其家庭造成巨大的伤害，而且危及社会公共安全。比如，最近两三年频繁出现的“毒驾”现象，其危害社会公共安全的程度不亚于“酒驾”。同时，以“黄”、“赌”、“毒”为业的反文化，极容易诱导参与者树立极端个人主义的人生观和拜金主义的价值观，站在主文化倡导的核心价值规范的对立面。值得引起注意的是，近些年涉“黄”、涉“赌”、涉“毒”的群体中不乏有明星、领导干部出现。无疑公众人物和公职人员涉“黄”、涉“赌”、涉“毒”更加严重地挑战了当前中国主文化倡导的核心价值规范。

其三，各种宗教极端思想挑战中国主文化的核心价值规范。

在中国社会转型的加速期，各种社会矛盾凸显，如下岗职工再就业问题、大学生就业问题、住房问题、医疗问题、公共安全问题、环境问题等等困扰着陷入上述矛盾中的每一个人。不可否认，宗教文化在老百姓与主文化之间搭起了一座桥梁，发挥了沟通、协调的作用，成为当前中国主文化的有益补充。但是宗教文化作为一种亚文化，有时也可能受到各种因素的干扰越轨转化为反文化，以反文化为基础的宗教自然就被称作邪教。20 世纪 80 年代以后，我国一些偏远山区开始出现邪教组织。90 年代以后，一些中心城市开始出现邪教组织，并出现了以中心城市为基地向周边地区辐射发展的态势。

（三）社会转型期多元文化冲突、融合的内在机制

1. 文化系统整合的内在需求

当前中国社会正处加速转型期，这是一个各种思想十分活跃的时期，新的思想不断出现，旧的思想不断面临着新思想的挑战，新旧思想的碰撞在所难免。然而，多元思想文化在长期共同相处的过程中，经过社会经济发展现实需求的检验，会有一个优胜劣汰走向整合的发展趋势，这种文化整合的趋势，是文化系统不断提升自身功能获得生存发展的必然要求。然而，这种文化整合不同于文化融合，不是一种自愿的行为，在多元文化的整合过程中因文化的差异性和自我保护性必然会发生碰撞，这也是主文化、亚文化、反文化总是存在于同一个文化系统中的原因所在。

2. 多元群体亚文化的广泛存在

文化受制于经济，服务于经济发展。当前中国社会正处于由传统型向现代型转变的过程，这个过程实际上既是由计划经济向市场经济转变的过程，也是单一公有制向公有制为主多种所有制共同发展的过程。不同所有制

的经济发展势必要求与之相适应的文化为其服务，因此，多元文化的存在有其必要性和合理性。中国社会转型期的多元文化结构是一元主导多元并存的格局。“一元”指的是以马克思主义为核心的社会主义文化。“多元”则是指因阶级、阶层、民族、宗教、生活环境等因素不同形成的亚文化群。在这个亚文化群中，与主文化认同一致的，属于常规亚文化，这类亚文化是主文化的有益补充。与主文化在价值认同上存在歧异的，则属于偏离亚文化，这类亚文化可能会转化成反文化。与主文化在价值认同上发生对抗的，则属于反文化，实际上反文化也是亚文化的一种。由以上亚文化的分类，我们可以看出，不同亚文化之间还是存在着差异的，而有差异就会有冲突。从这个视角出发，多元群体亚文化的广泛存在是社会转型期多元文化冲突的诱因之一。

三、全球化背景下民族文化与外来文化的冲击与竞争

早在1848年，马克思、恩格斯在《共产党宣言》中关于“世界市场”的阐释便预示了全球化是未来发展的趋势：“资产阶级，由于开拓了世界市场，使一切国家的生产和消费都成为世界性的了。……过去那种地方的和民族的自给自足和闭关自守状态，被各民族的各方面的互相往来和各方面的互相依赖所代替了。”[①] 此后正如马克思、恩格斯所预示的那样，全球化与我们相遇了。20世纪80年代，西方的一些报刊上开始出现“全球性”的词语。1992年时任联合国秘书长加利宣布“第一个全球性时代已经到来了”。众所周知，经济基础决定上层建筑，我们首先接触到的全球化便是经济全球化，因此早些时候我们常将全球化、经济全球化两个概念等同起来。如当时的国际货币基金组织将全球化定义为“跨国商品与服务交易及国际资本流动规模和形式的增加，以及技术的广泛迅速传播使世界各国经济的相互依赖性

① 《马克思恩格斯选集》第1卷，人民出版社1995年版，第276页。

增强"[①]。今天看来，这个关于全球化的定义显然是存在认识上的局限性，将全球化等同于经济全球化。实际上，"物质的生产如此，精神的生产也是如此。"伴随着各国间经济交往的日益频繁，文化等领域的交往不可避免。关于这一点，马克思、恩格斯在《共产党宣言》中也有提出："各民族的精神产品成了公共的财产。民族的片面性和局限性日益成为不可能，于是由许多种民族的和地方的文学形成了一种世界的文学。"[②] 实际上，全球化是一个时空概念，它将世界看作一个联系的整体，各国彼此间的联系不仅体现在经济领域，还体现在文化、科技、教育等其他众多领域。全球化是一个不可避免的客观历史发展进程。世界各国已经身处其中，无法避免，更无法逃离，只能选择面对。

今天，伴随着经济全球化程度的日益深化和各国文化传播手段的进步，各国文化有了亲密接触的机会，同样如马克思、恩格斯所预料的那样，文化全球化也来到我们的身边。然而文化特有的民族性和国家性决定了，文化全球化是一个民族文化与外来文化冲突与竞争的过程，不同文化通过冲突、竞争逐渐走向融合，为经济全球化的进一步深化提供必要的智力支持。同经济全球化一样，任何一个国家都不能避免文化全球化的命运。问题的根本在于如何提升本国文化的竞争力，成为文化全球化的赢家。显然，全球化背景下，中国特色文化话语体系构建面临的又一现实境遇就是民族文化与外来文化的冲突与竞争。

（一）民族文化、外来文化的一般规定

所谓民族文化，即"体现民族特征和民族利益的文化形态，其核心内容是一定的价值观念体系"[③]。民族文化具有国家意义。放眼全球，大多数国家

---

① 孙洪斌主编：《文化全球化研究》，四川大学出版社 2009 年版，第 4 页。

② 《马克思恩格斯选集》第 1 卷，人民出版社 1995 年版，第 276 页。

③ 李忠尚：《软科学大辞典》，辽宁人民出版社 1989 年版，第 662 页。

都是多民族统一的大家庭，多个民族立足于统一国家，在漫长的历史进程中逐渐形成了体现共同民族特征和民族利益的文化形态。这种国家意义上的民族文化关乎国家的生死存亡，是民族国家的本质的体现。当今世界上有200多个民族国家，每一个国家都拥有体现本民族特征和利益的文化形态。在文化全球化的背景下，它们彼此相对独立，又彼此相互联系着。每一种国家意义上的民族文化彼此间都互为外来文化。民族文化具有三个显著特征：

其一，认同性。任何一个国家都十分注重保护自己的民族文化，且十分关注全体人员对民族文化的认同，最大限度地实现民族文化自我认同。民族文化的自我认同主要分三个层次。第一个层次是民族成员在没有外力的干扰下自发自觉地认同本民族的文化。这种自然的认同源于全体民族成员长期共同生活的实践。比如语言、文字、风俗习惯等，在长期共同的生产生活实践中已经深入人心，固化为全体民族成员不知不觉的行为。这是第一个层次的自我认同，也是初级阶段的自我认同。较自然认同高一阶段的认同是强制认同。强制认同的动力主要来源于利益的关联和政治权威，借助于这两股力量，以正确诱导和说服教育的方式实现强制认同。比如全体民族成员对各项法律法规的认同，都属于强制认同的层次。最高等级的认同当属理解认同。理解认同的动力主要来源于全体民族成员共同的民族情感和民族精神。民族文化的内容可以随着时代的变迁而发生改变，但那种“同一民族的人感觉到大家属于一个人们共同体的自己人的心理”① 不会变，承载着本民族独特价值观念体系的民族精神也不会变。借助于这两股力量，消除不同历史境遇下民族文化精神间的矛盾，实现理解认同的目标。比如整合民族成员认识上的差异，从而实现整个民族的自我超越，便属于理解认同。

其二，传承性。民族文化的传承性主要是指历经千百年历史的洗刷，在不断实现自我超越的进程中，体现民族文化特质的价值观念形态得到有效的保护。民族文化的传承性，这既是基于民族国家发展的需求，也是基于“任

① 费孝通：《关于我国民族的识别问题》，载《中国社会科学》1980年第1期。

何一个民族的人们都热爱本民族的历史和优良的文化传统，习惯本民族的习俗、生活方式，并关切它们的存在和发展”① 的需求。

其三，适应性。在各国文化彼此间频繁交流的过程中，发展水平略低一些的民族文化会主动向发展水平略高一些的民族文化学习，实现自身的创新和发展。正是基于这种适应性，民族文化才能经受历史的冲刷和洗礼传承下来。

（二）全球化背景下中华民族文化与外来文化冲突、竞争的现实表征

在文化全球化背景下，各国文化之间由相互隔绝到相互接触、相互交流，但就当前的情况来看，这种交流实质上是“非西方文化被西方文化同质化与一体化的过程”②。现实中，凭借强大的经济实力和政治优势，以美国文化为主流的西方文化肆意向外扩张渗透，“从语言到风俗习惯、从宗教到教育模式，甚至连牛仔裤、可口可乐、肥皂剧、好莱坞电影等都差不多被带到世界上的每一个角落”③。尤其是意识形态和社会制度与西方世界差异明显的中国更是它们渗透和扩张的重点目标。因此，从某种意义上来说，中国的文化全球化进程是在中华民族文化与以美国文化为主流的西方文化的冲突、竞争中开始的。其具体表现为以下几个方面：

1. 国际通用语与汉语的冲突与竞争

语言文字是民族文化中最基本的要素，它不仅是民族成员交流的工具和思维的载体，还是维系民族成员共同情感、传承民族精神、增强民族文化认

① 《中国大百科全书·民族卷》，中国大百科全书出版社 2004 年版，第 306 页。

② ［日］星野昭吉：《全球政治学：全球化进程中的变动、冲突、治理与和平》，刘小林、张胜军译，新华出版社 2000 年版，第 196 页。

③ 李金齐：《全球化时代的文化安全研究》，中国社会科学出版社 2008 年版，第 108 页。

同的重要基础。可以毫不夸张地说，语言文字是民族国家最重要的“活”的历史文化遗产。对于整个中华民族来说，汉语语言便是这样一种语言。然而，伴随着文化全球化的浪潮，无论是我们引进西方的先进技术，还是我们走出国门与其他国家交流，都面临着国际通用语言英语等西方国家常用的语言考验。以英语为例，改革开放以后，我国掀起了学习英语的热潮。不可否认，学习英语的确有助于我们的对外交流，也是开展对外交流的必要手段。但我们也不能否认，现实生活中的“学习英语热”并没有实现“汉语”和“英语”双赢，而是以弱化汉语强化英语为导向的。如今这种“学习英语热”已经在潜移默化地消解汉语语言的地位。比如，一些年轻人汉语表达的能力在慢慢退化，部分人开始慢慢习惯于将英语和汉语混合起来使用的表达方式，并视这种表达方式为一种与国际接轨的时尚，实则不伦不类。“海归成功人士”可以熟练使用英语讲授他的最新成果，但可能无法流利地使用“汉语”解释观众们提出的问题。在文化全球化背景下，汉语在与英语等国际通用语言的竞争中处于劣势的例子还有很多。不过在这种竞争中，我们也发现了另外一种现象：随着中国经济的发展，综合实力的提升，“汉语热”也在“润物细无声”地改变着英语，英语词汇中也引进了汉语词汇，比如“旗袍”、“孔夫子”、“功夫”等等，使得英语也变得越来越“杂”，毕竟国际通用语言的地位是由使用该种语言的国家的综合实力来决定的。学者潘一禾对此做出了预测：“文化全球化的一个趋势是：作为第一国际语的英语，将来就像汉语一样，写下来的是拼音文字，说起来则南腔北调，以至于英语国家必须比以前更经常地增添英语词汇和呼吁遵守英语规范。”①

2. 中西方价值观念的冲突与竞争

改革开放以来，国门打开，我们在引进西方先进生产技术和设备的同时，西方价值观念跟随它所附着的物的载体或人的载体一同进入中国。尤其

① 潘一禾：《文化安全》，浙江大学出版社 2007 年版，第 133 页。

是加入世界贸易组织以来，遵照世界贸易组织的协定，中国文化市场要逐步对外国资本开放，更是为西方价值观念大规模进入中国打通了渠道。西方价值观念传入中国对中华文化传统观念产生了不容小觑的影响。其中最值得一提的案例当属美国的“三片”（芯片、大片、薯片）带给中国人的影响。如今吃“洋快餐”、看“美国大片”已经被中国的年轻人所认同和接受，甚至成为一种时尚。此外，植入美国芯片的计算机遍布全球，中国也不例外。这意味着，在计算机世界里面，我们必须习惯按照美国既定的程序（思维模式）去思考和解决问题。中国人在消费美国“三片”的同时，也在不知不觉中开始接收、接受美国的生活方式和风俗习惯，并事实上已经把他们变成为自己的一部分了。正如美国《纽约时报》刊登的文章“这还是中国吗?”所描述的那样“中国城市里的普通人却发现自己与美国人有许多共同之处，两国人民的生活方式正迅速地接近。在过去几年里，中国的大城市以惊人的速度冒出了美国商店和餐厅，包括星巴克、普尔斯马特、必胜客、麦当劳以及 Esprit 服装店等。新建的住宅小区用上了‘橘郡’和‘曼哈顿花园’之类的美式名字。人们梦寐以求的豪华汽车都是高档的别克车”①。显然，最近一些年中美两国的亲密接触是以中华文化传统观念的弱化和西方价值观念的强化为主线条开展的。近年来，中国人对待中西方节日冷热不均的态度也表明了中华文化传统观念正发生着改变。比如，很多年轻人只知道西方的“情人节”而不知中国“情人节”，热衷过“圣诞节”、“感恩节”而忽视中国传统的“春节”、“端午节”、“清明节”。近年来，反倒是中国的传统节日在海外受到的关注度越来越高，甚至一些政府高级官员也开始奔赴本国的唐人街参加庆祝中国传统节日的活动。总之，从语言到风俗习惯，无不是被中西方不同观念间的博弈充斥着。在文化全球化背景下，西方的生活方式和风俗习惯的强势入侵考验着今天的中国人，尤其是年轻人对中华民族文化自我认同。

① 《参考消息》2002 年 2 月 27 日。

（三）引发中华民族文化与西方文化冲突、竞争的内在机制

1. 中华民族文化与西方文化的冲突源自文化的民族性

通过前面部分关于民族文化的概念解析，我们得知，世界上任何一个民族都有属于自己的文化，同样任何一种文化的背后都需要一个民族的载体。“民族”和“民族文化”是相伴而生的。文化的民族性将全体民族成员凝聚在一起，也将不同的民族区别开来。在全球化到来以前，各个民族国家的文化彼此间基本处于隔绝的状态，因此基本上不存在冲突的问题。然而，伴随着全球化进程的开启，尤其是经济全球化程度的日益加深，各民族国家的文化有了彼此接触、交流的机会和条件，文化的民族特性就凸显出来，成为诱发民族文化间冲突的重要原因。中华民族和美利坚民族，无论是基于人种的考察，还是基于生活的地域、环境考察，或是基于民族的发展历程考察，都存在较大的差异，因此，与亚洲民族国家的文化相比，中华民族文化与以美国文化为主流的西方文化间的差异更大，因此冲突涉及的领域更多、更广。

2. 生产力发展水平、经济发达程度、科学技术发展水平的差异

文化受制于经济基础，因此受到各民族国家生产力发展水平、经济发达程度、科技发展水平等因素的影响，民族国家文化的发展水平也参差不齐。如果是在全球化到来之前，各国民族国家基本处于相互隔绝的状态，那么民族国家文化发展水平的差异并不会引发文化冲突和竞争的问题。问题就在于，全球化的浪潮将一切先进的和落后的民族国家都卷入进来。各国的政治、经济、文化各个领域都不将以自己的意志为转移，主动或被动参与到全球化的竞争中来。这个时候，处于不同发展水平的民族国家文化便会发生冲突，这种冲突主要表现为强势民族文化与弱势民族文化间的入侵与抵抗，当然强势民族文化与弱势民族文化间也有一个融合的过程，这种融合主要表现为弱势民族文化对强势民族文化的优秀精华部分的吸收和接纳。

3. 以美国文化为主流的西方文化推行的文化殖民、文化霸权

借助强大的经济实力和政治实力，以美国文化为主流的西方文化一直在世界多元文化格局中处于优势地位。如果说基于文化的民族性和各民族国家经济基础的不同，民族文化间冲突的产生具有一定的客观必然性，那么中华民族文化与以美国文化为主流的西方文化间的文化冲突与竞争则又多了一个人为的诱因——西方国家推行的文化殖民和文化霸权战略。中国在意识形态和社会制度上与西方国家存在很大的差异，因此，继苏联解体后，西方世界便将中国假想为最强劲的敌人。文化策略是政治需求的反映。通过各种渠道向中国境内输入自己的价值观念，“西化”、“分化”、“毒化”、“边缘化”中华民族文化，对中国实施“思想文化上的殖民”，从而达到维护其世界霸主的目的。正如尼克松在《1999 不战而胜》中指出的那样“如果我们在意识形态斗争中打了败仗，我们所有的武器、条约、贸易、外援和文化关系都将毫无意义”①。显然，西方文化中的文化殖民、文化霸权战略加深了中华民族文化与以美国文化为主流的西方文化间的冲突与竞争。

四、当代文化建设滞后与文化话语缺失

文化是人的精神家园，也是一个国家经济社会发展必备的动力。如果一个国家文化建设滞后，那么不但会引起社会成员精神的空虚，也会制约经济发展和社会进步。改革开放三十余年来，我国的经济建设取得了举世瞩目的成就，人们对物质的需求在不断得到满足的同时，势必对精神文化提出更高的要求。同样对于中国的国家发展和中华民族伟大复兴而言，未来发展需要的不仅仅是强大的经济力量，还需要强大的文化和道德力量。文化重在建设，这是文化自身发展规律的要求，为了更好地服务于中国社会经济的发

① 转引自巴忠倓主编:《文化建设与国家安全》，时事出版社 2007 年版，第 64 页。

展，满足人民的文化需求，加快构建中国特色文化话语体系具有重要意义。然而，当前文化发展的总体水平不高，文化建设滞后于时代要求。这又是挑战构建中国特色文化话语体系的难题。

（一）突出的问题

文化建设滞后于经济社会发展和人民日益增长的需求，比较突出的问题包括以下几个方面：

1. 国内话语“失序”，国际话语“失声”

所谓国内话语“失序”，主要是指主导文化、主流文化、主体文化三个方面发生错位。当前，有社会主义政权作保障，马克思主义在我国意识形态领域的主导地位是毋庸置疑的。但改革开放以来，各种西方社会思潮涌入中国，加之市场经济文化的泛起，马克思主义的指导思想对老百姓的影响力已经大不如从前了，其主流文化、主体文化的地位受到挑战。有学者已经关注到这一现象，并做了如下描述：“‘红色文化’尽管在形式上仍然保持着‘主体文化’的地位，继续得到政府的支持和宣传，但实质上‘红色文化’的一套价值观念和行为规范在群众实际生活中失去了过去的影响。”[①] 所谓国际话语“失声”，主要是指，中国话语在国际对话、交流中影响力不大，与我们世界第二大经济体的地位不相匹配。比如自20世纪90年代以来，各种版本的“中国威胁论”一直困扰着中国，而我们的回应却显得乏力。正如复旦大学特聘教授张维为所指出的那样“新中国在前两个三十年里解决了‘挨打’和‘挨饿’的问题，现在要解决‘挨骂’的问题”[②]。

---

① 马戎：《重建中国的社会主体文化》，“第四届现代化与中国文化研讨会”（香港和苏州），1993年10月，论文。

② 《首次中国话语高端论坛召开　张维为：为中国解决挨骂问题》，载观察者网2014年11月19日，http://www.guancha.cn/culture/2014_11_19_288191.shtml

2. 现代公共文化服务体系尚处于初级发展阶段

2005年10月，党的十六届五中全会上首次提出了“公共文化服务体系”的概念。2013年11月，党的十八届三中全会通过的《决定》提出要构建现代公共文化服务体系的目标。2015年1月国办又出台了《关于加快构建现代公共文化服务体系的意见》。近年来，国家的这些大举措，说明了两个问题：一是国家已经开始意识到构建现代公共文化服务体系的重要性，二是当前我国现代公共文化服务体系尚处于初级阶段，还有很多亟待解决和完善的问题。具体表现为几下方面：其一，国家对公共文化服务的投入不足。2012—2014年文化事业费占财政支出比例基本上维持在0.38%左右。其二，快速建立起来的农家书屋运营状况不佳。2007年国家推出文化惠民工程，要求全国64万个行政村，村村建立农家书屋。截至2012年，全国共有60万个行政村建立了农家书屋。为了检验农村书屋的运营状况和效果，2014年利用春节的时间，光明日报的记者和一些大学生志愿者们分别走访了山西、河北、山东、河南、安徽、湖南、四川、广西、青海省份的14个村子的农家书屋进行调研，结果发现效果堪忧，14个村子中有11个村子建立了农家书屋，但基本处于无人问津的状态，还有3个村子没有建立农家书屋。① 其三，快速建立起来的城市博物馆运营状况不佳。据相关部门统计，近年来，我国平均每天都有一个新博物馆建成，速度之快令世界震惊！然而大量建成的博物馆几乎都面临着如何运营的问题。“以四川省北川县为例。北川县在遭受地震以后，耗巨资建造了北川县地震博物馆。地震博物馆建成之日，就是陷入运营困境之时，甚至博物馆运营的电费也难以承担。”②

① 唐湘岳、徐雪亮、刘军、彭纯、彭俊杰、唐玉莲、王义芳、王晓东：《农家书屋，为何留不住人？——关于农家书屋现状的调查》，载《光明日报》2014年2月26日。

② 祁述裕：《构建现代公共文化服务体系需要研究的七个重点问题》，载人民网2015年2月9日，http://politics.people.com.cn/n/2015/0209/c1001-26531351.html

3. 文化产业国际竞争力不足

根据《中国文化产业国际竞争力报告》的分析，在对包括发达国家和一些新兴国家在内的15个国家的文化产业竞争力进行比较后，得出这样的结论：中国的文化产业竞争力指数为0.22，低于0.5的国际平均水平，排名第15位。[①]显然，中国的文化产业国际竞争力不仅低于发达国家，还低于新兴的国家。这份报告揭露出了我国文化产业国际竞争力严重不足的状况。当前，总体来说我国的文化产业尚处起步阶段。具体表现为：其一，文化产品进出口差距悬殊，中国文化产品出口长期处于逆差状态。但文化产品中的文化服务产品长期处于顺差状态。其二，包括新闻、出版发行、影视文艺作品在内的，体现中国文化底蕴的核心文化产品缺乏竞争力。这种竞争力的缺失不仅体现在国际市场的占有量上，更体现在国内市场的占有量上。以国产影片、国外影片的内地票房表现为例，2015年上半年，单日网票排名前十名的影片中没有一部国产电影。2015年上半年，《天降雄狮》取得国产电影单日网票最佳成绩第27名。[②]

4. 社会道德领域仍存在道德失范现象

历史上的中华民族十分注重道德修养，并创造了丰富的道德文化，这些精神遗产对当代中国人的价值观念和行为方式依然发挥着积极的作用。"最美妈妈"吴菊萍、"最美教师"张丽莉、"最美司机"吴斌、"当代雷锋"郭明义等人的感人事迹，和大灾大难面前的"一方有难，八方支援"的动人场面让我们感受到中华民族传统美德的力量。但同时我们也不得不承认处于社会转型期的中国，其社会道德领域仍然存在着道德失范现象，值得我们警醒。具体表现在"职业道德"、"商业道德"、"社会公德"三个方面。其一，"职业道德"滑坡。突出表现在以权谋私、损公肥私、弄虚作假、权力寻租、

① 祁述裕主编：《中国文化产业国际竞争力报告》，社会科学文献出版社2004年版，第26、31页。

② 数据来源《电影票房网》，http://58921.com/daily/wangpiao

在其位不谋其政等方面。比如，部分国家公务人员借助人民赋予的权力为自己谋私利，从而走上了贪污腐败的犯罪道路。比如，个别国家公务人员“在其位不谋其政”、“不作为”的工作方式让老百姓常常感到去政府机关单位办事“门难进、脸难看、事难办”。再比如，教师队伍中的个别人员在提升自身业务水平的同时，却忽视了“学高为师，德高为范，学是师之骨，德是师之魂”，放松了师德的自我修养，做出了违背师德的事情，抹黑了教师队伍。其二，“社会公德”滑坡。突出表现为个人利已主义，只讲权利不谈义务。比如，不遵守公共交通秩序、乱扔垃圾、随地吐痰等等、其三，“商业道德”滑坡。突出表现为不讲诚信，黑心经营。比如，市场上的一些“短斤少两”、“黑心馒头”、“毒奶粉”、“僵尸肉”、“地沟油”现象等等。

（二）问题的根源

1.“一手软，一手硬”

改革开放之初，党的工作重心由“以阶级斗争为纲”转向了“以经济建设为中心”，同时也提出了物质文明、精神文明“两手抓、两手都要硬”的战略。但长期以来，一些地方和单位没有正确理解两个文明之间的关系，错误地认为只要经济建设搞上去了，物质文明得到发展了，精神文明会自然而然获得相应的发展。片面重视物质文明的发展，忽视精神文明的建设，结果就出现了邓小平所担忧的“一手硬、一手软”的问题。精神文明的短板，文化建设的滞后，由此引发了一系列不良结果的出现，比如党员干部中间出现的贪污腐败现象，“黄”、“赌”、“毒”等不良现象卷土重来，部分公民道德失范、诚信缺失等等。

2. 主文化引领功能不足

造成国内话语的“失序”的原因是多方面的，既有外因，也有内因，其中内因是关键，即以马克思主义为核心的社会主义文化的引领功能发挥不足。新中国成立以来，一直到改革开放前，这个时期的中国基本上处于被迫封闭的状态，各种非马克思主义的思潮、反马克思主义的思潮被隔绝在国门外，进不来。因此这个时期马克思主义在中国的意识形态领域的主导地位基本不存在威胁的问题。但是改革开放以后，情况就不一样了。多样化的社会思潮涌入中国，合力挑战马克思主义在中国意识形态领域里的主导地位。文化重在建设，这是文化自身发展的必然要求。意识形态领域的这些新变化要求马克思主义要不断创新和发展，要善于引领多样化思潮共同为国家社会经济发展服务。

3. 文化传播手段单一、落后

国内话语“失序”，国际话语“失声”，中国的文化“走不出去”的原因是多方面的，但实际上都跟当前我国文化传播手段单一、落后、跟不上时代发展的脚步有关。在新中国成立后的第一个三十年里，党和国家宣传马克思主义思想的渠道主要包括：电视、广播、报刊、召开会议、各类学校教育。这个时期，普通民众学习马克思主义理论的渠道也基本上如此。第三次科技革命的爆发，电子信息技术的广泛应用，将人类带入了信息时代。因此在新中国成立后的第二个三十年里，借助电子通信技术，尤其是互联网的普及，普通民众获取信息的渠道被大大拓宽。显然，如果马克思主义理论宣传的阵地不能及时有效的开拓互联网的渠道，那么势必会降低马克思主义在中国的影响力。此外，电子信息技术和互联网的普及缩短了国家间的时空距离。除了“打铁还需自身硬”外，重塑话语权，还需多样化的文化传播手段。

第七章
路径与创新：中国特色文化话语体系建构的道路探索

中国特色文化话语体系创新是一项长期工程，它需要高度的文化自觉和理论自信。加强对中国特色文化话语体系的路径创新研究，寻找切实有效的方式方法，是不断扩大中华文化的影响力、提升中华文化软实力的必由之路和制胜之道。

一、挖掘中国特色文化是根本基础

中国是一个文化资源非常丰富的国家，上下五千年的历史文化造就了其深厚的文化底蕴，这是我们引以为豪的精神财产。我们要增强文化自觉与提升国际话语权，其前提和基础就是要立足这种文化认同，深挖中华文化中的宝贵资源，形成独具特色的中华文化，这是增强中华民族文化软实力的逻辑起点，也是扩大中华文化国际影响力、创新中国特色文化话语体系的根本路径。

（一）弘扬优秀的传统文化

博大精深的中华优秀传统文化，是中国特色文化中的首要资源，也是保障我们在世界文化激荡中站稳脚跟的基础。然而，任何一种优秀传统文化，只有与时俱进，不断扬弃与更新，才能永葆青春与活力。因此，我们必须努力完成传统文化的现代转化，在崭新的现实境遇中实现文化创新，从而使具有民族特色的传统文化具有时代气息和现代魅力。

1. 促进传统文化的古今转换

促进传统文化的古今转换，需要对古典著作及其思想精髓进行现代解读。中国传统文化经典著作《论语》、《道德经》、《中庸》、《易经》、《孟子》、《庄子》、《礼记》等，无不集结着中国古代人民的智慧，其中蕴含的民本思想、仁爱思想、中庸思想、和为贵的思想、天人合一思想、义利观、忠孝观等，都需要我们将其与当今现实镜像进行比较分析。譬如，“天人合一”思想与当代生态伦理观，“仁者爱人”与当代公民道德建设，“民惟邦本”与当今治国理政之道，“重义轻利”与当今新型国家安全观，“兼相爱，交相利”思想与当今国际经济合作，“得道多助，失道寡助”思想与世界政治运作，“和而不同”思想与当今文化交流，“和为贵”思想与和谐社会等，均值得我们在古今鉴别中创造出具有新时代特征的文化体系，实现传统资源的现代传承与创新运用。

促进传统文化的古今转换，需要实现思维方式与价值观念的现代化。譬如，我们在思维方式上，由于长期受到儒家中庸思想的影响和制约，凡事习惯采取调和折中的处世方法，它对于温良和顺、能屈能伸的人格塑造以及社会的安定团结有积极影响，但不利于个性的张扬、求新意识的增强和社会的改革创新，因而，有必要敢于突破、求实创新。在价值观念上，中国人宗法观念很强、“官本位”思想浓厚、要面子重名分的心态普遍、重感情、尚人伦的特点鲜明、重农轻商意识以及信人治轻法治、求稳定轻变革、重结果轻过程的思想深入人心，带有明显的泛道德主义的人文特征，这固然有其精神优势，但也要批判式地实现文化传承与创新，敢于打破权威、懂得变通、去除扼杀人性的保守思想。

促进传统文化的古今转换，需要实现传统行为方式和生活方式的现代化。现代工业文明的文化模式替代了传统农耕文明的文化模式，无论是社会生产、社会生活、文化心理还是人们的生存方式，都发生了根本的变革，这些都直接影响到人们的行为方式和生活方式也随之发生变化。我们既要保护和展示历史文化遗产，研读经典，重视传统节日教育，注重民情风俗、宣传民族文化，又要融入全球化交往中，实现人们的行为表现、生活内容和时代同步、与国际接轨，有效利用现代科学技术、新媒体手段，促进人们的生活更加便捷化、行为方式规范化、法治化，这些既符合现代社会的人性之需，也构成了实现传统文化古今转换的必要内容。

2. 实现传统文化的中外融通

建构富有中国特色的传统文化话语，我们不仅需要将中国传统文化实现古与今的转换，而且亟待实现传统文化的中外融通。

实现传统文化的中外融通，首先必须要突破语言的隔阂。为此，我们必须采用贴近外国人思维和语言习惯的表述，大力寻求中国话语和外部世界话语间的交汇点，宣传中国传统文化理念、核心思想和基本观点。同时，为避免翻译中出现文化理解错误，真正突破语言障碍，则要选择专业的版权代理商即熟悉国外文化市场规则的版权代理商和精通中国传统文化且能用他国母语翻译的译者，这一点非常关键。《于丹〈论语〉心得》、《二十四史》点校本都是值得借鉴的范本。

实现传统文化的中外融通，需要通过各种渠道开展跨文化的交流与对话。无论是经济贸易、政府外交、国际文化论坛，还是互办国家文化年、举行国际文化节，充分发挥海外华人华侨在文化外交中的特殊作用，均是有效开展跨文化交流与对话的重要渠道。我们可以大力开展以中国京剧、文学名著、宗教哲学、节日文化、中华武术、民间工艺、衣冠服饰等为主题的文化交流活动，促进世界人民对中国传统文化的理解和欣赏。同时，我们也需要克服以自我为中心的文化本位主义，坚持求同存异原则，以更加开放、包容的态度，积极吸纳西方文化的优秀成分，丰富和发展传统文化。

实现传统文化的中外融通，需要对名著进行创意设计。可以借鉴台湾著名漫画大师蔡志忠先生创作的《庄子说》、《老子说》、《孔子说》等一系列卡通动画的模式，邀请创意公司对以儒释道为核心的中国传统文化进行包装设计，将中国的《论语》、《道德经》、《中庸》、《孟子》、《大学》等名著进行创造性设计，最终制成形象生动的中英文双语视频或中英文漫画，推广到国内外。

（二）总结近代以来马克思主义中国化的话语经验

总结近代以来马克思主义中国化的话语经验，回顾与反思中国的红色文化，是挖掘中国特色文化的又一项重要资源，也是创新中国特色话语体系路径的重要维度。纵观马克思主义中国化历程，不难发现，马克思主义中国化的话语变迁具有鲜明的时代特色、实践特色和民族特色，即始终紧扣时代主题、紧密结合中国实践、紧贴民族特色，这些构成了近代以来马克思主义中国化过程中的三大话语经验。

1. 话语经验之一：马克思主义中国化的话语变迁紧扣时代主题

在中国近代史上，马克思主义中国化的话语体系有着内在的逻辑，可以简略概括为："革命话语——建设话语——自主创新话语"的逻辑脉络。即始终围绕时代主题，坚持走中国自己的道路，勾勒出中国革命、中国改革与发展、中国社会自主创新等不同语境。

具体而言，中国近代史以1840年鸦片战争的爆发为起点，围绕救亡图存这一时代任务，我们经历了西学东渐历程中多种文化思潮的交锋与反思，展开了革命和改良之争、共和与立宪之争、尊孔和反孔之争、问题和主义之争、科学与玄学的论战等，折射了当时苦难的中国社会正处于迷茫与探索时期，最终实践证明，照搬学习西方资本主义的各种方案、改良主义、旧式农民战争、孙中山倡导的三民主义等，都不能彻底完成反帝反封建的民主革命的任务。而陈独秀、李大钊、鲁迅等人领导的中国新文化运动，则为破除封建思想的统治地位、推动人民的思想解放、弘扬民主和科学、宣传社会主义思想，促进五四运动的爆发，做出了重要贡献，也为中国人民指明了自主探索的方向。以五四运动为标志的中国新民主主义革命，促进了马克思主义的传播，中国共产党成立后所倡导的科学社会主义思潮，成了该时代的话语强音。在战争与革命的时代主题下，毛泽东结合马克思主义革命理论，分析了中国革命的性质、目的、主体、依靠力量和革命对象，找到了适合中国革命发展的农村包围城市的正确道路，领导中国人民取得了新民主主义革命的胜利，建立了新中国。新中国成立后的很长一段时间，我们都处在社会主义建设的摸索阶段，革命话语在某种程度上还影响着人们的思维，无论是经济上完成的三大改造，还是政治实践中的阶级斗争扩大化现象，都带有明显的姓资姓社间的争论，带有革命话语的色彩。

而真正实现革命话语向建设话语的转变，则是在十一届三中全会以后，在和平与发展的时代主题下，革命思维逐渐淡化，我们党的工作重心实现了从阶级斗争为纲到以经济建设为重心的转向，反映到理论层面，这一时期的建设话语的关键词是改革开放。换句话说，此时期的建设话语即改革话语。邓小平提出了改革开放的伟大战略，围绕国家富强、人民幸福的历史任务，带领中国人民在社会主义制度范围内完成各项体制变革，尤其是破除了在经济体制和所有制形式上的种种束缚，解放了思想，极大地发展了生产力，创新了马克思主义的建设话语。江泽民和胡锦涛在改革话语的基础上，将不同时期的建设话语着重放在发展这一主题上，分别从党的建设、和谐社会建设这两个不同维度，指明了党的发展方向，提出了科学发展观的思想，将中国特色社会主义实践活动推向了21世纪。党的十八大后，习近平总书记带领中国人民为实现中华民族伟大复兴而不懈奋斗，将建设话语提升至国家梦想的高度，在社会转型的新时期，将发展的理念推上了新的台阶。

在建设话语的基础上，自主创新话语亦是马克思主义中国化话语体系中的重要内容，关乎着社会主义现代化建设全局，胡锦涛曾将推进自主创新、建设创新型国家作为落实科学发展观的一项重大战略决策，强调以全面实行创造力教育为建设创新型国家的前提，以营造良好的创新环境为重点，以建立创新保护和鼓励机制为关键，争取在2020年实现建成创新型国家的目标。习近平总书记强调要加快创新型国家建设步伐，最紧迫的任务是破除体制机制障碍，最根本的是增强自主创新能力，努力实现关键技术重大突破，深入推进协同创新和开放创新，充分发挥科技作为第一生产力的巨大潜能。

2. 话语经验之二：马克思主义中国化的话语变迁紧密结合实践需要推进理论创新

马克思主义在指导中国革命、建设、改革的实践过程中，实现了马克思主义中国化的两次历史性飞跃，集中体现为毛泽东思想和中国特色社会主义理论体系两大成果。这两大理论成果为构建中国特色话语体系奠定了基础，也实现了马克思主义中国化历程中的理论创新。

以毛泽东同志为主要代表的中国共产党人，紧密结合无产阶级政党应该如何领导民主革命取得胜利的实践需要，制定了彻底的反帝反封建的民主革命纲领，提出了新民主主义革命的基本思想，在土地革命战争前中期，中国共产党人深刻认识到无产阶级领导权问题、农民同盟军问题和武装斗争问题的重要性，发起了武装起义、土地革命，创建了农村革命根据地。土地革命战争后期和抗日战争时期，确立了新民主主义革命的总路线和政治、经济、文化纲领，创造性地提出了统一战线、武装斗争、党的建设，是中国革命中战胜敌人的三个法宝。在解放战争时期提出了党的政策和策略思想，阐述了人民民主专政的理论。过渡时期系统地阐述了由新民主主义向社会主义转变的理论和策略，提出了党的过渡时期的总路线，开辟了一条具有中国特色的社会主义改造道路。全面建设社会主义时期，在总结以往社会主义建设经验的基础上，提出了社会主义现代化建设中的经济建设、政治建设、文化建设和执政党建设的思想，创立了社会主义基本矛盾学说、两类不同的社会矛盾学说以及正确处理人民内部矛盾的理论。以上独创性的理论，均是结合中国每一个历史时期的实践需要创新与发展了马克思主义的话语内容。

以邓小平同志为主要代表的中国共产党人，紧密结合中国的改革开放和社会主义现代化建设的伟大实践需要，第一次系统地回答了究竟什么是社会主义、在经济文化比较落后的中国应如何建设、巩固和发展社会主义的命题，提出了“三步走”战略、“一个中心、两个基本点”的社会主义初级阶段基本路线、社会主义本质的观点、“一国两制”的构想、“三个有利于”标准、社会主义市场经济理论等为主要内容的邓小平理论，开创了中国特色社会主义的话语体系。以江泽民同志为核心的党中央继续结合新的国际国内形势，在建设中国特色社会主义的伟大实践中，积累了治党治国治军的宝贵经验，创造性地提出了“三个代表”重要思想，回答了在长期执政的历史条件下“建设什么样的党、怎样建设党”的问题，进一步丰富了中国特色社会主义的话语体系。以胡锦涛同志为总书记的党中央，根据新的国情提出了科学发展观、建设社会主义和谐社会等一系列新的话语，探索了一条具有中国特色的新型工业化、信息化、城镇化、农业现代化道路，回答了“怎样发展以及建设什么样的社会”这一个问题。以习近平同志为核心的党中央，在全面建设小康社会、改革已进入攻坚克难的时期，根据全球化进程加快、多种社会思潮交锋愈演愈烈、新科技愈来愈成为影响国际竞争的一种力量的新实际，鲜明地强调了“我们党将举什么旗、走什么路、以什么样的精神状态、朝着什么样的目标继续前进”这四个关乎党和国家工作全局的重大命题，提出了打造经济建设、政治建设、文化建设、社会建设、生态文明建设和党的建设互为一体的中国特色社会主义总体格局，为全面建成小康社会、建设富强民主文明和谐的社会主义强国做好固本强基的准备。这一时期，社会主义核心价值观、实现中华民族伟大复兴的中国梦、中国特色的社会主义道路观、反腐倡廉要老虎苍蝇一起打、用“三严三实”涵养山清水秀的政治生态等，成了新时期建设中国特色社会主义实践中的代表性话语。

3. 话语经验之三：马克思主义中国化的话语变迁极具民族特色

马克思主义中国化过程，实质上是将马克思主义民族化、本土化的过程，马克思主义的话语必将具有鲜明的民族特色。当西方列强用炮舰和廉价商品打开中国大门后，民族危机和文化危机使中国人陷入黑暗和困顿之中，“中国该向何处去”成为中华民族面临的核心问题，挽救民族危亡、获得民族独立成了中国人民的话语诉求。中国的先进分子最初希望通过学习西方的技术、进而学习西方的制度、最后发展到学习西方的民主、科学等理念，来挽救中国的民族危机和文化危机，但未能如愿。随后，通过先进知识分子的介绍、宣传，马克思主义与传统文化进行碰撞、与形形色色的社会思潮进行斗争后，成为了中国共产党的指导思想，极大地改变了中华民族的精神面貌。

首先，新民主主义革命理论、新民主主义向社会主义过渡的理论，是毛泽东思想体系中的重要组成部分，也体现着马克思主义中国化话语变迁中的民族特色。

以毛泽东同志为主要代表的中国共产党人，创立了符合中国国情的新民主主义革命理论，找到了“农村包围城市，武装夺取政权”的中国式革命道路，从此，中国人民通过艰苦卓绝的斗争取得了抗日战争和解放战争的胜利，实现了民族的独立和人民的解放，为第三世界国家的民族解放事业提供了重要参考。毛泽东带领中国人民结合新中国成立后的国情特点，通过以社会主义工业化为主体、以对农业、手工业和资本主义工商业的社会主义改造为两翼的过渡时期总路线，完成了社会主义三大改造，由新民主主义向社会主义转变。其间，特别是对资本主义工商业的改造，成功地实现了马列主义所设想的无产阶级掌握政权后，用和平赎买的方式改造私人资本主义经济的思想，实行不同层级的合作社逐步过渡的方式完成社会主义改造，构成具有参考价值的民族范例，也反映了中华民族希望迅速发展国民经济，摆脱贫困，由落后的农业国转变为先进工业国以及解决无产阶级和资产阶级间矛盾的强烈愿望。

其次，中国特色社会主义理论体系的开创体现民族特色。以邓小平同志为主要代表的中国共产党人，顺应和平与发展的时代潮流，响应强国富民的民族呼声，在社会主义发展道路上，强调走中国自己的道路，不唯书本不唯教条，不照搬外国模式；在社会主义建设的战略步骤上，强调“三步走”战略；在社会主义发展阶段上，作出了中国将长期处于社会主义初级阶段的科学论断；在社会主义本质和动力问题上，强调社会主义的本质是解放和发展生产力，消灭剥削，消除两极分化，最终实现共同富裕。社会主义的动力因素有改革开放、科学技术、社会基本矛盾等；在社会主义建设的政治保证上，强调四项基本原则为立国之本；在社会主义事业的领导力量和依靠力量上，分别强调中国共产党的领导核心与以最广泛的统一战线为依靠；在祖国统一问题上，提出“一国两制”的创造性构想。总之，邓小平理论开创了中国特色的社会主义发展模式，以中国历史经验教训为蓝本，在道路选择、制度建构、理论认识等多方面凸显了的中国话语权。

再次，中国特色社会主义理论体系的发展显现民族特色。以江泽民同志为主要代表的中国共产党人，以“三个代表”的精炼话语，深刻地阐明了中国共产党的立党之本、执政之基、力量之源，“三个代表”重要思想是对中国共产党建党八十年历史经验的高度总结，具有鲜明的民族特色。党的十六大后，以胡锦涛同志为总书记的党中央，以发展为第一要义，以人为本为核心，以全面协调可持续为基本要求，以统筹兼顾为根本方法，凝练了科学发展观的内涵，体现了中华民族的人文情怀和树立全局、长远的发展观念。党的十八大后，以习近平同志为核心的党中央，怀抱着实现中华民族伟大复兴的强国之梦，鞭策和鼓舞着中华民族以自强不息和开拓创新的精神向着这一目标不懈奋斗，它是新时期对中国特色社会主义民族特色的进一步丰富和发展。

此外，中国共产党人关于社会主义国家的理论，也以独创性的民族贡献丰富了马克思主义国家学说。无论是人民民主专政的国体、人民代表大会制度的政体，还是中国共产党领导的多党合作和政治协商制度、民族区域自治制度，经济上的公有制为主体、多种所有制并存和按劳分配为主、多种分配方式并存的经济制度和社会主义市场经济体制，文化上的“二为”、“双百”

和“三个面向”方针以及独立自主的和平外交政策，都彰显了中华民族特色，也唱响了国家建构层面的中国式声音，构成具有借鉴意义的中国式话语。

（三）大力培育和践行社会主义核心价值观

全球化背景下，世界各国都在纷纷宣传自己的文化与价值观，当今文化的竞争主要是不同文化所代表的核心价值观的竞争，对古代传统文化的弘扬、对近代以来文化的总结都不能替代对核心价值观的培育和践行。在琳琅满目的当代中国特色文化中，社会主义核心价值观作为当代中国特色社会主义文化的内核闪耀着璀璨的光芒，集中反映了我们对“什么是社会主义”所作的深刻反思，深刻体现了社会主义的本质属性和价值要求，是建设社会主义先进文化、夯实国家软实力的战略支点。因而，大力培育和践行当代中国特色社会主义文化内核：社会主义核心价值观，理当成为我们建构中国特色文化话语体系的第三条重要路径。

社会主义核心价值观所强调的“三个倡导”，即“倡导富强、民主、文明、和谐，倡导自由、平等、公正、法治，倡导爱国、敬业、诚信、友善”，主要阐明了我们要建设什么样的国家、建构什么样的社会、培育什么样的公民。无论是哪一层面的具体要求，只有以刚性制度为保障、以社会各项建设为反映实体、以常态宣传为手段，才能真正为价值认同提供可能性和实效性，成为富有影响力与感召力的中国特色文化话语。

1.加强社会主义各项制度建设是大力培育与践行社会主义核心价值观的有力保障

社会主义核心价值观的培育与践行，是一份治理国家、促进改革的事业。只有将社会主义核心价值观贯穿到整个社会的制度体系中，才能获得扎根现实、常态推进的有力保障。经济上，我们要坚持与完善我国的基本经济制度，大力发展国有经济的同时，充分鼓励非公有制经济的发展，调动全社会加快发展的主动性和创造性。我们也要建立健全市场经济体制，构建公平、有序的市场竞争秩序。我们还要不断完善分配制度改革，缩小居民间的收入差距，促进形成公正合理的收入格局。政治上，我们要建设中国特色社会主义民主法治，坚持完善人民代表大会制度和政治协商制度，加强政治体制改革，健全基层民主制度，完善法律制度和强化依法治国，充分保障人民群众对自由、民主、平等、法治等的现实需要。在文化上，我们要打造中国特色的社会主义文化，按照公益性、惠民性、便利性等要求，建立与完善由政府负责、慈善公益文化事业为补充的社保制度、文化基础设施建设制度、公共文化活动的市场化运行机制等。社会生活上，健全与完善教育、医疗、社保、住房、就业、生态等各项制度，切实保障民生问题得以合理、有效解决，打造和谐的人际关系、文明的社会风气、宜居的生存环境，逐步让充满幸福与有尊严的日子惠及全民。只有这样，才能为广泛认同社会主义核心价值观奠定现实根基。

2. 强化价值观教育和宣传是大力培育与践行社会主义核心价值观的必由之路

社会主义核心价值观的培育与践行，是一个内化于心、外化于行的过程。一方面，我们要立足于学，通过学校教育、新闻媒体报道宣传、社会团体自发学习等多种方式，让全国公民理解社会主义核心价值观的深刻内涵、精神实质和重大意义；充分发挥理论人才和学科优势，在全国上下层层宣讲，邀请知名学者打造富有内涵、生动活泼的核心价值观宣讲精品；通过不断树立模范典型，开展“中国好人”、“全国道德模范”、“全国文明城市”等评选和宣传活动，弘扬社会正能量。另一方面，我们更要致力于行。各领域、各行业、各部门围绕核心价值观的每个关键词，结合身边实际探讨培育与践行社会主义核心价值观的具体举措，多时段、多领域地开展学习交流活动；各级党员干部在解决百姓问题、政策法规制定与改革等方面，应深入基层考察调研、深入民间听取百姓心声，增进理解、协调关系、化解矛盾；各级领导干部、公众人物、先进模范应该严于律己，率先垂范，发挥引领和辐射作用。

3. 建构全社会共同参与的格局是大力培育与践行社会主义核心价值观的外部条件

社会主义核心价值观的培育与践行，是一项潜移默化、群策群力的伟大工程。我们要健全党委统一领导、宣传部门主要负责、党政部门齐抓共管以及财政、社保、工商、发改委等部门在政策、财力、物力等方面提供支持和保障的工作格局；我们要充分调动各种社会团体、群众自治组织和广大文化工作者的积极性，推动社会全体树立文明观念、争当文明公民、展示文明形象；我们要在各行业树立优秀典型，大力加强社会公德、职业道德、家庭美德、个人品德建设，营造全社会崇德向善的风气。只有集结全民族力量，才能真正有效维护社会秩序，凝聚民族精神，整合社会意识趋于文明。

二、增强中国特色社会主义话语体系的吸引力是核心内容

话语体系的影响力固然与话语表达有关，但更重要的是话语体系所反映的意识形态是否具有吸引力。中国特色社会主义话语体系是在中国社会主义建设实践中形成的，这是其具备吸引力的根本所在，但要保持其感染力、说服力、渗透力，还需与时俱进地不断提升其科学化水平、大众化水平和国际化水平。

（一）不断提升中国特色社会主义话语体系的科学化水平

中国的社会主义建设实践是一个不断发展的过程，那么，中国特色社会主义话语体系必然也是一个不断与时俱进的过程。只有始终保持中国特色社会主义话语体系的科学化水平，及时总结中国共产党带领人民创造出来的新

鲜经验，才能永葆生机和活力，获得普遍的文化认同和自信。

改革开放前期，我们采用了很多富有中国特色的社会主义话语，比如人民公社化运动、“大跃进”、吃大锅饭、“文化大革命”、一大二公三纯四平均、红卫兵、走资派等，这些话语曾成为一种主流声音，但以阶级斗争为纲加大了意识形态的冲突，不便于社会团结与稳定，不利于集中一切力量来搞好社会主义经济建设，同时，僵死的生产关系严重束缚了生产力的发展，不利于调动劳动者的积极性，不能解放和发展生产力。我们对社会主义的认识也有些主观冒进，与具体现实不符合。实践证明，这些话语是特定历史条件下的产物，是在社会主义建设尚处于摸索阶段、对社会主义建设的长期性估计不足的情况下出现的，一旦话语走向极端，就会呈现不科学的特性，历史教训值得我们深思。

十一届三中全会以后，“改革开放”、“实事求是”、“家庭联产承包责任制”、“社会主义初级阶段”、“一个中心、两个基本点”、“三步走战略”、“三个有利于的标准”、“社会主义市场经济”、“一国两制”等话语应运而生，是以邓小平同志为核心的第二代党中央领导集体对改革开放以来社会主义建设经验的话语，也反映了中国的社会主义建设仍处在探索时期。21 世纪以来，中国特色社会主义话语体系又新增了“三个代表”、“以人为本”、“科学发展”、“和谐社会”、“中国梦”等新的话语，不仅体现了时代特征，而且折射出我们对社会主义现代化建设愈趋于理性和符合人性。

随着实践活动的不断推进，我们要在中国共产党的带领下，继续吸取以往经验教训，走好自己的道路，创造出更多反映社会现实的话语词汇，不断充实到中国特色社会主义话语体系中去。

（二）不断提升中国特色社会主义话语体系的大众化水平

要实现话语体系走向大众化，就需要我们努力做到“贴近实际、贴近生活、贴近群众”。要立足于世情、国情和党情的实际，把回答和解决实践中提出的重大课题和具体问题作为重要任务，从而使话语体系构建更好地体现时代性、把握规律性、富于创造性。同时，要走进现实生活中去，使话语体系构建充满生活色彩，富有生活气息，反映生活本质。而且话语要反映人民群众的思想、道德、行为特征等。

要实现话语体系走向大众化，就需要我们面向不同的受众要善于转换不同的话语体系。学术话语、政治话语、群众话语在不同场合，灵活运用。用学理性较强的学术话语与本专业学术圈的人交流沟通。用务实管用的政治话语与政界人士交流沟通。政治话语应紧密联系实际、说真话、写实情，是能应用于实践的实在话，一些人习惯采用“长、空、假”的套话、“官话”，是不受欢迎的。只有实在的话语体系，才能传播科学真理、解疑释惑、征服受众、统一思想、凝聚人心。用生活化、道理化的话语与群众进行沟通。

要实现话语体系走向大众化，需要善于将官方书面语言转换成平民化的口头语言。事实上，我们党和国家已经创造了很多丰富生动的平民化话语，带有一定的口语色彩。如，毛泽东的“一切反动派都是纸老虎”、“调查就像十月怀胎，解决问题就像一朝分娩”、“星星之火，可以燎原”、“为人民服务”，邓小平的“摸着石头过河”、“不管白猫黑猫逮着老鼠就是好猫”、“发展是硬道理”、“贫穷不是社会主义”，江泽民的“三个代表”重要思想、“与时俱进”，胡锦涛的“不动摇、不懈怠、不折腾”，习近平的“中国梦”、“照镜子、正衣冠、洗洗澡、治治病”、“打铁还得自身硬”、“实干兴邦，空谈误国”、“鞋子合不合脚，自己穿了才知道”等，都极具亲和力，反响很热烈。总之，中国特色话语体系建构要贴近人们的政治、经济和文化生活，用生活化的语言去引导人们，让他们明白其中的道理，自然能够凝聚共识，实现官员和群众间话语的对接和交融。

（三）不断提升中国特色社会主义话语体系的国际化水平

全球化语境下，国际话语权是一种非常现实、非常富有力量的权力，是国家软实力的重要组成部分。中国要在国际竞争中占据更加主动的地位，获得更大的竞争优势，它就必须为提升国际话语权而努力，这是打造文化强国的必然要求。

不断提升中国特色社会主义话语体系的国际化水平，需要提升国家综合国力。一个主权国家的综合国力直接关乎它在处理国际事务中的地位和拥有的影响。随着中国实力的增强，中国影响世界的能力在总体上是增强了，但西方在国际话语上的主导态势仍是一种客观事实，它们在国际进出口贸易标准的确立、国际金融秩序的制定、核武器的制造与控制等方面，处于主动、强势的地位，种种国际标准和游戏规则都对发达国家有利，我们处于被动、弱势的地位。同时，层出不穷的“中国威胁论”甚嚣尘上，西方媒体频频利用国际话语权抹黑中国，对我们造成消极影响。我们只有不断地提升我国的综合实力，尤其是经济实力，才可能使参与国际重大事务处理的程度不断提升，才能争取到国际标准的制定权，把握住有利于自身利益发展的重要条件，获得更多的国际话语权。

不断提升中国特色社会主义话语体系的国际化水平，需要提升国际对中国的了解。现今，中国的迅速崛起已经成为一种事实，“中国奇迹”、“中国模式”、“中国道路”越来越成为国际社会的热门话题，这是一个好的信号，有利于吸引他国加强对中国的认识。我们有着自己独特的文化，这是取得国际话语权的内在优势。但要增强国际影响力，我们必须主动作为，寻找中国文化与世界文化的交接点，高度关注国内外重大事件，尤其是在金融危机、人口膨胀、粮食危机、资源破坏、环境污染以及重大自然灾害等人类共同面临的问题上，培育好中国自己的发声筒，发出中国好声音，作出具有说服力的回答，主动赢得话语权。

不断提升中国特色社会主义话语体系的国际化水平，需要运用多种话语平台为入口来凸显国际话语权。我们可以通过公众媒介、国际会议、海外华人组织、对外交流合作与援助计划、民间特别活动等多种话语平台，将中国特色社会主义话语体系表达出来。具体来说，公众媒体是国际关系中最重要的信息通道，我们可以打造好我国主流媒体，真实有效地反映国内外动态、人权事业、公共领域和贸易问题，纠正各种偏见与误读，让世界及时看到中国形象，听到中国声音；我们也可以通过国际会议上领袖和相关发言人所展现的对中国国情的详尽熟知程度、对世界各国文化的熟悉程度，赢得国际社会的高度赞赏，树立良好的中国印象；我们还可以发挥海外华人组织的话语支持，如2008年全球华人帮忙声援北京奥运会和抵抗藏独势力一样，海外华人将继续为维护中国国际话语权矢志不渝，起到不同凡响的作用；我们亦可以加强中国非政府组织与国际非政府组织之间的对话与往来，在人们非常关注的节能环保、慈善公益、乡村教育和卫生、弱势群体的生活面貌和社会保障等问题上，通过彼此间的交流提升国家形象并扩大国际话语权；我们当然也要继续在对外交流合作与援助计划中，坚守政治上平等互信，经济上互利共赢，坚持和平共处五项基本原则这一个国际公认的中国式话语准则，将以人为本的理念贯彻到中国对外的一切实践活动中，建设以“和谐世界”为特色的国际话语平台，不断增强中国特色话语体系的感染力、解释力。

不断提升中国特色社会主义话语体系的国际化水平，在对外传播方式上要贴近外国人思维和语言习惯，对外宣传翻译人员除了有厚实的语言功底外，还要潜心研究中外文化和外国人的心理、思考模式，充分考虑文化差异，跨越文化鸿沟，采用国外受众易于理解和接受的话语、形式，提供国外受众所需要的信息需求，站好中国立场，讲好讲活中国故事。熟知外国语言习俗的发展变化，灵活变通、客观简洁地表达中国特色社会主义话语体系的内涵，防止出现文化的误读，以便提升跨文化的交流能力，在国际上产生真正的影响力。

三、着力发展自主创新型文化产业是重要支撑

中国特色文化话语体系的创新，离不开提升文化产业的自主创新能力，

这是提升我国文化软实力的必由之路，也是提升我国文化产业的国际竞争力的关键。只有大力发展文化创新力才能为我国文化生产提供不竭的动力，才能在全球化文化竞争中占有优势，因而，着力发展自主创新型文化产业，是创新中国特色文化话语体系的重要支撑。

（一）大力实施“创意计划”

在文化产业领域，创意理念是培养自主创新型文化产业的灵魂，一个好的创意，不仅可以带来给企业带来财富和全新的文化产品，还可以影响、改变着人们的生活，关乎着文化软实力。长期以来，我们在自主创新能力上一直处于弱势，如何用“中国创意”、“中国策划”打造原创的中国文化品牌，替代“中国制造”，一直是我们文化产业努力的方向。

大力实施“创意计划”，我们要高度重视和发挥创意设计在培育自主品牌、构建自主创新能力中的作用。中国的水晶石数字有限公司在文化创意这一领域走在世界的前列，它们的三维动画技术和影视特效已经达到相当高的水平，客户遍布欧美、中东等地区，具有很强的自主创新能力和国际竞争力。上海世博会上中国馆的《清明上河图》、2008 年中国奥运会开幕式上的惊艳全球的卷轴呈现、央视推出的大型纪录片《故宫》、《新丝绸之路》、美国探索频道的《中国建筑奇观》、神州 6 号主题网站等，都是水晶石带给世界的文化盛宴，深深地影响了中国文化在全球的传播。中国有《花木兰传说》，有《西游记》、《红楼梦》、《三国演义》、《水浒传》等经典名著，这些文化资源都可以实现创造性转化。

大力实施文化“创意计划”，我们需要以各区域的文化底蕴为基础形成文化消费。文化创意的精髓在于其内在的文化底蕴，只有有着深刻文化底蕴的民族才能赢得广泛的认可，在民族文化的传播中拥有话语权。很多创意公司将北京的皇城文化和都市色彩相结合，将江西省将陶瓷文化与红色文化相结合，将江苏省的苏州园林、江南水乡、古镇风情完美结合，形成了各具地域特色和文化韵味的文化产品，体现了用现代眼光审视中华文化的独有价值，具有长久的生命力，能满足国际文化消费的潮流与趋势。

大力实施文化“创意计划”，我们需要建立一整套鼓励创意的激励制度。譬如，制定国家级文化创意竞赛与表彰制度、优秀创意产品标识制度、中国文化创意形象大使的选举制度，颁布文化创意产业的优惠政策，在知识产权、资金支持、资源配套、人才福利上给予明晰的优待，为文化创意营造良好的政策制度和人文环境，只有创意理念深入中华文化的血液中，才能构成辐射力、感染力。

大力实施文化“创意计划”，我们需要开展形式多样的群众性文化创意活动。俗话说，高手在民间，文化创意来源于生活。具有生活气息和民间风情的文化创意，是最有生命力的，也是最有话语影响力的。我们要加大对群众性文化创意活动的支持力度，引导群众以生活故事为素材，讴歌新农村变化、反映社区文化交流、展示民间艺术等群众文化精品，扶持他们自主创业，激发广大民众的文化权利和文化活力，并透过网络逐一展示其文化成品，让其文化价值得以最大限度的实现和最广泛的传播。

（二）建设区域性特色文化产业群

加快中国区域性特色文化产业群建设，以中国特色文化为纽带，以文化产业链为支撑，形成文化产业链在形成一批文化创意、影视制作、出版发行、演艺娱乐和动漫等产业示范基地，做大做强具有地域和民族特色的文化产业群，利用群内在资源、品牌、资金、信息等要素的优势进行彼此间的互补，是提升中国特色文化的竞争力、争取国际话语权的重要渠道。

为此，我们需要打造具有鲜明民族特色的文化产业群。譬如苏州吴江盛泽镇的丝绸纺织产业集群、西南民族文化产业集群、陕西华县皮影文化产业集群、武当太极湖生态文化旅游区产业集群、西安的民办教育产业集群、北京中关村的创新型产业集群、横店影视文化产业集群，等等。在此，我们仅以西南民族文化产业为例，品味其鲜明的民族特色。《印象·刘三姐》激活了广西阳朔的文化旅游产业；杨丽萍领衔的《云南映象》将蕴含现代文化观念、充满美丽安宁意境、具有浓郁民族风情的歌舞剧，在国内外观众中产生了认同感和亲切感；《多彩贵州风》将贵州浓厚的地域文化和民族风情作为创作核心和源泉，采撷黔贵大地各民族优秀民间文化艺术瑰宝，运用现代舞台声、光、电手段，以新奇的艺术语汇，新颖的舞台形式，全景式展现了贵州的山水风光、民俗文化。它与《云南印象》、《印象·刘三姐》共同组成的“西南三部曲”的美誉，龚丽娜的大白嗓合唱团亦将贵州民族文化带向了世界，它们均是具有中华民族韵味的品牌代表，也日益演变成西南区域的一种文化产业群，赢得国内外认可，深刻地影响着世界对中华文化的话语评价。除了西南文化产业群以外，东北文化产业群、闽南文化产业群等，都将向世界展示不一样的地域文化和民俗风情。

我们还需要打造联盟型的文化产业集群。譬如，“中华风韵”这一个文化演出项目，集结了全国很多个团体、剧目，旨在向世界各国介绍中华民族文化。主要包括青岛交响乐团、北京舞蹈学院、江苏省昆剧院、安徽民族管弦乐团、甘肃省歌舞剧院等，它们带来的表演《梁祝》、《浮生六梦》、《丝路花雨》、《牡丹亭》等在国外引起巨大反响，为打造中华文化品牌奠定了坚实基础，也为增进世界各国对中国文化的了解，扩大中华文化的国际话语权和影响力起到了有效的引领作用。

（三）培育一批有实力、有竞争力的骨干文化企业

着力培育一批骨干文化企业是增强我国文化产业的整体实力和国际竞争力、提升国家文化软实力的重要环节。通过树立知名企业品牌，进而实现提升国际话语权的效果。

加快建设一批具有重大引领作用和示范价值的重大文化产业项目。继续推进“中华字库”工程、“知识资源数据库”、国产动漫振兴工程、国家数字

电影制作基地建设工程、多媒体数据库和出版工程等重大文化建设项目。选择一批广播影视音像业、出版发行业、文化娱乐业和信息服务业作为文化支柱性产业重点发展与扶持，形成具有自身优势的文化产业，积极走出去，逐步改变我国文化产品出口严重逆差的被动局面。

应着重扶持市场潜力大、竞争力强的文化企业，大型国有文化企业应成为主力，充分发挥主导作用。广大民营文化企业应成为有生力量，充分发挥自身的独特优势。一般而言，骨干文化企业，在思想上十分重视企业文化，毕竟文化会融入管理，形成对企业发展的巨大推动力。我们不仅需要通过跨地区、跨行业联合或重组，尽快壮大文化企业的规模，提高集约化经营水平，积极走出国门，充分参与国际竞争，将传统文化资源与西方优秀文化相结合，而且要将文化制胜作为增强和培育骨干文化企业核心竞争力的长久之计，只有如此，文化的可持续发展才具有较强的现实意义。

应加快培育一批具有国际竞争力的出口品牌。骨干文化企业要有自己的品牌意识，要有一定的生产规模，要形成出口文化产品和服务的产业链条，要有面向国际市场的商业演出、影视产品和动漫游戏等，西安的千年曲江盛唐文化产业、甘肃的《读者》、丽江的《丽水金沙》、河南安阳的殷墟大遗址公园等，均成为一种文化品牌，在国内外都具有一定的影响力。

（四）加快科技创新以提升文化产业的话语权

加快科技创新以提升文化产业的话语权，需要掌握过硬的核心技术。一般而言，只要在某一个领域赢得核心技术，获得专利，就能够得到业界同行的公认，获得普遍的话语权。譬如，南通中天科技在海底电缆领域拥有国内唯一完全自主知识产权，赢得了国际海缆技术话语权；中国通信产业伴随着 4G 与 5G 时代的到来，在国际上的通信话语权也在不断提升；中国的电子企业如华为、海尔、联想等不断提升自主创新能力，在国际领域早已铸就了坚实的话语权；我国在物联网产业、生物产业、纺织服装行业、钢铁产业等很多领域，逐步加大科技创新和产业升级，国际话语权正在不断攀升。那么，要提升文化产业的国际话语权，也必须使图书出版业、新闻传媒产业、广播影视业、动漫产业、广告产业、文化旅游业、网络文化产业等拥有自主知识产权的核心技术，这是获得中国特色文化话语权、扩大中华文化影响力的重要引擎。

加快科技创新以提升文化产业的国际话语权，需要运用高科技改造传统文化产业。运用电子出版、数字影视、网络传输、3D 打印等现代技术，催生新的文化业态，要将科技融入文化产品创作、生产、流通、消费等各个环节中。要对传统产业进行技术改造，实现产业结构高级化、技术产品智能化。譬如，京剧已经成为了世界知名的中华民族文化，但京剧的受众范围始终有限，因而，应加大对民族优秀文化资源的科技创新，如在推广方式上，就应该在已申请知识产权保护的基础上，将京剧等民族优秀文化融入手机、手提电脑等移动设备之中，做好优秀文化的推广工作，或者通过网络与国外办学的方式，走向国际。

加快科技创新以提升文化产业的国际话语权，需要培育国有高科技文化产品。我们应该与国有的高科技企业加强合作，实现强强联合，在相关政府部门的主导与管理下，实现国有资源的充分整合利用，采用数字、网络、现代通信技术等高科技，大力推动文化产业升级。同时，我们也需要建立高科技文化产品的孵化基地，集中社会力量，通过设立文化创意园、动漫产业园等方式，吸引高科技产业主动进入，探索具有国际性、创新性的产业发展方向，为提升国际话语权而努力。

四、深化文化体制改革是动力之源

无论是中国的文化产业，还是中国的文化事业，都需要建立持续有效的竞争机制，来促进我国各种类型的文化单位充满活力，这是加强中国文化软实力的重要动力，也是增强我国文化话语权的一个重要视角。目前，中国特色社会主义文化建设还存在一些制约文化生产力发展的体制性障碍，一些旧观念一定程度上还束缚着人们的思想，倘若这些问题解决得不好，势必会对我国的社会主义先进文化建设造成影响，也将直接影响到我们在国际上的文化竞争力，因而，我们要将深化文化体制改革作为创新中国特色社会主义文化话语体系的一项重要工作来抓。

（一）政府角色由管理者转变为服务者

长期以来，我国政府部门扮演着文化管理的角色，由它来制定文化发展的各项战略和规划，对文化建设制定总体部署，对文化话语的使用有着严格的规范，且享有一定的审核权。客观地说，这种文化角色的设置有其合理性和必要性，政府中的文化管理部门在文化话语的引领和文化政策导向上，起到了先知先导的作用，这无疑对于健全我国的文化市场，规范文化用语体系是很有帮助的，但是文化管理部门的权责应该是有限度的，主要应定位在服务这一功能上，为文化产业主体提供力所能及的便利服务，最大限度地创造良好的文化外部环境，切不可形成现实中的高高在上、滥用职权的局面，也不可在文化话语的表述上设定禁区，不容突破，否则势必带来文化管理中的越位和文化服务中的缺位，势必形成僵死不变、谨言慎行的文化关系，这与我们力争提升中国特色社会主义文化的竞争力和话语权，是相违背的。因而，转变政府角色，回归它的本位，由管理者转变为服务者，是深化文化体制改革与创新中国特色社会主义文化话语体系的必要举措。

服务型政府应将文化话语权交由文化产业部门，让它们在文化市场中起主体作用，允许不同风格、不同题材、不同形式的文化作品同时存在，自由争鸣、互相竞争。这种交由文化市场在文化资源配置中起决定性作用的局面，是我们需要的。也只有这样，才能真正触碰大众文化心理，听取到百姓内心真正的呼声，切实保障人民群众有更多的话语权、决策参与权，最终打造真正符合人民群众需求、符合社会主义文化需要的文化精品，永葆文化领域百花齐放、百家争鸣的生机与活力。

服务型政府特别是文化行政部门应简政放权，让制度发挥最终的话语解释权。具体而言，精简文化项目审批程序，防止文化权力寻租，侧重于文化项目的后期监管，是不可回避的一个现实问题，也是我们力求实现的目标。事实上，纷繁复杂的文化审批程序，不仅不能带来优质高效的服务，反而起到了人为抑制的负面效应，这种被动局面浪费了太多的人力、财力和物力，更不用说去激励文化主体的创造力，产生富有创新色彩、富含吸引力的文化产品。因而，精简程序、提高办公效率是一种必然趋势，至于后期对文化进行监管的权力也应放进制度的圈子内，让制度来管理文化。一切带动文化繁荣的杰作，要按奖励制度重点激励，一切文化生产、流通和消费中出现的违规现象均按惩罚机制来办理。倘若真能如此，我国的文化体制管理定将趋于成熟化、人性化。

服务型政府需要创新文化政策话语体系建设，形成话语合力。现行文化管理在某种程度上还存在比较明显的交叉重叠、条块分割、多头管理、职责不清的格局。比如文化产业园，常常面临多个部门的管理冲突，这种政出多门的现象，不利于文化行业内部的沟通，削弱了执行效率，也不利于认定评估。面对这一问题，文化机关运用网络数据传播平台，实现资源共享、内容融合，真正践行大文化的发展理念，减少文化分业带来的话语制约和行业壁垒。

（二）加强文化法律制度建设

创新中国特色社会主义文化话语体系，必须向着建设社会主义先进文化的方向，牢牢把握新闻媒体舆论的正确导向。特别是在现今的互联网时代，很多很黄很暴力的非主流话语、低俗文化、调侃式的言论，充斥着网络，也散布在鱼龙混杂的文化市场，直接呈现在公众的视野，影响着人们的认知觉悟和文化水准，甚至还有一些非法违法经营的现象，长期屡禁不止，给人民群众的身心健康带来了极大的负面影响，困扰着人们的正常生活，对社会主义文化的健康发展带来消极作用。对于此类现象，我们必须迎难而上，大力加强社会主义先进文化建设，制定统一的文化法律准则，规范我国社会主义文化市场的秩序，约束文化作品中的用语表述。无论是新闻出版、广播电视，还是娱乐影视、图书管理等，都应有基本的话语底线和行为底线，要为自己的舆论和举止负责，一旦超越公众容忍的最后限度，任何人都将受到严惩，法律面前，人人平等。虽然言论自由是每个公民的权利，但必须遵守宪法和法律，在合法的尺度内进行，不得违背国家利益，不得损害他人隐私与合法的权益。

创新中国特色社会主义文化话语体系，必须将知识产权的司法保护纳入保护知识产权的中心环节，维护文化工作者的正当利益。目前，我国文化领域还存在着一些隐性的文化潜规则，一些人凭借其占有的各种资源优势，进行原创文化成品与资源间的交易，这种暗箱操作实质是非法占有了他人劳动成果和思想智慧，损害了他人的正当权益。还有一些人为了急于求成，随意模仿甚至复制他人或他国的思想创意与话语表述，不仅实现不了文化观念的突破与文化话语的创新，最终还会因为违反知识产权、挑战道德底线而名利尽失、覆水难收。尤其是如今我们都处在信息化的时代，互联网的搜索能力是无比强大的，任何带有投机心理，希冀通过捷径走向成功的想法都是徒劳无益、十分愚蠢的。加强对知识产权的维护，制定与完善现有的《专利法》、《著作权法》、《商标法》等为主要代表的知识产权法，采用司法程序对各种违规行为进行制约和惩治，既能保护知识产权所有者的利益，也能对一些仍心存侥幸的投机者起到警醒作用，还能激发文化工作者的潜能和创造能力，为文化发展走向繁荣活跃、有序发展营造良好的法制环境。

创新中国特色社会主义文化话语体系，必须加强文化产业促进法的制定工作。我们需要明晰的文化市场准入和退出机制。各种文化产品在文化市场内进行思想的争鸣，固然有助于提升文化竞争，实现优胜劣汰，但如何规范多层次的文化产品和要素市场，去除粗俗愚昧、内容重复、缺乏新意的文化创作在市场上的长期占有，也需要有一套完善的文化采购、文化资助、文化评奖制度，以便于人民群众在琳琅满目的文化资源中，能便捷地选取文化精品，传播富有先进文化价值的作品。因此，出台相关的法律法规，是提升文化质量，宣传文化主流话语、真正走上文化法制化轨道的切实保障。

（三）加强公益性文化事业机制改革

公益性文化事业代表了国家先进文化的主流，它与国民综合素质息息相关，关乎国家文化整体水平，关乎国民对国家文化话语体系的领会与认同，是以一种润物细无声的方式培育积极乐观的心态，传播健康向上的社会主义文化。只有覆盖全社会的公民文化基本权益得到保障，公共文化服务有效实施，人民群众的文化需求得以满足，才能展现中华民族精神，将中国特色社会主义文化话语权落到实处。现今，人民群众的文化需求越来越旺盛，但令人遗憾的是公共文化需求与公共服务能力间还存在一定差距，我国在公益性文化事业中仍存在着的投资体制不完善、运行机制不成熟、社会保障机制不健全等体制问题，迫切需要加大改革力度，以改善公共服务，增强我国公益性文化事业的活力。

健全与完善对公益性文化事业单位的投资机制。除了加大财政投入，健全成本核算和经费收支以提高财政资金的使用效率以外，还可以采取很多种路径来筹集资金。譬如，通过吸引社会力量投资公益性文化事业来开展文化活动。国家可以出台一系列的优惠政策，如税收优惠、广告宣传帮扶、出让冠名权、赛事用品指定等，鼓励企业、私人、团体等社会力量赞助公益性文化事业，用于开展公益阅读推广、送书下乡工程、流动舞台车赠送工程、民族民间文化保护工程等。又如，鼓励文化事业单位结合自身特点从事一部分经营活动。目前，图书馆、博物馆、文化馆（站）、科技馆、美术馆等为人民群众提供公共服务的单位，基本上都是免费对外开放，这对满足大众文化需求做出了巨大贡献。在保证公益性服务的前提下，可以选取能体现国家水准的重大文化类项目和具有民族特色的文化艺术，适当地收入费用，还可以允许公益性文化单位提供文化培训、场地出租、文体设施有偿外借等服务，这样便可以灵活机动地增加更多的财政支持。

建立与完善公共文化活动的市场化运行机制。由文化事业单位带头，挖掘民间优秀的文化艺术团体，鼓励群众自发地组成表演团体，参与中国特色社会主义文化的传承与宣传工作。以落实公民文化话语表达权为核心，调动激发这些文化团队成员的积极性和创造力，听取公众的批评意见，打造深受百姓喜爱的文艺节目。必要的时候，可选择招投标公司全权负责筹备和运营事项，运用公共文化服务网络将有吸引力的文化项目推广出去，进一步扩大文化影响力。

建立与完善由政府负责、慈善公益文化事业为补充的社保制度。一方面，政府应该完善对文化事业单位的社会保障制度的改革，保障文化工作者的正当权益，使他们能安心做好本职工作，全身心地投入文化创作。另一方面，将慈善公益文化事业纳入社会保障体系中来，募集资金和物资用于投入公共文化设施建设、关注农村教育、弘扬传统文化、救济民间职业艺术团体或艺人等，为繁荣中国特色社会主义文化事业力所能及地给予一些帮助。重点帮助农村中文化信息相对闭塞地区、西部民族地区、受灾害地区，一个人文气息浓厚、充满关爱的国家，其文化话语自然是具有感召力的。

（四）深化文化事业单位人事改革

为了更好地培养和挖掘文化人才，创新中国特色社会主义文化话语，我们需要改革与完善人才发现、培养、激励机制。秉承人才兴文的战略思想，普遍推行公开招聘和竞争上岗制度。善于发现、敢于起用一些拥有创意、富有才气但学历较低的人才，重点培养一批高水平的艺术创作人才、图像处理人才、新闻采编人才、经营管理人才、文化科研人才，既尊重他们的个人意愿和观点表达，也要为其提供多次出国学习的机会，在中西文化交流中创作出独具魅力的文化作品，给我们的中国文化注入创新的元素。健全对文化人才的激励和奖惩制度，按照文化创作的不同水准，明晰具体的奖励额度和惩罚力度，营造相互比拼的文化氛围。

普遍推行绩效工资是深化文化事业单位收入分配改革的重要内容。按照劳动、贡献、业绩等，调节文化工作者的工资收入，形成阶梯式的岗位工资、薪级工资、绩效工资、津贴补贴和年终奖励，搞活文化事业单位的内部分配，既能促使收入分配制度逐渐规范化、合理化，也能营造积极上进的文化氛围，用文化实力说话。

建立与完善文化工作者的养老保险制度，也是深化文化事业单位人事改革的一项内容。目前我们实行的养老金保险制度，主要是有编制的人员由单位和个人共同缴纳养老金，合同工和临时工的养老金与其在原单位享受到的工资待遇、缴费年限、缴费水平和退休年龄密切挂钩。以后我们将逐步推进养老金的社会化发放制度，破除文化事业单位和文化企业间的区别对待，这是一种普遍的趋势，我们正处于探索之中。老有所养问题若解决得好，可以保障文化工作者的基本权益，让其无老来之忧，这体现着以人为本的精神，彰显着中国文化中浓厚的人文关怀，也是世界了解中国的一种视角，关系着中华文化在世界视域中的话语权。

五、提高文化传播能力是有力保障

全球化和信息化时代背景下，如果一个国家它的文化传播能力强大、传播手段先进，那么它的文化思想和价值观念就更容易被世界所知晓，就可以极大地提高该国的国际话语权。当今中国取得了举世瞩目的成就，有着自己的道路自信、理论自信和制度自信，也有着自己深厚的文化底蕴，但要将中华文化推广出去，让世界共享中华文化的成果，并获得文化认同，也需要借助强大的文化传播能力。

（一）传播内容既要弘扬主旋律，又要提倡多样化

传播内容应以中国特色社会主义的文化为主旋律，坚持马克思主义为指导思想，弘扬以爱国主义为核心的民族精神和以改革创新为核心的时代精神，宣传中国博大精深的传统文化、浴血奋战的革命文化和大力提倡社会主义核心价值观，铸就中国特色社会主义共同理想，发展面向现代化、面向世界、面向未来的，民族的科学的大众的社会主义文化。这些是我们引以为豪的文化，凝聚着中国人民奋发图强、振兴中华的民族力量，是我们世世代代薪火相传的精神动力。我们让世界了解中国特色的文化话语，就需要介绍和宣传我国的主流文化，将党和国家重要领导人的著述，中央党代会、人代会和政协的会议文件，以多语种翻译出版，让世界了解中国道路、中国精神，品味中国的文化理念和价值观念。

同时，在传播中华文化的过程中，我们也要照顾到不同受众由于文化程度、生活环境、年龄、性别和职业等方面的差异，存在着对中华文化不同内容的偏好，譬如有的人喜欢中国传统文化、有的人偏好中国功夫、有的人醉心于唐宋诗词，有的人喜欢中国建筑，因而，我们弘扬中华文化，必须坚持主旋律和多样性的统一，既宣传中国特色社会主义文化，也要注重对中国的文学艺术、民间工艺、饮食文化、宗教信仰、衣冠服饰等多方面的传播，促进富有中国特色的社会主义文化体系和谐、健康发展。譬如，纪录片《舌尖上的中国》、《故宫》、《人物》、《针灸》等对中国美食、中国建筑、中国文化名人、中国医学的宣传，不仅让国人非常喜爱，而且打开了国际市场，是对外传播国家形象的有利渠道。

（二）加强重要媒体的建设，建立立体化传播模式

第一，充分借助传统与新媒体技术手段，加强我国媒体的文化传播能力。一方面，我们要加强报刊、图书、广播、电视等传统媒体的建设，尤其

是要抓好主流媒体，多创作、出版像面向大众的经典解读类图书，继续巩固和加强传统媒体的人力资源和信息源优势，将其打造成令人信赖的品牌。另一方面，我们要建构网络、卫星通信、多媒体、电子出版物等新媒介的传播平台，它们以其迅捷性、交互性和全球性成为当今世界最重要的文化传播方式。我们要利用这些新媒体，特别是着重利用互联网平台，建成一批在国内外有影响力的新闻网站，如人民网、新闻网、凤凰网等，把我国优秀、灿烂的文化传播到世界各地。同时，借助电子邮件、ＢＢＳ、留言板等信息交互平台，使受众结合网站不断更新的内容，参与媒体讨论，满足受众的话语需求。总之，利用新兴与传统的各种传播手段，各自发挥所长，打造全方位的立体化传播模式，是我们有效宣传中国话语的重要阵地。

第二，打造特色明显、影响力大的文化类品牌栏目。譬如，电视品牌栏目《百家讲坛》、《丝绸之路万里行》、《复兴之路》、《中国记忆》、《大国崛起》等，都是大众非常喜爱的栏目，既包含着大量的文化信息资源制作，又采用了一系列的包装和推介手段，还有极具个性魅力的讲演或主持风格，这些都构成了提高收视率、增强核心竞争力和对外传播能力的综合实力。各个地区可以结合各自的优势，培育一些有知名度和影响力的文化品牌，如湖北省的《问津国学》、河南省的《中原国学讲坛》、贵州省的《中国文化书院贵阳国学大讲堂》、山西省的《诗意太原》等等。同时，也要继续巩固新闻品牌栏目《焦点访谈》、《东方时空》、《新闻直播间》等，在国内外新闻动态的把握上做到及时有效、生动活泼，对重要新闻进行深度报道，挖掘隐藏在新闻背后的故事，以报道的力度和密度吸引更多的受众，让世界对中国有更真实、可持续的了解。

第三，我们要建设好中央电视台的多语频道，保障中华文化的对外传播。目前，我们主要有 CCTV-4、CCTV-9 以及 CCTV-EF 三个对外多语频道，分别是以中文、英语、西班牙语、法语这四种针对不同文化背景、生活习惯的受众语言而开设的对外传播的电视频道，对于跨文化的沟通、国家形象的塑造、推进文化渗透和国际化进程起到促进作用。但我们也要意识到，继续推进中华文化在全球的传播，有效宣传中华文化精髓，仅仅开设几个对外频道显然是不够的，美联社、合众国际社、路透社、法新社等西方知名通讯社，几乎垄断了世界传媒市场，形成了以它们为主导的世界舆论。为此，我们要提高文化渗透和媒体传播的有效性，就必须积极与国际接轨，破除政府过多的思想管制，提高开放程度，交由对外传媒机构的业务领导裁决，提高传媒机构的自主性，精心策划节目主题和选取节目素材，时刻追踪报道国内外重大问题、热点问题，譬如，在一些重大事件中，中国新闻媒体以开放的心态，真实有效的反映了情况，大大提高新闻的透明度与时效性，使世界各国可以第一时间得到消息、看到画面。充分融入世界话题的共同探讨，形成增强中国影响力的传播策略和培育独特、多样化的风格，才能灵活机动地满足受众之需，将中国的发展模式和文化底蕴推广出去，发生强有力的声音，无疑对争抢话语权是很有帮助的。

（三）积极参与重大国际活动的策划与跟进报道

一个国家若要在国际传媒领域争得一席之地，积极参与重大国际活动的策划与跟进报道，无疑是提升媒体竞争力的重要方法。我们曾积极参与“中外文化年”、“汉语桥”、2008 年奥运会、上海世博会、国际科学与艺术展、国际图书博览会、国际青年戏剧节、国际音乐节、国际美食文化节等等大型国际活动的策划，以图文并茂的形式及时报道这些活动的盛况，以视频影像技术形成较大的视觉冲击力，这给世人留下了深刻的印象，向世界展现了中国文化的魅力和影响力，促进了世界人民对中国文化的理解和欣赏，也通过文化交流活动促进了我国与其他国家在外交、商业和政治上的合作。今后，我们仍要继续加大参与策划和报道重大国际活动的力度，建构中外文化交流的传播桥梁，为扩大中华文化的话语权服务。

积极参与重大国际活动的策划，应凸显文化创意中的中国元素。譬如，将一切贴合中国文化的元素，如中国历史人物、著名建筑、重大发明创造、民俗节日、手工艺、图腾、吉祥物、服饰等，运用到广告创意、主题设计、舞台表演、视频制作中，使世界人民一眼就能分辨出是中国文化，加快中国元素的国际化能力、文化共享能力。一直以来，中国功夫、陶瓷、熊猫、京剧、变脸、长城、旗袍、茶叶、中医等，均是构成中国元素的典型标签，随着时代的发展、多元文化间的碰撞与冲突，我们必然要根据社会的发展和人们的需要，体现出文化间的交融与相互吸取，体现出传统文化与新科技的综合运用，创作出带有中国元素的新作品，比如中国文化的创意影片《功夫熊猫》、丹麦哥本哈根大学宿舍的设计灵感来源于"中国土楼"的启迪等、具有中国风的民族音乐在国际音乐节上的精彩演绎，都给中国文化的传播增添了活力，将中国元素的文化理念推向了世界舞台，推动了中国文化的现代传播。

积极参与重大国际活动的跟进报道，媒体应有意识地将本国文化、历史、国家面貌和建设成就穿插在报道里，呈现在海外受众的面前。以往，我们在很多影视作品和国外文艺表演中，往往比较凸显具有胡同特色的居住环境、具有土著特色的民族舞蹈和山歌表演，致使外国人对中国的印象与来到中国后的所观所感反差很大，对中国的固定认识与中国的实际发展反差很大。事实上，中国文化是非常广博的，中国的发展变化也是非常迅捷的。我们的媒体有责任向全球展现真实而自信的中国，宣传中国特色的社会主义文化。无论是在国际文化节、国际旅游文化节，还是特色节庆文化活动、国际科技文化展等活动中，我们都应突出对中西文化特色的报道，在比较中看到优势与不足，看到中西文化差异、文化理念不同所造成的不同现象，即善于分析文化现象背后的深层次根源，做到对不同国家历史、人文、国情等方面的深度追问。无论是本地记者，还是驻外记者，都应有敏锐的洞悉能力，具备专业的新闻分析和评论的能力，尤其是要掌握信息的主动权，统筹国内国际状况回答一系列问题，要有自己的独到见解、有深度的报道，才能实现职业赋予的争夺话语权的重任，营造良好的国际舆论环境。

（四）对外文化传播要讲究艺术

中华文化是中华民族凝聚力与创造力的重要源泉，但要得到国际社会的充分认同与理解，使其自觉地接受这种外来文化，并不是一件容易的事情，它是一项漫长的系统工程，需要讲究传播的艺术与策略。

首先，我们要避免用意识形态说话，更多地采用大众或生活话语、以轻松的形式去传播。我们要尊重他国人民的文化习俗、价值观念、宗教信仰等，对受众群体的文化需求进行准确的分析与判断，用他们能接受的方式，潜移默化地了解中国人、感知中华文化。譬如，中国的黄西，作为第一个登上莱特曼秀的华人，用英语讲美式笑话，逗乐了包括时任美国副总统拜登在内的无数美国人，反响热烈，在国内外迅速走红，吸引了很多人的眼球。黄西富有魅力的表演往往用的是最简单的字词，配以木讷而不失幽默的表情以及适度的停顿，以脱口秀的形式，轻松愉悦地评说各种现象和问题。他的成功与对美国文化的深刻认知相关，与对中西文化的融会贯通有关，是用美国人的思维和用语习惯去表达个人的理解，值得我们借鉴。

其次，要高度重视海外文艺演出与文化交流活动。目前，我们海外文化传播的方式有很多，譬如，孔子学院、中文学校、华文媒体等等，虽然它们已成为推广汉语教学、传播中国文化的重要平台，但由于受到受众国的文化价值观、国家政策、资金支持等方面的制约，发展中也曾遭遇很多困难和质疑，国际影响力仍较有限。而以文化艺术这种形象、鲜活的形式，开展文化交流，则是一种非常有效的对外传播方式。我们要精心安排对外文化交流项目，精心策划各种国际文化交流活动，以饱满的精神、精彩绝伦的表演、积极的心态对待每一场文艺演出，树立品牌意识，立足我国丰富的文化资源和民族特色，开展多领域、多渠道、多形式的中外文化交流活动，才有可能建立长期的文化战略合作关系，获得对话国际主流市场的话语权。

再次，要充分重视民间外交的作用。民间外交是官方外交的重要补充，通过民间组织和民间人士来提升国家的文化外交，这应是我国对外文化传播中不可或缺的部分。譬如，中国民间组织国际交流促进会（简称中促会）、华人华侨、民间智库在文化外交中都扮演重要作用，他们拓宽了中国与海外各国交流的通道，为我国文化外交奠定坚实的基础。我国政府应加强引导和管理，建立一整套工作运行、资金保障和队伍建设等机制，投入更多的人力、财力、物力支持，真正保障民间交流。通过举办国际会展、商业论坛、文化博览会等多种活动，邀请国外的学者、商人、文艺人士、科技人员等来华参加，以其在中国的所见所闻，直接影响西方民众。

最后，重视国际旅游在对外文化宣传中的作用。随着国际旅游业的迅猛发展，不仅带动了旅游经济的发展，而且也形成了文化互动、相互交融的局面。伴随着出境旅游人口的增加，越来越多的中国人开始跨出国门，亲自感受国外文化，也在不经意间将中华文化传播到旅游目的国。同样，随着入境旅游人口的增多，越来越多的外国人亲自感受着中国的自然景致、风土人情和社会面貌，也直接影响到他们回国后的舆论评价，关乎着中国的国家形象和国际影响力。因而，提高中国人民的文化素养，做到文明旅游，对于保障文化安全和提升国际话语权，具有十分重要的意义。

主要参考文献

（一）著作类

1.《马克思恩格斯选集》第1—4卷，人民出版社1995年版。

2.《列宁选集》第1—4卷，人民出版社1995年版。

3.《毛泽东选集》第1—4卷，人民出版社1991年版。

4.《毛泽东文集》第1—8卷，人民出版社1993、1996、1999年版。

5.《邓小平文选》第1—3卷，人民出版社1994、1993年版。

6.《江泽民文选》第1—3卷，人民出版社2006年版。

7.《胡锦涛文选》第1—3卷，人民出版社2016年版。

8.《习近平谈治国理政》第1—4卷，外文出版社2018、2017、2019、2022年版。

9.《费孝通全集》第16卷，内蒙古人民出版社2009年版。

10. 邹广文：《人类文化的流变与整合》，吉林人民出版社1998年版。

11. 孙正聿：《哲学通论》，辽宁人民出版社1998年版。

12. 韩美群：《和谐文化论》，中国社会科学出版社2010年版。

13. 施旭：《文化话语研究：探索中国的理论、方法与问题》，北京大学出版社2010年版。

14. 田丰：《文化进步论》，广东高等教育出版社2002年版。

15. 冯天瑜、何晓明、周积明：《中化文化史》（第3版），上海人民出版社2010年版。

16. 张立文：《和合学》，中国人民大学出版社2006年版。

17. 张岱年、方克立主编：《中国文化概论》，北京师范大学出版社2004年版。

18. 张岱年:《文化与哲学》，中国人民大学出版社 2006 年版。

19. 张岱年:《中国伦理思想研究》，江苏教育出版社 2005 年版。

20. 中国人民大学马列主义发展史研究所编:《马克思主义史》(1—4 卷)，人民出版社 1996 年版。

21. 徐大明、陶红印、谢天蔚:《当代社会语言学》，中国社会科学出版社 1997 年版。

22. 李悦娥、范宏雅编:《话语分析》，上海外语教育出版社 2002 年版。

23. 王德春:《多角度研究语言》，清华大学出版社 2002 年版。

24. 陈开举:《话语权的文化学研究》，中山大学出版社 2012 年版。

25.《颜元集》，王星贤、张芥尘、郭征点校，中华书局出版社 1987 年版。

26. 谢国帧:《明末清初的学风》，上海书店出版社 2004 年版。

27. 罗国杰主编:《伦理学》，人民出版社 2007 年版。

28. 罗国杰主编:《中国伦理思想史》上卷，中国人民大学出版社 2008 年版。

29. 邹徐文:《论中国特色社会主义文化建设》，江苏人民出版社 2010 年版。

30. 李三虎:《自主创新的话语建构》，社会科学文献出版社 2013 年版。

31. 李新:《中国特色社会主义——文化发展道路与实践探索》，西南交通大学出版社 2012 年版。

32. 李宝艳、叶飞霞:《中国特色社会主义文化建设问题研究》，厦门大学出版社 2013 年版。

33. 黄楠森等:《有中国特色社会主义文化研究》，山东人民出版社 1999 年版。

34. 张瑞才、范建华主编:《中国特色社会主义文化建设的理论与实践》，社会科学文献出版社 2012 年版。

35. 朱贻庭主编:《中国传统伦理思想史》，华东师范大学出版社 2003 年版。

36. 俞思念:《社会主义现代化与文化创新》，人民出版社 2006 年版。

37. 张国祚:《中国文化软实力研究报告 2010》，社会科学文献出版社 2011 年版。

38. 骆郁廷:《精神动力论》，武汉大学出版社 2003 年版。

39. 衣俊卿:《文化哲学》，云南人民出版社 2005 年版。

40. 王治河:《福柯》，湖南教育出版社 1999 年版。

41. 刘伟胜：《文化霸权概论》，河北人民出版社 2002 年版。

42. 黄慧玲：《美国文化价值观与文化霸权之研究》，暨南大学出版社 2008 年版。

43. 鱼宏亮：《知识与救世：明清之际经世之学研究》，北京大学出版社 2008 年版。

44. 赵德馨：《中华人民共和国经济史》，河南人民出版社 1988、1989、1997 年版。

45. 许涤新、吴承明：《中国资本主义发展史》第 1—3 卷，人民出版社 1985、1990、1993 年版。

46. 顾江：《文化产业经济学》（第 1 版），南京大学出版社 2007 年版。

47. 祁述裕：《中国文化产业国际竞争力报告》，社会科学文献出版社 2004 年版。

48. 刘德定：《当代中国软实力研究》，人民出版社 2013 年版。

49. 李希光、李珮：《软实力要素》，法律出版社 2010 年版。

50. 童世骏：《文化软实力》，重庆出版社 2008 年版。

51. 孙晶：《文化霸权理论研究》，社会科学文献出版社 2004 年版。

52. 文选德：《文化经济浅论》，湖南人民出版社 2002 年版。

53. 段忠桥：《当代国外社会思潮》，中国人民大学出版社 2001 年版。

54. 陆扬、王毅：《大众文化与传媒》，上海三联书店 2000 年版。

55. 张济顺：《中国知识分子的美国观》，复旦大学出版社 1999 年版。

56. 汤林森：《文化帝国主义》，上海人民出版社 1999 年版。

57. 张汝伦：《海德格尔与现代哲学》，复旦大学出版社 1995 年版。

58. 王一川：《语言乌托邦》，云南人民出版社 1994 年版。

59. 肖前：《马克思主义哲学原理》，中国人民大学出版社 1993 年版。

60. 黄万盛主编：《危机与选择：当代西方文化名著十评》，上海文艺出版社 1988 年版。

61.［德］文德尔班：《哲学史教程》上下卷，罗达仁译，商务印书馆 1987，1993 年版。

62.［德］康德：《未来形而上学导论》，庞景仁译，商务印书馆 1982 年版。

63.[德] 黑格尔:《精神现象学》,贺麟、王玖兴译,商务印书馆1981年版。

64.[德] 黑格尔:《哲学史讲演录》第4卷,贺麟、王太庆译,商务印书馆1983年版。

65.[德] 黑格尔:《小逻辑》,贺麟译,商务印书馆1980年版。

66.[德] 黑格尔:《历史哲学》,王造时译,生活·读书·新知三联书店1956年版。

67.[德] 斯宾格勒:《西方的没落》,陈晓林译,黑龙江教育出版社1988年版。

68.[德] 尤尔根·哈贝马斯:《在事实与规范之间》,童世骏译,生活·读书·新知三联书店2003年版。

69.[德] 尤尔根·哈贝马斯:《交往行为理论》第1卷,曹卫东译,上海人民出版社2004年版。

70.[德] 尤尔根·哈贝马斯:《公共领域的结构转型》,曹卫东等译,学林出版社1999年版。

71.[德] 蓝德曼:《哲学人类学》,彭富春译,工人出版社1988年版。

72.[德] 李凯尔特:《文化科学和自然科学》,涂纪亮译,商务印书馆1986年版。

73.[德] 海德格尔:《存在与时间》,陈嘉映、王庆节译,生活·读书·新知三联书店2006年版。

74.[德] 阿尔费雷德·韦伯:《文化社会学视域中的文化史》,姚燕译,上海人民出版社2006年版。

75.[德] 马克斯·韦伯:《新教伦理与资本主义精神》,于晓、陈维纲等译,生活·读书·新知三联书店1987年版。

76.[英] 马林诺夫斯基:《文化论》,费孝通译,中国民间文艺出版社1987年版。

77.[英] 詹姆斯·卡伦:《媒体与权力》,史安斌、董关鹏译,清华大学出版社2006年版。

78.[英] 休谟:《人性论》,关文运译,商务印书馆1980年版。

79.[英] 戴维·钱尼:《文化转向:当代文化史概览》,戴从容译,江苏人民出版社2004年版。

80.[英] C.W. 沃特森:《多元文化主义》,叶兴艺译,吉林人民出版社 2005 年版。

81.[英] 斯图亚特·霍尔:《编码,解码》,王广洲译,载罗钢、刘象愚主编:《文化研究读本》,中国社会科学出版社 2000 年版。

82.[英] 丹尼·卡尔拉罗:《文化理论关键词》,张卫东等译,江苏人民出版社 2006 年版。

83.[英] 阿诺德·汤因比:《历史研究》上中下卷,曹未风等译,上海人民出版社 1997 年版。

84.《罗素自选文集》,戴玉庆译,商务印书馆 2006 年版。

85.[英] 诺曼·费尔克拉夫:《话语与社会变迁》,殷晓蓉译,华夏出版社 2003 年版。

86.[法] 米歇尔·福柯:《性史》,张廷琛等译,上海科学技术文献出版社 1989 年版。

87.[法] 米歇尔·福柯:《规训与惩罚》,刘北成、杨远婴译,生活·读书·新知三联书店 1999 年版。

88.[法] 米歇尔·福柯:《知识考古学》,谢强、马月译,生活·读书·新知三联书店 2004 年版。

89.[法] 米歇尔·福柯:《权力的眼睛》,严锋译,上海人民出版社 1997 年版。

90.[法] 卢梭:《社会契约论》,何兆武译,商务印书馆 1980 年版。

91.[法] 笛卡尔:《哲学沉思集》,庞景仁译,商务印书馆 1986 年版。

92.[法] 布尔迪厄:《关于电视》,许钧译,辽宁教育出版社 2000 年版。

93.[意] 葛兰西:《狱中札记》,葆煦译,人民出版社 1983 年版。

94.[荷] 斯宾诺莎:《伦理学》,贺麟译,商务印书馆 1983 年版。

95.[加] 威廉·莱斯:《自然的控制》,岳长龄、李建华译,重庆出版社 1993 年版。

96.[美] 沃尔特·李普曼:《公众舆论》,阎克文、江红译,上海世纪出版集团 2006 年版。

97.[美] 约瑟夫·奈:《美国定能领导世界吗?》,何小东等译,军事译文出版社 1992 年版。

98.[美] 约瑟夫·奈:《硬权力与软权力》,门洪华编译,北京大学出版社2005年版。

99.[美] 约瑟夫·奈:《软力量——世界政坛成功之道》,吴晓辉、钱程译,东方出版社2005年版。

100.[美] C.恩伯、M.恩伯:《文化的变异》,杜彬彬译,辽宁人民出版社1988年版。

101.[美] 克利福德·格尔兹:《文化的解释》,纳日碧力戈等译,上海人民出版社1999年版。

102.[美] 露丝·本尼迪克特:《文化模式》,张燕译,浙江人民出版社1987年版。

103.[美] 塞缪尔·亨廷顿,彼得·伯杰主编:《全球化的文化动力》,康敬贻等译,新华出版社2004年版。

104.[美] 塞缪尔·亨廷顿:《文明的冲突与世界秩序的重建》,周琪译,新华出版社2010年版。

105.[美] 弗雷德里克·杰姆逊编选:《全球化的文化》,马丁译,南京大学出版社2002年版。

106.[美] 弗雷德里克·杰姆逊:《后现代主义与文化理论》,唐小兵译,北京大学出版社1997年版。

107.[美] M.K.穆尼茨:《当代分析哲学》,张汝伦、黄勇等译,复旦大学出版社1986年版。

108.[美] 斯鲁格:《弗雷格》,江怡译,中国社会科学出版社1989年版。

109.[俄] 孔金、孔金娜:《巴赫金传》,张杰、万海松译,东方出版中心2000年版。

110.[俄] 巴赫金:《周边集》,李辉凡等译,河北教育出版社1998年版。

111.[巴] 爱德华·W.萨义德:《文化与帝国主义》,李琨译,生活·读书·新知三联书店2003年版。

112.[巴] 爱德华·W.萨义德:《东方学》,王宇根译,生活·读书·新知三联书店2000年版。

113.[瑞士] 费尔迪南·索绪尔:《普通语言学教程》,高名凯译,商务印书馆

2011 年版。

114.[意] 朱佩塞:《葛兰西传》，吴高译，人民出版社 1983 年版。

115. Edward W. Soja: *Postmodern Geographies*, London: Verso Books，1989.

116. J. Kristeva: *Nations without nationalism*，New York: Columbia University Press，1993.

117.Varian，H.R.: *Intermediate Microeconomics: A Modern Approach*，Fourth Edition，New York: Norton & Company，1996.

118. J. Habermas: *The Structural Transformation of the Public Sphere.Cambridge*: Polity Press，1989.

119. Stephen Martin: *Advanced Industrial Economics*，Second edition，Blackwell，2002.

120. Norman Fairclough: *Language and Power*. Longman，1989.

121. James McGilvray: *The Cambridge Companion to Chomsky*. Cambridge University Press，2005.

122. Michel Foucault: *The Will to Knowledge: The History of Sexuality*. Penguin Books，1990.

123. Michel Foucault，*English translation by Alan Sheridan*: *Discipline and Punish: The Birth of the Prison*. Vintage Books，1995.

（二）论文类

1. 李长春:《正确认识和处理文化建设发展中的若干重大关系　努力探索中国特色社会主义文化发展道路》，载《求是》2010 年第 12 期。

2. 刘云山:《坚持中国特色社会主义文化发展道路，努力建设社会主义文化强国》，载《行政管理改革》2011 年第 12 期。

3. 云杉:《文化自觉　文化自信　文化自强》（上），载《红旗文稿》2010 年第 15 期。

4. 骆郁廷:《综合国力竞争中的软实力建设》，载《武汉大学学报》（哲学社会科学版）2010 年第 6 期。

5. 费孝通:《反思·对话·文化自觉》，载《北京大学学报》(哲学社会科学版) 1997 年第 3 期。

6. 李宗桂:《中华民族文化自觉的集中体现》，载《南方日报》2007 年 2 月 7 日。

7. 韩美群:《马克思文化概念的多维透视》，载《江汉论坛》2007 年第 3 期。

8. 胡惠林:《文化体制改革需要改革理论的创新》，载《探索与争鸣》2004 年第 3 期。

9. 欧阳坚:《推动文化体制改革向纵深发展》，载《求是》2009 年第 8 期。

10. 文化部政策法规司:《文化体制改革的回顾与前瞻》，载《思想政治工作研究》2009 年第 11 期。

11. 中宣部文化体制改革和发展办公室:《我国文化体制改革的实践与探索》，载《中国机构改革与管理》2011 年第 4 期。

12. 齐勇锋:《完善公共文化服务体系　提高国家文化软实力》，载《中国特色社会主义研究》2012 年第 1 期。

13. 韩振峰:《中华民族共有精神家园及其构建途径》，载《中州学刊》2009 第 4 期。

14. 周济:《坚持教育优先发展　努力办好让人民满意的教育》，载中国教育网 2007 年 10 月 16 日。

15. 李德顺:《普通价值及其客观基础》，载《中国社会科学》1998 年第 6 期。

16. 韩美群:《文化产业区域发展模式探略》，载《光明日报》(理论版) 2011 年 10 月 16 日。

17. 顾海良:《中国特色社会主义理论体系的新境界》，载《毛泽东邓小平理论研究》2011 年第 10 期。

18. 沈壮海:《文化软实力的中国话语、中国境遇与中国道路》，载《马克思主义研究》2009 年第 11 期。

19. 张传民:《文化自觉、理论自觉与中国话语体系的建构》，载《山东社会科学》2012 年第 10 期。

20. 胡伯项、刘东浩:《论当代中国意识形态理论的文化话语转换》，载《马克思主义研究》2013 年第 4 期。

21. 付秀荣:《论中国特色社会主义文化话语体系的三重转换》，载《求是》

2014 年第 4 期。

22. 肖贵清：《邓小平与中国特色社会主义体系的建构》，载《中国化马克思主义研究》2014 年第 8 期。

23. 杜广中、王艳艳：《文化传播视野下的华夏文化话语权构建研究》，载《新闻研究导刊》2014 年第 2 期。

24. 张志洲：《话语质量：提升国际话语权的关键》，载《红旗文稿》2010 年第 14 期。

25. 何兆武：《明末清初西学之再评价》，载《学术月刊》1999 年第 1 期。

26. 王志强：《文化软实力的结构要素、作用图式及其中国取向》，载《社会科学家》2014 年第 11 期。

27. 傅有德：《理性与信仰之间：西方文化的源流与生命力》，载《世界宗教文化》2014 年第 5 期。

28. 吴少华：《当代意识形态变迁的现实基础分析》，《河南师范大学学报》（哲学社会科学版）2013 年第 3 期。

29. 戴焰军：《构建话语体系的四个基本原则》，载《人民论坛》2012 年第 4 期。

30. 安文华：《传承优秀文化，构建中国特色社会主义话语体系》，载《甘肃社会科学》2012 年第 2 期。

31. 侯贵文、栗志刚：《文化软实力研究述评》，载《理论月刊》2008 年第 9 期。

32. 金民卿：《西方文化渗透的程式与路径》，载《马克思主义研究》2008 年第 8 期。

33. 刘志国：《全球化背景下中国传统文化的现代转换》，山东大学博士学位论文，2007 年。

34. 陈玉刚：《试论全球化背景下中国软实力的构建》，载《国际观察》2007 年第 2 期。

35. 靳继东：《自由主义：伦理内涵的嬗变与困境》，载《伦理学研究》2007 年第 4 期。

36. 廖志诚：《论美国文化霸权的产生根源及其实现形式》，载《思想纵横》2007 年第 2 期。

37. 唐凯麟：《试析爱国主义和经济全球化》，载《道德与文明》2003 年第 3 期。

38. 孙仪凤：《西方自由主义简析》，载《理论探讨》2002 年第 8 期。

39. 张骥、韩晓彬：《论“美国文化霸权”的历史渊源与现实基础》，载《当代世界与社会主义》2001 年第 2 期。

40. 沈湘平：《全球化的意识形态陷阱》，载《现代哲学》1999 年第 2 期。

41. 庞中英：《国际关系中的软实力及其他——评美国学者约瑟夫·奈的〈注定领导〉》，载《战略与管理》1997 年第 2 期。

42. 王沪宁：《作为国家实力的文化：软权力》，载《复旦大学学报》（社会科学版）1993 年第 3 期。

43. Benedict Anderson，Imagined Communities: *Reflections on the Origins and Spread of Nationalism*，2nd edition. London: Verso，1991.

44. Joseph S. Nye，Jr.，Soft Power: *The Means To Success in World Politics. Public Affairs*，2004.

后　记

“话语分析”最早起始于西方。20 世纪 50 年代，美国结构主义语言学家哈里斯（Zellig Harris）首先提出这一概念，随后，不同的语言学派如社会语言学、批判语言学等将这一研究推向热潮。从 20 世纪 70 年代开始，西方话语分析广泛出现于社会学、人类学、哲学、文学、新闻学、政治学等不同的领域。特别是 21 世纪以来，话语分析在西方吸引了诸多流派的广泛关注，成为了一个跨学科的研究领域，积累了较为丰硕的研究成果。

近年来，中国学界也开始引入和探讨话语分析的理念，话语体系及其相关问题研究正日益成为学界的热门话题。但总体来看，我国学界对国家话语体系、政治话语体系研究相对较多，而关于文化话语体系的研究还比较薄弱。事实上，文化作为一个民族生存和发展的灵魂与命脉，正成为全世界不同国家和民族共同关注的焦点。文化话语体系作为检验一个民族文化成熟度的一个试金石，必然会从幕后走向台前，得到人们的普遍重视。一个高度发展和成熟的文化总是与高度成熟的文化话语体系相匹配和协调的。

新世纪我国提出了要建设社会主义文化强国的战略构想。这一战略与文化话语体系是紧密联系的。建设社会主义文化强国，要求打造中国特色、中国风格、中国气派的文化话语体系，增强中华文化自觉。尽管现在学界对文化话语体系存在不同的看法，但它却是一个客观的实存，这是不可否定的。正是基于以上思考，拙著从文化话语体系的概念和内涵入手，对中国传统文化话语体系的现代转型、中国特色文化话语体系的演变等进行了理性反思，并借鉴西方文化话语体系的建构经验，在分析当前中国特色社会主义文化话语体系建构的现实境遇基础上，提出了构建具有中国特色、中国风格、中国气派的文化话语体系的路径和方向。

中国特色文化话语体系的构建与中华文化自觉，是共同统一于当代中国特色社会主义文化建设实践中的两个相互促进、辩证互动的重要任务。因此，拙著还就文化自觉与文化话语体系的关系进行了重点探索，意在阐明文化自觉是贯穿于文化话语体系中的精髓和灵魂，打造文化话语体系绝不仅仅是一个外在形式问题，它和文化自觉息息相关、紧密相联。文化自觉既是构建中国特色文化话语体系的出发点，又是它的中心点和归宿点，这也是我们探索这本书的主旨所在。

本著是继《文化建设的中国话语》一书后的另一部专门探讨中国特色文化话语体系建构的集体攻关之作。参与课题研究和写作的主要成员有：韩美群、吴雅思、柳红霞、王梅清、何萍、罗婵等。本著为湖北省高等学校马克思主义中青年理论家培育计划暨湖北省教育厅重大项目“中国特色社会主义文化自觉研究”的阶段性成果，并受到中南财经政法大学青年创新团队项目的特别资助。本书的写作和出版得到了中南财经政法大学马克思主义学院、中国地质大学（武汉）马克思主义学院领导和同事的支持与帮助。人民出版社崔继新主任为本书出版付出了大量心血，衷心感谢所有关心、鼓励、支持和帮助本书、本团队及本人的所有朋友们！

文化话语体系的研究是一个新兴话题，中国特色文化话语体系的建构也还“在途中”。本著虽力避浮浅和鄙陋，试图从学理视角深刻审视当代中国文化发展中的重大理论和现实问题，但因学识所限，难免有不尽如人意之处，敬请学界前辈、同仁多予批评，不吝赐教。

韩美群

2015 年 6 月成稿，2022 年 9 月改定于南湖寓所

责任编辑：崔继新
封面设计：汪　莹
版式设计：严淑芬

图书在版编目（CIP）数据

文化自觉与中国特色文化话语体系创新研究 / 韩美群等 著 . — 北京：
人民出版社，2023.7
ISBN 978 – 7 – 01 – 015865 – 5

I. ①文… II. ①韩… III. ①汉语 – 话语语言学 – 研究 IV. ① H1

中国版本图书馆 CIP 数据核字（2016）第 034769 号

文化自觉与中国特色文化话语体系创新研究
WENHUA ZIJUE YU ZHONGGUO TESE WENHUA HUAYU TIXI CHUANGXIN YANJIU

韩美群 等 著

人民出版社 出版发行
（100706 北京市东城区隆福寺街 99 号）

北京九州迅驰传媒文化有限公司印刷 新华书店经销

2023 年 7 月第 1 版 2023 年 7 月北京第 1 次印刷
开本：710 毫米 ×1000 毫米 1/16 印张：16.75
字数：237 千字

ISBN 978 – 7 – 01 – 015865 – 5 定价：88.00 元

邮购地址 100706 北京市东城区隆福寺街 99 号
人民东方图书销售中心 电话（010）65250042 65289539